旅が最高のハレになる

東京

TOKYO

本書をご利用になる前に

【データの見方】

- 住所
- 電話番号
- 営 営業時間（原則、オープンからクローズまでを表記しています。ただし、最終入場時間やラストオーダーがある場合は、その時間も表記しています）
- 休 祝日、年末年始などを除く定休日
- 料 大人の入場料、施設利用料など
- 交 最寄り駅からの所要時間
- 料金 宿泊料金（原則、1泊2名1室利用の場合の1名あたりの最低料金を表記しています。サービス料などは各ホテルにより異なります。）
- IN チェックイン時間　OUT チェックアウト時間
- ▶MAP　別冊地図上での位置を表示

【ご注意】

本書に掲載したデータは2021年4〜6月現在のものです。内容が変更される場合がありますので、事前にご確認ください。また、新型コロナウイルス感染症の影響により掲載施設の見学不可、運休、イベント開催中止および掲載店舗の営業日、営業時間の変更などがあるため、事前に最新情報をご確認のうえご利用ください。料金は原則として取材時点での税率をもとにした税込みの価格を表記しています。時間は原則として、通常の営業時間・開館時間を表記しています。祝日や年末年始の場合は、営業時間や休み等の紹介内容が大きく異なる場合があります。地下鉄、バス、タクシー、徒歩での所要時間は、交通状況により、大幅に異なる場合があります。本書に掲載された内容による損害等は弊社では補償しかねますので、あらかじめご了承ください。

CONTENTS

東京でしたい103のこと

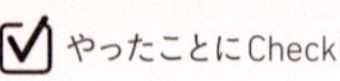

BEST PLAN

HIGHLIGHT

EAT

SHOPPING

TOURISM

TOWN

渋谷

WALK

読めば快晴 ハレ旅STUDY

\スマホやPCで！/
ハレ旅 東京
電子版が無料！
購入者限定
FREE
無料アプリ honto で今すぐダウンロード
詳しくは→P.160

BEST PLAN 01

どこで何ができるの？

夢を叶えるエリアをリサーチ

徒歩
鉄道

東京の小京都

神楽坂 >>>P.140

石畳の通りがのびるかつての花街で、京都やパリに雰囲気が似ていると言われる。飲食店が多い美食の街。

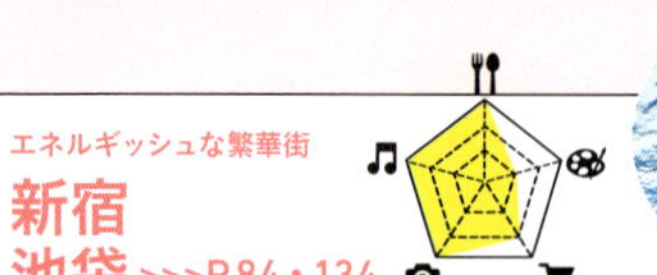

エネルギッシュな繁華街

新宿 池袋 >>>P.84・134

新宿は伊勢丹などの有名デパートが点在し、エンタメスポットも多い夜の街。池袋の目玉は見どころ満載のサンシャインシティ。

池袋
神楽坂
地下鉄17分
地下鉄17分
JR5分
新宿
JR15分

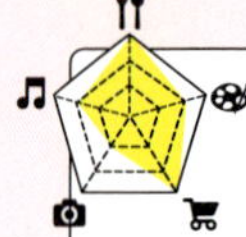

最新トレンドの発信地

渋谷 >>>P.42・50・104
原宿・表参道 >>>P.74・108

ショッピングや食事に人気のエリア。原宿は若者が多く、手ごろなファッション雑貨の店も多い。表参道は高級店が多いハイソな街。

原宿
徒歩約13分
地下鉄16分
表参道
JR2分
渋谷
地下鉄2分
地下鉄9分
六本木
地下鉄6分
代官山
恵比寿
徒歩約10分

洗練された優雅な街

六本木 代官山・恵比寿 >>>P.138

六本木は美術館が多いアートの街。恵比寿には飲食店が多く美食を楽しめる。代官山のおしゃれなカフェでトレンドウォッチングを。

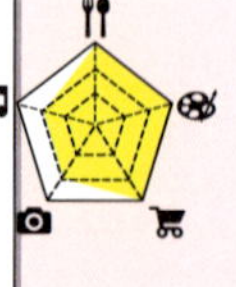

JR＋私鉄22分

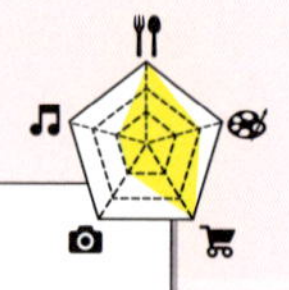

雑貨とスイーツの街

自由が丘

ヨーロッパのようなおしゃれな街。一流パティシエによる話題のスイーツが次々に誕生する。

自由が丘

知っ得東京の基礎知識

大阪から	約2時間30分／名古屋から 約1時間45分
人口	1395万7977人(区部は964万8226人)
面積	2193.96㎢(区部は627.57㎢)
人口密度	(1㎢につき)6355人(区部は1万5363人)
行政区分	23区、26市、1郡、4支庁(大島・三宅・八丈・小笠原)

古き良き懐かしさのある下町

上野 >>>P.136
谷根千 >>>P.144

動物園があり美術館・博物館が多い上野と、その近くの猫の街・谷根千(谷中・根津・千駄木)は観光や散策にぴったり。

谷根千 — JR4分 — 上野 — JR8分 — 東京・丸の内

浅草 — 地下鉄3分 — 東京スカイツリータウン®

浅草 — JR＋地下鉄17分 — 東京・丸の内

隅田川

東京を代表する2つのランドマーク

浅草・蔵前 >>>P.68・116
東京スカイツリータウン® >>>P.70・112

都内最古の寺院・浅草寺の門前町として発達した浅草と、その隣町にある東京スカイツリーはセットで訪れたい。

日本橋 — 徒歩約10分 — 東京・丸の内

東京・丸の内 — 徒歩約17分 — 銀座

東京・丸の内 — 地下鉄9分 — 築地

銀座 — 地下鉄3分 — 築地

古さと新しさが混じり合う東京の顔

東京・丸の内 >>>P.58・72・120
日本橋 >>>P.52・146
銀座 >>>P.90・126 築地 >>>P.148

江戸の昔から人々でにぎわった東京の中心。堂々とした洋風建築や歴史ある大型デパート、格式高い老舗が多い。築地は「東京の台所」と呼ばれていたが、市場は2018年に豊洲(→P.48)に移転した。

東京・丸の内 — JR＋ゆりかもめ23分 — お台場

東京・丸の内 — JR18分 — 舞浜

みんなが大好きな東京観光のハイライト

東京ディズニーリゾート® >>>P.94

東京ディズニーランド®と東京ディズニーシー®の2つのテーマパークからなる夢の国。時間があればリゾート内のホテルに泊まってたっぷり満喫しよう。

楽しさいっぱいの海浜エリア

お台場 >>>P.82・130

ウォーターフロントに広がる一大アミューズメントエリア。見る、遊ぶ、買う、食べるがそろい、子ども連れでも大人だけでも楽しめる。

©創通・サンライズ

タウン別バロメータ

これを見れば何がイチ押しか早わかり！

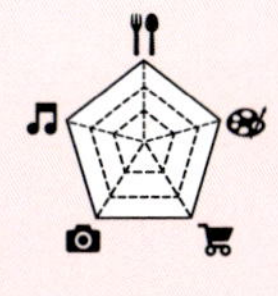

EAT
ART
SHOPPING
SIGHTSEEING
PLAY

東京の国際色豊かな光景を見たければ、新宿からJR山手線で一駅の新大久保へ。コリアンタウンやイスラム横丁がある。

BEST PLAN 02

王道2泊3日モデルコースで
東京を200%楽しむ

まずは銀ブラ！初日から観光も満喫

銀座の老舗でグルメやショッピングを楽しんだら、夜までエンタメが充実したお台場へ。1日目からアクティブに旅を満喫！

1日目

PM

12:20 東京駅

徒歩 約10分

12:30 銀座
＜所要約3.5時間＞

煉瓦亭 >>>P.127

銀座・伊東屋 >>>P.129

銀座千疋屋 銀座本店 フルーツパーラー >>>P.126

JRとゆりかもめ 25分

16:00 お台場
＜所要約5時間＞

フジテレビ本社ビル >>>P.82

ダイバーシティ東京 プラザ >>>P.132

KING OF THE PIRATES >>>P.133

LUNCH

銀座を代表する洋食店で特別なランチタイム

1895年創業の超老舗レストラン。昔から変わらない伝統のおいしさを堪能しよう。

POINT

まずは東京駅からアクセスしやすい銀座へ。街の雰囲気を感じよう。

SHOPPING

注目される文具をゲット

銀座・伊東屋は19フロアからなる文房具専門店。カードやノートなど選りすぐりの文房具の宝庫。

中央通りに店を構える銀座・伊東屋

おしゃれなステーショナリーがいろいろ

CAFE

高級果物専門店のパーラーで至福の時を

フルーツパーラーの元祖として知られる店。季節のフルーツを贅沢に使ったパフェに舌鼓。

リッチな気分を味わって

おみやげも買っておきたい

SIGHTSEEING

お台場のテレビ局で遊ぼう！

フジテレビ本社ビルには球体展望室「はちたま」のほか楽しいアトラクションがいっぱい。

グッズも忘れずに

SIGHTSEEING

憧れのヒーローに会いに行く

実物大ユニコーンガンダム立像がいるのはダイバーシティ東京プラザ。ショップもグルメも充実の複合施設。

©創通・サンライズ

身長19.7m

DINNER

夜景を眺めつつロマンチックディナー

お台場には海上にきらめくイルミネーションを見ながら食事できるレストランも多い。

思い出に残る夜を過ごそう

マストの見どころやショッピング、おいしいごはんにスイーツと、
東京で行きたいところ、やりたいことはいっぱい！
各エリアを効率的に回って、2泊3日を全力で楽しむプランをご紹介。

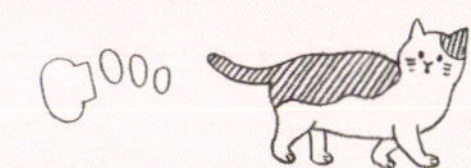

メインの中日は新旧2つの名所を制覇

東京最古の寺院と言われる浅草寺と、日本一の高さを誇る東京スカイツリー®。隣り合う2つのエリアを巡って昔と今を感じよう。

2日目

AM

9:00　浅草
＜所要約5時間＞

- 梨花和服 浅草店 >>>P.68
- 浅草寺 >>>P.68
- 仲見世 >>>P.116
- 葵丸進 >>>P.117
- 和栗モンブラン専門店 -栗歩- 浅草店 >>>P.118

MORNING

レンタルの着物でおしゃれに浅草めぐり

500種類以上の着物や浴衣が揃う。プロのスタッフが着付けをしてくれるので安心。

どれにしようかなぁ〜♪

好きな着物と帯を選ぼう

着物姿でテンションUP♪

SIGHTSEEING

浅草寺を参拝

下町情緒漂う浅草の中心といえばここ。レンタル着物で散策はいかが？

雷門を通って本堂へ

聖観音像を安置した本堂

本堂手前でお清めの煙をかける

POINT

浅草寺本堂では、お参りのあとでお賽銭を入れ、最後に合掌＆一礼。神社とは異なり拍手はしない。

SNACK

仲見世でちょこっとお買い物

浅草寺の参道には名物の和菓子や和小物などを売る店がずらり。ぶらぶら歩きを楽しもう。

名物人形焼

LUNCH

浅草の名物料理を味わう

浅草に行ったら下町名物を食べなきゃ損そん！

葵丸進の特上天丼

駒形どぜうのどぜうなべ

CAFE

国産和栗を使ったリッチな味わいに感動

目の前で作られる絶品モンブランは見た目もインパクト大。細いクリームがとても美味。

和の雰囲気が心地良いカフェ

人気です！

モンブランの魅力再発見

浅草で有名なのが、浅草寺で例年5月に行われる三社祭と、7月の隅田川花火大会。この時期の浅草界隈はとくに混雑するので注意。

PM

徒歩
約20分

14:30 東京スカイツリータウン®
＜所要約5時間＞

- すみだ水族館
>>>P.71
- ムーミンカフェ（東京ソラマチ）
>>>P.114
- 東京スカイツリー®天望デッキ・天望回廊
>>>P.70
- 東京ソラマチ®
>>>P.113～115

地下鉄30分

20:00 神楽坂
＜所要約2時間＞

- LE BRETAGNE
>>>P.141

SIGHTSEEING

すみだ水族館で海中世界に魅せられる

小笠原諸島の海を再現した大水槽や新体感水槽「ビッグシャーレ」など魅力あふれる展示が人気。

色鮮やかな照明に照らされ、幻想的なクラゲ

好奇心旺盛なマゼランペンギンもいる

CAFE

ムーミンと一緒にティータイム！

ムーミンの世界観あふれる店内で食事やお茶を楽しめる。かわいい雑貨がそろうグッズコーナーも。

ムーミンたちがお出迎え

© Moomin Characters™

ムーミンの顔とお尻がプリントされたキュートなオリジナルバーガー

SIGHTSEEING

夕日＆夜景を見に展望台へ

東京の街をぐるっと360度見渡せる天望デッキ。さらに上、地上から450mの位置には天望回廊がある。

©TOKYO-SKYTREE

夜の明るさは東京ならでは

SHOPPING

東京ソラマチ®で限定品をゲット

夕景＆夜景を楽しんだあとは、記念におみやげを。

POINT

チケットは当日券より日時指定券の方がお得。希望日7日前から前日までWEBなどで購入できる。

サマンサタバサ×八天堂のコラボスイーツ

モロゾフの東京スカイツリーをかたどったショコラ

©TOKYO-SKYTREE

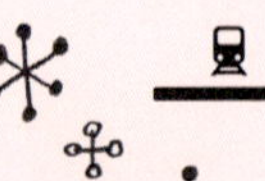

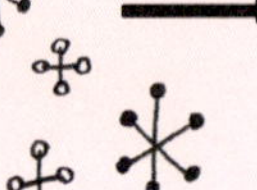

DINNER

本場のガレットをゆったりと味わう

ブルターニュを感じさせるクレープカフェは海外にいる気分に。

そば粉を使ったこだわりのガレット

最終日も充実！思い出とおみやげいっぱい

あっという間に最終日。出発ぎりぎりまで、めいっぱいショッピングとグルメを満喫しよう。

3日目

AM

9:30　原宿
＜所要約2時間＞

- 猿田彦珈琲 The Bridge 原宿駅店 >>>P.108
- キャットストリート >>>P.111

徒歩約15分

11:30　渋谷
＜所要約3.5時間＞

- MIYASHITA PARK >>>P.19、104

JR25分

16:00　東京
＜所要約2時間＞

- ヒトツブ カンロ >>>P.121
- 駅弁屋 祭 >>>P.121

MORNING

原宿駅新駅舎でこだわりの一杯を

人気の猿田彦珈琲23区内初の旗艦店。和モダンな店内でおいしいコーヒーを味わえる。

店内は日本の路地をイメージ

Good Morning!

アイスカフェラテも人気

SIGHTSEEING

キャットストリート周辺の素敵なお店探し

大通りから少しそれて路地を行くと、個性的な店がいろいろあって、ついつい買いすぎちゃう。

ディスプレイを見ているだけでも楽しい

お気に入りのアイテムを見つけよう

LUNCH & SHOPPING

MIYASHITA PARKへGO

公園、ショッピングモール、ホテルが入った複合施設。ショップやグルメを楽しんだら屋上の公園でのんびり。そのままホテルにステイもできる！

人気ベーカリーのカフェはフードも充実

生まれ変わった MIYASHITA PARK

台湾カステラのふわふわサンド

カラフルなクリームソーダ

SHOPPING

駅ナカでみんなが喜ぶおみやげをチェック

いよいよ旅も終わり。家族や友だちにおみやげを買って帰ろう。

人気のグミッツェルは次世代食感のグミ

新幹線の中で食べる駅弁も買っておこう

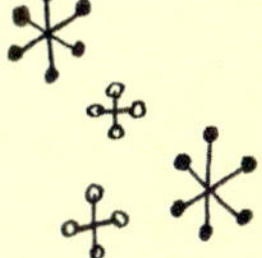

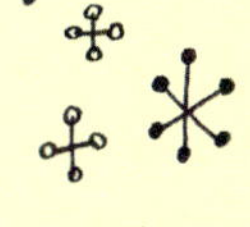

あと半日あったら？

半日あれば、できることはまだある。ギリギリまで東京を楽しもう！

1 上野の公園とミュージアムへ >>>P.136

パンダがいる動物園や博物館・美術館がある上野は緑が多くゆったりとした気分で散策できる街。

2 池袋で最新のカルチャーを体感！ >>>P.134

王道のサンシャインシティや新商業施設、多国籍な穴場グルメまでいろいろ遊び尽くせる。

3 代官山・恵比寿のおしゃれエリアへ >>>P.138

次々とニューショップが登場して目が離せないエリア。歩き疲れたらヘルシーカフェでひと休み。

渋谷から代官山・恵比寿へは徒歩もおすすめ。渋谷駅新南口から八幡通り経由なら15分ほどで代官山へ。街の景色を楽しんで歩こう。

HARETABI NEWSPAPER

2021～2022年に新スポットや話題のエリアが続々登場！　大型商業施設やショップ、グルメ、ホテルまで、今アツいスポットをチェックしよう。

2つのシンボルの誕生で東京駅周辺が生まれ変わる！

東京駅前に新街区がオープン

日本の玄関口、東京駅周辺に魅力あふれる新複合施設が続々とオープンする！ 日本初出店のホテルやレストラン、自然を感じられる大規模広場も見逃せない。

2021年6月竣工予定

1 交通至便のエリアに緑の空間が誕生 2「TOKYO TORCH Park」から続く店舗前のテラス空間

東京の新シンボルが誕生！

常盤橋タワー

ときわばしタワー

東京駅日本橋口前に新複合施設が誕生。開放的なテラス空間、日本初出店の地方の名店など13店舗が並ぶ商業ゾーン「TOKYO TORCH Terrace」が登場し、緑豊かな大規模広場「TOKYO TORCH Park」へつながる。

千代田区大手町2丁目、中央区八重洲1丁目

東京駅 ▶MAP 別P.7 D-1

2022年8月末竣工予定

39～45階には日本初上陸のホテルも誕生する

新たな八重洲の魅力を発信

東京ミッドタウン八重洲

とうきょうミッドタウンやえす

六本木、日比谷に続き「東京ミッドタウン」の3つ目の街「東京ミッドタウン八重洲」が誕生。東京駅八重洲地下街から直結、ロボットや5Gを活用した最先端オフィスを展開する。

中央区八重洲2丁目ほか

八重洲 ▶MAP 別P.6 C-2

おしゃれさん必見！プチプラ雑貨が狙い目！

2021年3月OPEN

1 渋谷マークシティにオープン 2 店内のほとんどが330円でそろう 3 約1300点のオリジナル商品を展開

ダイソーの新業態ショップ

Standard Products渋谷マークシティ店

スタンダードプロダクツ しぶやマークシティてん

ダイソーの新業態が渋谷にオープン。インテリアやアウトドアグッズなどオシャレで使いやすい雑貨が勢ぞろい。

渋谷区道玄坂1-12-1渋谷マークシティ ウエスト1F ☎070-7572-0339 営9:30～20:00 休施設に準ずる 交各線渋谷駅直結

渋谷 ▶MAP 別P.14 C-3

渋谷に話題のショップが登場！

流行の発信地、渋谷にオシャレで低価格のインテリアショップがオープン。都会の生活にマッチするトレンディな雑貨をチェックしよう！

2021年3月OPEN

1 センスのいいアイテムがそろう 2 人気のマイクロファイバーキッチンスポンジ165円 3 お掃除洗剤107円

センスのある雑貨が勢ぞろい

AWESOME STORE TOKYO

オーサムストア トーキョー

→P.106

NYの地下鉄と街並みをイメージした旗艦店が渋谷に登場。お手頃な価格と遊びゴコロ溢れるグッズが満載。

渋谷区宇田川町32-7 HULIC &New UDAGAWA 1・2F ☎03-6277-5843 営10:00～21:00 休無休 交各線渋谷駅ハチ公口から徒歩8分

渋谷 ▶MAP 別P.14 B-2

今キテるのはコレ！ おいしすぎる進化系スイーツ

こわだりのSNS映えスイーツ！

今までにない新感覚のおいしさを味わえるトレンドスイーツをピックアップ！ 話題騒然の進化形スイーツを制覇しよう。

あんバタフィナンシェ

手みやげにピッタリな定番人気商品

餡とバターの見事なコラボ

岡田謹製 あんバタ屋

おかだきんせい あんバタや

北海道の人気店「ルタオ」がプロデュースする、あんバター菓子の専門店。餡とバターが織りなす逸品をぜひ。

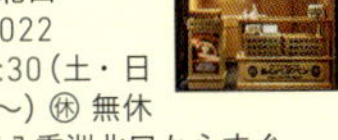

千代田区丸の内1-9-1 東京駅八重洲北口
☎0120-323-022
営 9:30～20:30（土・日曜・祝日9:00～） 休 無休
交 各線東京駅八重洲北口からすぐ
東京駅 ▶MAP 別P.30

フルーツサンド

フルーツオープンサンド350円～

花のようなフルーツサンド

BLOOM244

ブルーム244

ケーキみたいなサンドイッチ「フルーツオープンサンド」の店。見た目もキュートな絶品サンドを味わおう。

新宿区百人町2-11-2
☎03-6304-0898
営 12:00～19:00
休 無休 交 JR新大久保駅から徒歩1分
新大久保 ▶MAP 別P.27①

蜜芋バスクチーズケーキ

甘さと香ばしさが特徴のバスクチーズケーキ

さつまいもの旨みたっぷり

& OIMO TOKYO

アンド オイモ トウキョウ

こだわりの種子島産安納芋を使った熟成炭火焼き蜜芋スイーツ専門店。しっとり甘い蜜芋の味わいはまさに絶品。

千代田区有楽町1-8-1 ザ・ペニンシュラ東京B1F ☎050-5491-2865
営 10:00～19:00 休 無休 交 各線日比谷駅A7出口直結 有楽町 ▶MAP 別P.8 B-1

STAY

オープンラッシュのホテルは 独自コンセプトに注目！

個性派ホテルでエンジョイ

都内ホテルはオープンラッシュ。独創的なデザインやオリジナリティあふれる演出の中、充実のホテルライフを体感。

1 フロアごとに異なる色で配色される客室は、訪れるたびに新鮮な感覚に 2 個々のスタイルに合わせてステイを楽しめる独創的なデザインホテル

カラフルな空間で自分時間を満喫

toggle hotel suidobashi

トグル ホテル スイドウバシ

5名まで宿泊可能な全84室のホテルが水道橋にオープン。都心の景色を見渡す最上階のロビーラウンジは第二のリビングルームとしてもくつろげる空間。

千代田区飯田橋3-11-4 ☎03-3239-1096
交 JR水道橋駅西口から徒歩3分
水道橋 ▶MAP 別P.27③
料金 1泊9200円～ IN 15:00 OUT 11:00

音楽が奏でる癒しの時間

ホテルグランバッハ東京銀座

ホテルグランバッハとうきょうぎんざ

「食と音楽が奏でる癒やしの協奏曲（コンチェルト）」をテーマにしたラグジュアリーホテルが開業。ピアノの音色が奏でられ、セレブリティな空間を演出する。

中央区銀座5-13-12 ☎03-5550-2222
交 地下鉄東銀座駅A1出口から徒歩3分
銀座 ▶MAP 別P.9 D-3
料金 1泊2万2000円～ IN 15:00 OUT 11:00

2021年 11月OPEN 予定

1 館内のレストランにも注目。鎧塚俊彦氏監修のデザートも味わえる 2 洗練された格調高いロビーではピアノの生演奏が楽しめる

HOW TO

東京「3つ」の事件簿

どこに行くのも鉄道を利用することが多いが、観光客にはわかりにくい部分もある。コツをつかんでスムーズな旅を！

事件ファイル ①

JRも地下鉄も路線が多いし駅も広すぎてよくわかんない！

解決！ 東京のおもな交通網を予習しよう。

世界に誇る東京の交通ネットワーク。断然鉄道を利用したほうが便利だ。ただ、この広い東京中心部を網羅しようとするものだから、当然路線も多く、複雑に乗り入れている駅もある。全部を把握するのは、都民でも至難の業で、よく利用するであろう路線だけでも頭に入れておこう。まずは、東京中心部を環状に結ぶJR山手線と、2種類の地下鉄を把握しよう。JR山手線と地下鉄の組み合わせで移動すると比較的わかりやすい。

東京のおもな鉄道を知る

JR山手線

駅数は30駅で1周の所要時間は最短で59分、平均は64分。初乗り運賃は140円（IC運賃136円）。外回りと内回りがあり、外回りのアナウンスは男性の声、内回りは女性。

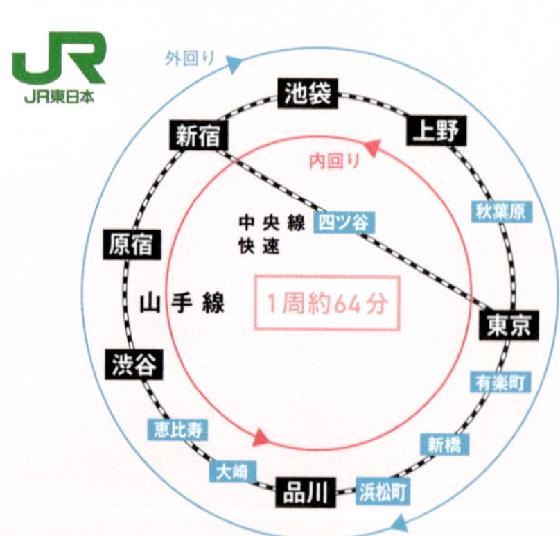

外回り（時計回り）

東京→品川→渋谷→原宿→新宿→池袋→上野

内回り（反時計回り）

東京→上野→池袋→新宿→原宿→渋谷→品川

地下鉄

東京地下鉄株式会社（東京メトロ）と東京都（東京都交通局）の2種類があり、全13路線。路線別にシンボルカラーがあり覚えておくと便利。

都営地下鉄 4路線

初乗り運賃は180円〜（IC運賃178円〜）。都営地下鉄、都バス、都電荒川線、日暮里・舎人ライナーを1日に限り何回でも乗車できる「都営まるごときっぷ（1日乗車券）」は大人700円、子供350円。

A 浅草線　I 三田線　S 新宿線　E 大江戸線

東京メトロ 9路線

初乗り運賃は170円〜（IC運賃168円〜）。使用開始から24時間に限り、東京メトロ全線が乗り降り自由な乗車券「東京メトロ24時間券」は大人600円、子供300円。

G 銀座線　M 丸ノ内線　H 日比谷線　T 東西線　C 千代田線

Y 有楽町線　Z 半蔵門線　N 南北線　F 副都心線

事件ファイル ②

間もなく出発時間なのに おみやげ買ってない！

解決！ 駅ナカや空港のおみやげショップが充実。

東京駅をはじめ主要駅は駅ナカショップが充実。新しくできた駅ナカの商業施設や駅ソトのショップも多いので、おみやげを探すのにぴったり。羽田空港内もショップが充実しているので、出発前のおみやげ選びに活用しよう。

How to

COCORISのサンドクッキー6個入「ヘーゼルナッツと木苺」

バラマキおみやげ

結構悩むのが、友人や会社の同僚、先輩へのおみやげ選び。迷った時は、定番のおみやげを。値段も手頃で小分け包装がベスト。

★かさばらなくて軽いもの
★個包装になっている
★一人の予算は500円以下
★日持ちがする
★リーズナブルだけどかわいい

叶 匠壽庵の「羽雲」5個入

人気の限定おみやげ
東京でもそこにしかない限定ものを狙う

東京駅なら……
>>>P.58
★COCORISのサンドクッキー
★富士見堂の東京鈴せんべい

羽田空港なら……
>>>P.154
★叶 匠壽庵の羽雲
★資生堂パーラーのチーズケーキ（抹茶）

事件ファイル ③

JRも地下鉄も乗り換えが信じられないくらい不便な駅がある。もうどうなっているの！？

解決！ 多くの路線が乗り入れている東京では、乗り換えには注意が必要。

東京駅や新宿駅、渋谷駅など主要のターミナル駅は複数の路線が乗り入れている。一見、乗り換えが簡単そうに見えるが、一駅以上歩いたり、一度改札を出ないといけない場合もある。同じ駅名でも路線が違う場合もあるので、利用する際は駅員に聞いたり、事前に調べていこう。

同じ駅名でも移動がたいへんな駅

渋谷駅 渋谷駅はJR線、地下鉄、私鉄が乗り入れている。同じ駅名だが路線ごとで乗り場が異なるので、移動時間や乗り換え時間にも注意。

大手町駅 9路線が乗り入れ。丸ノ内線・半蔵門線・東西線の乗り換えは、いったん改札を出て地下道を歩き、再び改札口を通らなければならない。

東京駅 14路線が乗り入れ。各路線から新幹線ホームへの移動、各路線から京葉線への移動はかなりかかるので、注意が必要。

駅名は違うけど徒歩圏内の駅

- 東京駅（JR山手線） ←徒歩約5分→ 大手町駅（東西線ほか）
- 有楽町駅（JR山手線） ←徒歩約3分→ 日比谷駅（日比谷線・千代田線）
- 馬喰町駅（JR総武線） ←徒歩約5分→ 馬喰横山駅（都営新宿線） ←徒歩約5分→ 東日本橋駅（都営浅草線）
- 新御茶ノ水駅（JR総武線） ←徒歩約5分→ 小川町駅（都営新宿線） ←徒歩約3分→ 淡路町駅（丸ノ内線）

すぐ近くなのに駅名が違う駅

- 浜松町駅（JR山手線） ←徒歩すぐ→ 大門駅（大江戸線・浅草線）
- 原宿駅（JR山手線） ←徒歩すぐ→ 明治神宮前駅〈原宿〉（千代田線・副都心線）

HIGHLIGHT

HIGHLIGHT 01

新名所も定番も制覇！

最旬ジェニックスポットへ！

東京にはフォト映えスポットが点在。大進化を遂げた渋谷の絶景展望台や、トルコ様式モスク、かわいい招き猫がいるお寺などで写真を撮ろう！

東西南北360度の
パノラマビュー！

大都会・渋谷を眺める絶景体験

SHIBUYA SKY

シブヤ スカイ

地上約230mという渋谷エリア最高峰の高さに位置する日本最大級の屋上展望空間を有する展望施設。開放感抜群の展望台からは、渋谷上空でしか見られない東京の絶景が楽しめる。

渋谷区渋谷2-24-12 ☎03-4221-0229 ㊢10:00～22:30（最終入場21:20）㊡不定休 ㊎2000円 ㊂各線渋谷駅B6出口直結・直上

渋谷 ▶MAP 別P.15 D-3

CITY

- ASAKUSA WALL -

季節で変わる壁一面の風車

浅草 花月堂本店

あさくさ かげつどうほんてん

ジャンボめろんぱん 220円

通常の3倍も時間をかけて発酵させるというメロンパンの生地の食感がふわふわで、やみつき必至。毎日のように行列ができるほどの人気店。

台東区浅草2-7-13 ☎03-3847-5251 ㊢11:00～16:00（めろんぱん完売しだい閉店） ㊡無休 ㊂つくばエクスプレス浅草駅A2出口から徒歩3分

浅草 ▶MAP 別P.10 B-1

- GALAXY HARAJUKU -

最新テクノロジーの体験型施設

Galaxy Harajuku

ギャラクシー ハラジュク

モバイルブランドのGalaxyを体験できる世界最大級のショーケース。施設内には無料で楽しめるSNS映えスポットが充実。ケースのカスタマイズもできる。

渋谷区神宮前1-8-9 ☎0120-327-527 ㊢11:00～19:00 ㊡不定休 ㊂地下鉄明治神宮前〈原宿〉駅5番出口から徒歩3分

原宿 ▶MAP 別P.12 B-1

渋谷イチの眺めが
最高すぎるっ!!

東京一望!

「SKY EDGE」で
最高の一枚を撮る!

VIEW

SHIBUYA SKYの BESTフォトポイント!

ヘリポート
人工芝が広がる解放感あふれる屋上中央には緊急発着用のヘリポートがある。

ソファ席
東京の街並みをまったり一望できる特等席。絶景を楽しみつつひと息つきたい。

ハンモック
空を見上げるように設置されているので、ゴロンと横になって寝そべりたい。

ライトアップ
夜は18基のクロッシングライトが音楽と共に夜空に照射される演出がある。

ミュージックバー
46階の展望ギャラリー内にある夜景とお酒が楽しめる「Paradise Lounge」。

- TURKISH MOSQUE -

アラベスク模様や
アラビア語の文字装飾

本格的オスマン様式のモスク

東京ジャーミイ
とうきょうジャーミイ

トルコ政府宗務庁のオスマン・トルコ様式のモスク。トルコから資材を取り寄せて造られた礼拝堂は圧巻の装飾で人々を魅了する。イスラム教徒以外も見学可。

渋谷区大山町1-19 ☎03-5790-0760 ㊢10:00～18:00（礼拝も見学可能）※女性はスカーフを持参。ミニスカートやノースリーブなど肌の露出の多い服装は不可 ㊡無休 ㊋各線代々木上原駅から徒歩5分

渋谷 ▶MAP 別P.28 ⑲

- MANEKINEKO -

これでもかと密集
する招き猫たち

井伊直弼のお墓があるお寺

豪徳寺
ごうとくじ

彦根藩主井伊直孝が井伊家の菩提樹として創建。仏殿横の招福殿では数え切れないほど多くの招き猫が右手をあげて福を呼ぶ。招き猫発祥の地という説もある。

世田谷区豪徳寺2-24-7 ☎03-3426-1437 ㊢開門6:00～閉門18:00（閉門、受付時間は時期により異なる） ㊡無休 ㊋東急世田谷線宮の坂駅から徒歩5分、小田急線豪徳寺駅から徒歩10分

豪徳寺 ▶MAP 別P.28 ⑩

SHIBUYA SKYの屋上施設からは新国立競技場や東京タワー、東京スカイツリー®など東京の観光名所を眺めることができる。

HIGHLIGHT 02

ずーっとここにいたい！

幻想的なアートにうっとり

色鮮やかな異次元のアート空間や、水と光が融合されたアクアリウム、
癒しのクラゲエリアで幻想的なアートの世界に浸ろう。

色鮮やかなアート空間で幻想的な世界を楽しむ

ART POINT
季節で変化
部屋から部屋へ移動すると、四季折々のアートの世界が広がる

＼幻想的なアートの世界／

ART POINT
アートが動く
花が咲いたり、描いた絵が動いたり、滝も本物のように落ちている

1万㎡の立体的な空間に花が咲き乱れ、水が流れる

Universe of Water Particles on a Rock where People Gather_main ©teamLab

ワクワク歩こう！ 体験型アート

チームラボボーダレス

アートコレクティブ・チームラボによる「地図のないミュージアム」。1万平米の複雑で立体的な空間を探索しながら、境界のないアート群に体ごと没入する独特の体験を。

江東区青海1-3-8 お台場パレットタウン☎03-6368-4292㊖10:00～19:00、土・日曜・祝日～21:00（最終入館は閉館の1時間前）㊡第2・4火曜㊞大人3200円㊛ゆりかもめ青海駅北口から徒歩1分、りんかい線東京テレポート駅出口Aから徒歩5分

お台場 ▶MAP 別P.20 C-3

カフェも！

視覚で味わうカフェ

EN TEA HOUSE 幻花亭

エンティーハウスげんかてい

緑茶や緑茶のスイーツを楽しめるティーハウス。店名の由来は肥前で作られた新しい茶「EN TEA」から。

㊖11:00～19:00（土・日曜・祝日～21:00）

ボーダレスな異次元の空間で無数のランプが光り輝き音色を響かせる

Forest of Resonating Lamps - One Stroke, Metropolis ©teamLab

光の点の集合「クリスタルワールドに舞い込んだ境界のない群蝶」

Wander through the Crystal World

日本の伝統文化と融合した新しいデジタルアート

色とりどりの水柱が立ち並ぶ「金魚の杜」。さまざまな金魚が舞い泳ぐ

生命のダイナミズムを感じられる

アートアクアリウム美術館

アートアクアリウムびじゅつかん

美しく舞う3万匹の金魚を、光・音・香のオリジナル演出で魅せるアート展。生命の宿る美術館をコンセプトに非日常的な世界が広がる。

中央区日本橋本町1-3-9 ☎03-3548-8050 ㊫10:00～19:00 ㊡不定休 ㊕2300円 ㊋地下鉄三越前駅から徒歩2分

日本橋 ▶MAP 別P.7 E-1

江戸の花街の世界に迷い込む"花魁道中"。季節にあわせて新しい体験ができる

日本建築で用いられる円窓がモチーフ。金魚が泳ぐ不思議な窓から非日常の世界が広がる

約500匹のクラゲたちが優雅に泳ぐ

目の前にはぷかぷかと漂うクラゲの姿が

癒しのクラゲの空間が誕生

サンシャイン水族館

サンシャインすいぞくかん

クラゲ展示の新エリア「海月空感」では、国内最大級横幅約14mの大水槽や「クラゲトンネル」などクラゲに囲まれた空間が楽しめる。

→P.85、135

くらげこんにゃく

まるで本物のクラゲのような形をしたこんにゃく。味は、昆布入りとイカ入り醤油の2種類

ワイルドグラフィ パシフィックシーネットルぬいぐるみ

飼育スタッフが監修したサンシャイン水族館オリジナルのクラゲのぬいぐるみ

サンシャイン水族館の「海月空感」は音響やアロマ、照明もオリジナルの演出。癒しを感じる空間が広がる。

HIGHLIGHT 03

新たな東京に出合う！

新名所をトコトコおさんぽ！

鉄道高架下に登場する新複合商業施設！

水辺の街！

TOKYO mizumachi

水辺に隣接する複合商業施設

東京ミズマチ®

東武スカイツリーラインとうきょうスカイツリー駅～浅草駅間の鉄道高架下に誕生した複合商業施設。公園と川の環境と一体化した新業態のレストランなど12のショップやホステル、産業支援施設などが立ち並ぶ。

🏠 墨田区向島1丁目 ☎ 営 休 店舗により異なる 交 東武スカイツリーライン浅草駅北口からすみだリバーウォークを渡って徒歩5分

向島 ▶MAP 別P.11 D-2

RECOMMEND SHOP

ココで食べる！

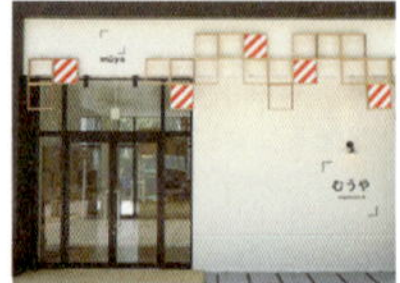

鉄板餡フレンチトースト900円。餡をかけて召し上がれ

ふわふわ食感の食パンが大人気

むうや

人気ベーカリー、「パンとエスプレッソと」が手掛ける新店舗。オリジナルの食パン「ムー」を使ったメニューが人気。

☎ 03-6240-4880 営9:00～21:00 休不定休

ココで買う！

人気商品のどら焼き180円～はつぶあん、栗、黒糖など味も豊富

職人が丹精込めて作った和菓子

いちや

和菓子屋「いちや」がプロデュースする甘味処。季節限定商品のいちご大福300円をはじめ、ミズマチ店限定のパフェなどが味わえる。

☎ 03-6456-1839 営10:00～21:00（※当面の間は10:00～19:00） 休火曜

ココを歩く！

橋の一部の床がガラスになっていて水面を見下ろせる

隅田川に架かる新たな歩道橋

すみだ リバーウォーク

隅田川橋梁脇に新設された連絡歩道橋。長さ約160mあり、浅草から東京ミズマチ、東京スカイツリータウンへ歩いて行くことができる。

☎ 03-5962-0102 営7:00～22:00 ※バイク不可、自転車は手押しのみ可能

向島 ▶MAP 別P.10 C-2

ココに泊まる！

スムージーやビールを片手に空地やラウンジで寛げる

水辺に佇むリバーサイドホステル

WISE OWL HOSTELS RIVER TOKYO

ワイズアウルホステルズリバートウキョウ

北十間川沿いのコミュニティ型ホステル。誰でも利用可能なカフェBARふくろう360°ではイベントができる空地が併設されている。

☎ 03-5608-2960 料金 2000円～ IN 15:00～22:00 OUT 10:00

東京を代表する浅草〜東京ミズマチを結ぶすみだリバーウォークや、渋谷の名所がフルリニューアル！ 東京を観光するなら、話題の新スポットへ遊びに行こう！

What is

注目の新スポット

渋谷、日本橋、竹芝など注目エリアにオープンした話題の新施設を要チェック！

2019年11月開業
渋谷スクランブルスクエア>>>P.50

2019年9月開業
誠品生活日本橋>>>P.52

2020年10月開業
ウォーターズ竹芝>>>P.54

MIYASHITA PARK

渋谷の名所、宮下公園が大変身！

元祖渋谷のランドマーク

渋谷の名所、宮下公園が進化

MIYASHITA PARK
ミヤシタパーク

渋谷のシンボル的存在の宮下公園が公園、商業施設、ホテルが一体になった複合施設としてリニューアル。館内には約90店舗のショップやレストランが集まる。

⊕渋谷区神宮前6-20-10 ☎ 営 休店舗により異なる ⊗各線渋谷駅ハチ公口から徒歩3分

渋谷 ▷MAP 別P.12 A-3

RECOMMEND SHOP

ココで食べる！

横丁内はにぎやかな商店街をイメージした造りになっている

日本全国の食が楽しめる

渋谷横丁
しぶやよこちょう

北海道から九州、沖縄まで日本各地の料理が味わえる。全長100mのエリア内には19店舗が軒を連ねる。日本酒や焼酎などお酒も充実。

☎03-6712-5789 営24時間営業 休不定休

ココで体験！

渋谷店限定のキットワッフル（ショコラストロベリー）1100円

キットカットの専門店

キットカット ショコラトリー

ショップでは世界に一つだけのオリジナルキットカットを作ったり、キットカットデザインのピアノを弾いたりすることができる。

☎03-6427-6811 営11:00〜21:00（LO 20:00） 休不定休

ココで遊ぶ！

芝生エリアやベンチもあるのでファミリーにもおすすめ

渋谷の名所が生まれ変わる

渋谷区立宮下公園
しぶやくりつみやしたこうえん

芝生ひろばのほか、スケート場やボルダリングウォール、多目的運動施設（サンドコート仕様）があり、スポーツが楽しめる。

☎03-6712-5291 営8:00〜23:00、スポーツ施設9:00〜22:00（受付は21:30まで） 休無休

ココに泊まる！

スタイリッシュな内装で、落ち着いた雰囲気が漂う

都会の喧噪を忘れてくつろぐ

sequence MIYASHITA PARK
シークエンス ミヤシタパーク

客室は4タイプあり、シーンに合わせてセレクトできる。渋谷駅へのアクセスも抜群なので、利用しやすいのもうれしい。

☎03-5468-6131 料金 1万5900円〜 IN 17:00 OUT 14:00

渋谷区立宮下公園は1953年に開園。1966年に東京初の屋上公園として整備され、数多くのドラマやミュージックビデオのロケ地に使われた。

HIGHLIGHT 04

近未来的空間が続々誕生……！

ナニコレ⁉なカフェ&レストランへ

キュートすぎるロボットと過ごすカフェや、キャラクターレストラン、日本初上陸のルーフトップバーなどユニークスポットへ出かけよう！

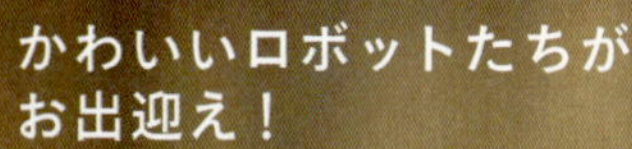

かわいいロボットたちがお出迎え！

ようこそ！ Pepper PARLORへ

ロボットがスタッフと一緒に働く

Pepper PARLOR

ペッパーパーラー

「人とロボットが共に生きるワクワクする未来」がコンセプトのパーラー。厳選した食材を使った世界各国の料理や5種のワッフルなどが楽しめる。

渋谷区道玄坂1-2-3（渋谷フクラス5F） ☎03-5422-3988 ㊫10:00～21:00（20:30LO） ㊡無休 ㊋各線渋谷駅西口から徒歩3分

渋谷 ▶MAP 別P.14 C-3

How to

オーダーの方法

①受付へ

5階に到着したら、受付Pepperがお出迎え。注文は英語・中国語にも対応

要CHECK! 相席Pepeerがおすすめ

Pepperが相席しておしゃべりやゲームが楽しめる。利用するための予約は不要

②タブレット端末で注文

タブレットでドリンクや料理の注文をする。現金・電子マネーの場合は有人レジへ

③ドリンクをチケットと交換

ドリンクはドリンクカウンターで注文したレシートを見せて受け取る

④配膳ロボットが料理を届ける

配膳ロボット「Servi」が料理をお届け。できたてのワッフルがおいしそう♡

MENU

自家製スパイスカレー

数種類のスパイスを用いたシェフ特製カレー。奥行きがあり、ピリリと辛さの効いた大人の味わい

1155円

GOOD

「旅するPepper」イラストマグ

東京やパリを巡るPepperを描いたオリジナルイラスト入りのマグ

3600円

DRINK

甘酒と抹茶のヴィーガンシェイク

まろやかな白餡の甘さは甘酒や抹茶とも相性バツグン。見た目も鮮やか

880円

ナニコレ体験

Pepperと遊べる！

Pepperをはじめ、さまざまなロボットが接客のお手伝いをする

Pepperとゲーム！

NAOは世界のさまざまな国をイメージした一糸乱れぬダンスを披露

ガンダムの世界を体験できる

GUNDAM Café TOKYO BRAND CORE

ガンダムカフェ トーキョー ブランドコア

ガンダムの世界観を体験できるエンターテインメントレストラン。レストラン、ダイナー、グッズショップなど4つのエリアからなる。

千代田区神田花岡町1-1 ☎03-3251-0078 ㊖10:00〜22:30 ㊡無休 ㊈JR秋葉原駅電気街口から徒歩1分

秋葉原 ▶MAP 別P.5 D-1

© 創通・サンライズ

アムロ専用パイロットランチ

作品の中でパイロットたちが戦艦内で食べていた食事を再現

ナニコレ体験

ポップな居酒屋

ポップな雰囲気に包まれた店内。かわいい内装を写真に撮って楽しもう！

かわいくて美味しい SNS映え抜群のカオス居酒屋

「かわいい×美味しい」餃子専門店

トーキョーギョーザクラブ

ポップな外観とおしゃれなロゴが目を引くSNS映え抜群な居酒屋。肉汁たっぷりな餃子と小籠包が人気。SNSを中心に話題沸騰中。

千代田区神田司町2-17-10 ☎080-6746-5882 ㊖17:00〜23:00（土・日曜、祝日15:00〜） ㊡無休 ㊈JR神田駅北口から徒歩7分

神田 ▶MAP 別P.27 ②

トーキョーギョーザクラブセット

ニンニク不使用の焼き餃子、小籠包、ナムルのセット

583円

クリームソーダハイ

お店のロゴ入りのグラスに入ったクリームソーダのサワー

日本初上陸のハイセンスな空間

CÉ LA VI TOKYO

セラヴィトウキョウ

ファインダイニング、カジュアルなカフェ＆バー、クラブラウンジの3つの空間が連動したエンターテインメントレストラン。

渋谷区道玄坂1-2-3（渋谷フクラス内） ☎0800-111-3065 ㊖BAO by CELA VI 11:00〜23:00（日・祝日〜22:00）、CELA VI CLUB LOUNGEは曜日により営業時間が異なる、CELA VI RESTAURANT & SKY BAR 11:00〜23:00（詳細は公式HPを確認） ㊡無休 ㊈各線渋谷駅西口から徒歩3分

渋谷 ▶MAP 別P.14 C-3

ONE PLATE LUNCH SET カフェ付1800円（税込サ別）

3種類のメインプレートから1つを選べる、プリフィックスランチコース

「Pepper PARLOR」ではPepperが相席してくれる、相席Pepperを実施。利用時間は90分。

HIGHLIGHT 05

SNS映え200%

かわいいスイーツをパクッ！

登場した瞬間テンションアップなビジュアル抜群の映えスイーツ。見た目だけでなく、味もお墨付き！食べるのがもったいないくらいかわいくて、SNSに即アップしたい！

固めプリン A

スタイル抜群すぎっ！

焦がしカラメル濃厚プリン 650円

硬めの食感は低温でじっくり蒸して作り上げる

空に浮かんでいきそう…

雲形ケーキ B

KUMO®

ふわっとした食感と優しい甘さ。形もかわいい

1980円
テイクアウトは1944円

ジェラート C

なめらかな口当たり♪

ジェラートダブルカップマンゴー 520円

ストロベリーベラート 660円

プリンと本格スコーンが人気

A feb's coffee & scone

フェブズ コーヒーアンドスコーン

丁寧に淹れたスペシャルコーヒーとサクサクしっとりのスコーンが自慢の人気店。「FEBRUARY CAFE」の姉妹店。

台東区浅草3-1-1 馬道妙見屋ビル1F ☎ 03-6458-1881 ㊜ 10:00～17:30（土、日曜・祝日9:00～）㊡ 無休 ㊋ 地下鉄浅草駅6番出口から徒歩8分

浅草 ▶MAP 別P.10 C-1

5つ星ホテルメイドケーキ

B ザ マンダリン オリエンタル グルメショップ

雲のようにふんわりやわらかいムースとクリームを、薄くクリスピーなホワイトチョコレートが優しく包んだケーキ。上品な甘さが特長。

中央区日本橋室町2-1-1 ☎ 0120-806-823 ㊜ 10:00～19:00 ㊡ 無休 ㊋ 地下鉄三越前駅直結

日本橋 ▶MAP 別P.7 D-1

厳選素材を使ったジェラート

C ViTO COFFEE

ヴィトコーヒー

国内外の厳選した素材を使用したこだわりのジェラートが自慢。フワッとしたなめらかな口当たりと、後味すっきりの味わいが特徴。

渋谷区道玄坂2-29-1 B2F ☎ 03-6427-8879 ㊜ 11:00～21:00 ㊡ 無休 ㊋ 各線渋谷駅ハチ公口から徒歩3分

渋谷 ▶MAP 別P.14 C-2

かわいすぎてメロメロ♡

トトロスイーツ D

カスタード＆生クリーム

香ばしいシュー生地とクリームの相性バツグン

猫バスサンド（吉祥寺店限定）

レーズンバターがたっぷり入ったクッキー

フルーツたっぷり E

韓国発！ボンボンパフェ

ストロベリーボンボン

超ボリューミー！ いちごたっぷり贅沢パフェ

クリームたっぷり♪

550円

くものスムージー（ゆうやけイチゴみるく）

雲の模様がキュート。ホイップトッピング付き

クラフトコーラ F

スパイシーな味わいがGOOD！

コーラフロート

柑橘の香るスパイシーなクラフトコーラのフロート

トトロの形が映えまくり!!

D 白髭のシュークリーム工房 吉祥寺店

しろひげのシュークリームこうぼう きちじょうじてん

たっぷり詰まったクリームがおいしい、トトロの形をしたユニークなシュークリームが話題の人気店。毎日工房で手作りしている。

🏠 武蔵野市吉祥寺南町2-7-5 ☎ 0422-26-6550 ㊫ 11:00～17:00 ㊡ 火曜 ㊋ 各線吉祥寺駅南口から徒歩4分

吉祥寺 ▶MAP 別P.29 ㉜

韓国NO.1の称号を獲得したカフェ

E Cafe de paris

カフェ ド パリ

季節のフルーツをふんだんに使ったパフェ「ボンボン」は元祖フォトジェニックスイーツ。フルーツは季節により異なる。

🏠 新宿区新宿3-38-1ルミネエスト新宿8F ☎ 03-6380-5524 ㊫ 施設に準ずる ㊡ 無休 ㊋ 各線新宿駅東改札から徒歩1分

新宿 ▶MAP 別P.19 D-2

ロフト初のこだわりカフェ

F ロフトフードラボ

銀座ロフト内にあるカフェ。ナチュラルテイストで素材にこだわった限定スイーツやフルーツドリンク、ペストリーなどを味わえる。

🏠 中央区銀座2-4-6 銀座ロフト1階 ☎ 03-3562-6210 ㊫ 11:00～21:00※一部異なる ㊡ 不定休 ㊋ 地下鉄銀座駅C8・C9出口から徒歩3分

銀座 ▶MAP 別P.9 D-1

フルーツパフェ「ボンボン」はCafe de parisが発祥。パイナップル、ブラウニーなど種類も豊富。

HIGHLIGHT 06

寝るのももったいない！？

ユニークホテルにステイ

宿泊だけじゃない！　ユニークなコンセプトとオリジナリティあふれる空間が魅力のホテルが続々登場中。都内で非日常感を味わえるホテルをピックアップ！

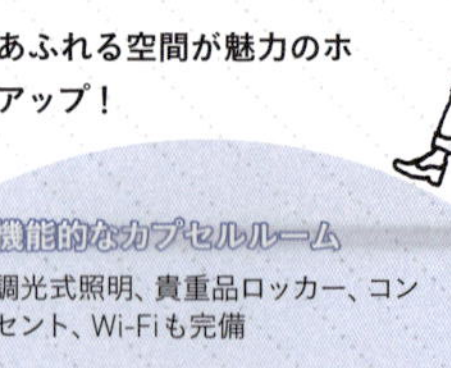

マンガに囲まれた世界で一晩中マンガ体験！

5000冊以上のマンガ読み放題！

スタッフによるおすすめコメントが添えられた作品は要チェック

マンガ × プライベート空間

COOL!

機能的なカプセルルーム

調光式照明、貴重品ロッカー、コンセント、Wi-Fiも完備

マンガをテーマにしたカプセルホテル

MANGA ART HOTEL

マンガアートホテル

マンガの世界に浸りながら泊まれるカプセルホテル。男女別に分かれたフロアはマンガのために設計された空間。オリジナル柄パンツも人気。

千代田区神田錦町1-14-13 LANDPOOLKANDA TERRACE 4F・5F 料金 4800円～ IN 15:00 OUT 11:00 交 地下鉄小川町駅から徒歩1分

神田 ▶MAP 別P.27 ②

アート × ホテル

フォトジェニックな空間でアートを楽しみ尽くす！

アートが生まれる瞬間を間近で体験

ロビーラウンジからは、定期的に新しい絵が描かれる大壁画を見ることができる

客室ごとに異なるコンセプトが楽しめる

アーティストが手掛けたアートルームは、部屋ごとに全く違った雰囲気が楽しめる

「泊まれるアート作品」なホテル

BnA_WALL

ビーエヌエー ウォール

2021年に日本橋エリアにオープンしたアートに包まれたオルタナティブホテル。日本を代表するアーティストら23組が手掛けた宿泊ルームが注目されている。

中央区日本橋大伝馬町1-1 ☎ 03-5962-3958 ㊊公式HPを確認 交 地下鉄小伝馬町3番出口から徒歩4分

日本橋 ▶MAP 別P.28 ⑪

温泉 × 旅館

都心に居ながら温泉気分を味わえる!

©Nacasa & Partners

新しいスタイルの和風客室

旅館×ホテルの和風客室。夜景も堪能できる小上がりでひと息

©Nacasa & Partners

©Nacasa & Partners

箱根の源泉を使った露天風呂

最上階には新宿の夜景も一望できる、美肌効果のある温泉が

都会に佇むシックな温泉旅館

ONSEN RYOKAN 由縁 新宿

オンセン リョカン ユエン シンジュク

純和風旅館滞在気分が味わえる新宿の温泉旅館。和の空間の客室では、小上がりが落ち着く。ゆっくりとしたくつろぎの時を過ごせる。

🏠新宿区新宿5-3-18 ☎03-5361-8355 料金 9000円(1室料金) IN 15:00 OUT 11:00 ⓧ地下鉄新宿三丁目駅C7出口から徒歩8分
新宿三丁目 ▶MAP 別P.28 ⑫

電車 × ホステル

あの憧れの寝台列車に気軽にお泊まりできる!

憧れの寝台列車風のデザイン

北斗星の2段ベッドや寝台の一部実車パーツを内装に再利用

寝台列車風の客室にワクワク

TRAIN HOSTEL 北斗星

トレイン ホステル ほくとせい

寝台列車「北斗星」がモチーフの、シンプルでリーズナブルなホステル。寝台列車の旅というワクワク感や懐かしさを演出。北斗星の備品探しも楽しい。

🏠中央区日本橋馬喰町1-10-12 ☎03-6661-1068 料金 2100円〜 IN 16:00 OUT 11:00 ⓧJR馬喰町駅4番出口直結
日本橋 ▶MAP 別P.26 A-3

HARAJUKU色満載の客室

折り紙をモチーフにした「ORIGAMI」は伝統と現代の融合

原宿 × かわいい

伝統的な日本らしさと原宿のかわいさ満点

HARAJUKU KAWAIIにトキメク

MOSHI MOSHI ROOMS

モシモシルームス

グループや女子会の利用におすすめの、原宿の街に泊まれるかわいいホテル。1部屋料金で貸し切れる。フォトジェニックな部屋や備品を堪能して。

🏠渋谷区神宮前2-18-7 ☎03-6812-9318 料金 4万円〜 IN 16:00 OUT 11:00 ⓧ地下鉄明治神宮前〈原宿〉駅から徒歩8分
原宿 ▶MAP 別P.12 C-1

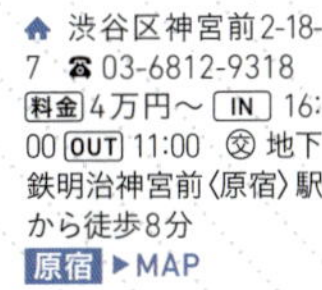

最近のホテルやホステルは、アメニティが充実し、女性専用フロアも用意されているので、女性1人の利用でもしやすい。

EAT

EAT 01

大人女子も大満足！

オシャなグルメ横丁でハシゴ！

女子が気軽に立ち寄れるオシャレでおいしいものだらけのグルメ横丁が都内に続々と誕生。東京初進出や新業態で話題のお店が勢ぞろい。ハシゴをして横丁の美食を堪能しよう♪

日比谷OKUROJI

横丁DATA

オープン日	2020年9月10日
店舗数	35店舗

大人な雰囲気漂うレトロ横丁

隠れ家的な商業施設

日比谷OKUROJI

ひびやオクロジ

JR有楽町駅と新橋駅の間の高架下の路地、銀座コリドー街の裏手に位置する商業施設。まるで隠れ家のような雰囲気の中、大人が集う飲食やファッション、雑貨のショップが並ぶ。

千代田区内幸町1-7-1 ☎店舗により異なる 営店舗により異なる 休店舗により異なる 交各線有楽町駅日比谷口から徒歩6分

日比谷

▶MAP 別P.8 B-2

魚介料理

焼貝あこや 日比谷

やきがいあこや ひびや

毎日、市場から仕入れる貝類を使う本格貝料理を堪能できる店。貝の食感から味、だしまでを厳選した日本酒と共に味わいたい。

☎03-6205-8085 営11:00～14:00、17:30～22:00（LO21:00）、土・日曜・祝日～15:00、17:30～22:00（LO21:00）休無休

目の前で焼くアツアツの焼貝♪

新鮮な貝を味わって！

1 磯の香りが漂う店内。できたての味をテイクアウトすることも

2 1人でも気軽に立ち寄れるカウンター席とテーブル席を用意

ヘルシーな新感覚のそうめん！

そうめん

そうめん そそそ ～その先へ～

そうめん そそそ ～そのさきへ～

恵比寿のそうめん専門店「そそそ」の2号店。最上級の小豆島の手延べそうめんを使い、その可能性を広げた創作メニューは絶品。

☎03-6205-7172 営11:30～23:00（土・日曜～22:00）休無休

麻炭とトリュフのメレンゲがのったトリュフ香る黒釜玉そうめん2750円

おみやにもぴったりなお団子

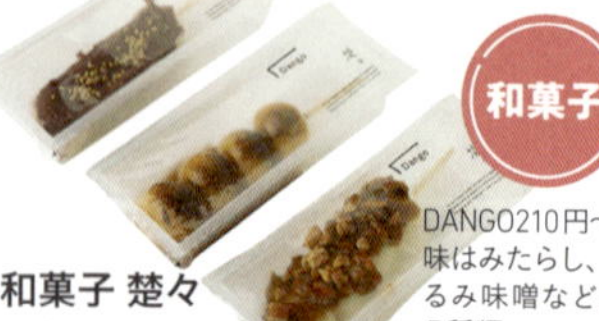

和菓子

DANGO210円～。味はみたらし、くるみ味噌など全5種類

和菓子 楚々

わがし そそ

老舗の味を守りつつ新しいスタイルを提案する新感覚の和菓子店。和菓子にぴったりな水出しコーヒーや無農薬煎茶のドリンクも。

☎03-6205-7174 営10:00～20:00（土・日曜・祝日11:00～）休無休

虎ノ門横丁

横丁DATA

オープン日 2020年6月10日 店舗数 26店舗

東京の名店や人気店が大集結！

気軽に立ち寄れるおしゃれ横丁

虎ノ門横丁

とらのもんよこちょう

虎ノ門ヒルズに誕生した食と飲みのパラダイス「虎ノ門横丁」。これまで多店舗展開をしてこなかった東京の人気店26店が軒を連ね、おいしい料理でハシゴ酒が楽しめるフロアに。

港区虎ノ門1-17-1 ☎店舗により異なる 営 店舗により異なる 休 店舗により異なる 交 地下鉄虎ノ門ヒルズ駅直結

虎ノ門

▶MAP 別P.28⑧

辛さがクセになるタイ東北料理

辛さの調節もOK！

ソムタム ダー 虎ノ門店

ソムタム ダー とらのもんてん

イサーンスペシャルセット1650円

タイ本店・ニューヨーク店の味を再現。タイ東北料理の特徴である辛みと酸味、旨みが絶妙なバランスでリピート間違いなし。

☎03-6550-9667 営 11:30～15:00（LO14:30）、17:00～23:00（LO22:20）休 無休

東京発のクラフトジンでカンパイ♪

居酒屋

ここでしか飲めないサワーや季節限定メニューも

酒食堂 虎ノ門蒸留所

しゅしょくどう とらのもんじょうりゅうじょ

店内の蒸留所で造られるオリジナルジン「COMMON」をベースにしたサワーやハイボールが人気。名物の焼ナポや東京島料理にも注目。

☎03-6205-7285 営 11:00～15:00（LO14:30）、17:00～23:00（LOフード22:00、ドリンク22:30）、日曜・祝日11:30～15:00（LO14:30）、17:00～22:00（LOフード21:00、ドリンク21:30）休 無休

魚介と野菜 札幌さんど。

ぎょかいとやさい さっぽろさんど。

魚介

札幌の人気店が東京初出店

札幌・すすきのの人気店「肉ろばた さんど」の2号店。北海道産の食材を使った料理やお酒が楽しめる。

夜は北海道から直送された魚貝と旬な野菜を味わおう

☎03-6812-9971 営 13:00～23:00（LO22:30）休 水曜

ボリューム満点！極太麺の焼きスパ

極太麺と特製ソースが絶品のナポリタン580円

ローマ軒

ローマけん

リーズナブルな焼きスパ専門店。セルフサーバーから注ぐビール30分飲み放題が人気。パスタも充実し大満足間違いなし。

☎03-6459-2558 営 11:30～15:00、17:00～23:00（LO22:30）休 火曜

JINGUMAE COMICHI

横丁DATA

オープン日 2020年9月11日

店舗数 18店舗

日本全国のグルメが勢ぞろい！

コンパクトな都心型グルメ街

JINGUMAE COMICHI

ジングウマエ コミチ

ミシュランの名店や東京初出店など話題の店、18店舗が並ぶ。小路を散策するように料理やお酒をハシゴで堪能できる。テラス席ではテイクアウトした料理を楽しむことも。

渋谷区神宮前1-23-26 ☎店舗により異なる 営 11:00～23:00（詳細はHPを確認）休 店舗により異なる 交 JR原宿駅竹下口から徒歩3分

原宿

▶MAP 別P.12 A-1

東京初出店のグルメ店も多く並ぶので、遠出しなくても地方の味が気軽に楽しめる。

EAT 02

バリエーションが豊富！

海外発！人気グルメを食べに

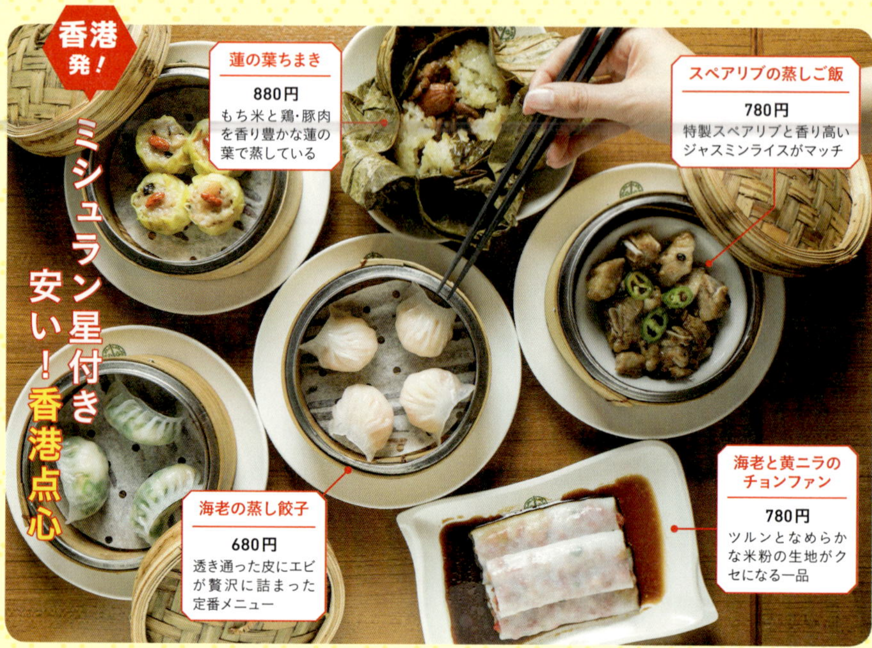

行列必至のカジュアル天心

添好運 日比谷店

ティムホーワン ひびやてん

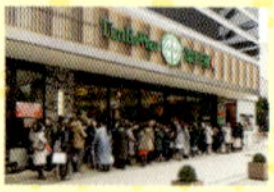

ミシュランの1つ星を獲得した香港本店の味を、一皿数百円とリーズナブルな価格で味わうことができる香港天心専門店。並ぶ価値ありの絶品を味わおう。

千代田区有楽町1-2-2 日比谷シャンテ別館1F ☎03-6550-8818 ※予約不可 営11:00～23:00(LO22:00) 休無休 交地下鉄日比谷駅A13出口から徒歩1分

日比谷 ▶MAP 別P.8 B-1

ベイクド チャーシューバオ

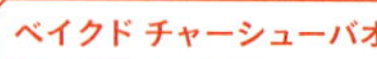

680円

サクサク生地と甘めのチャーシュー餡が人気のメニュー

世界中で人気のメニュー！

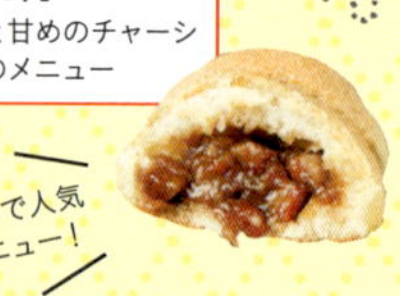

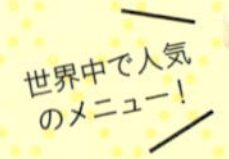

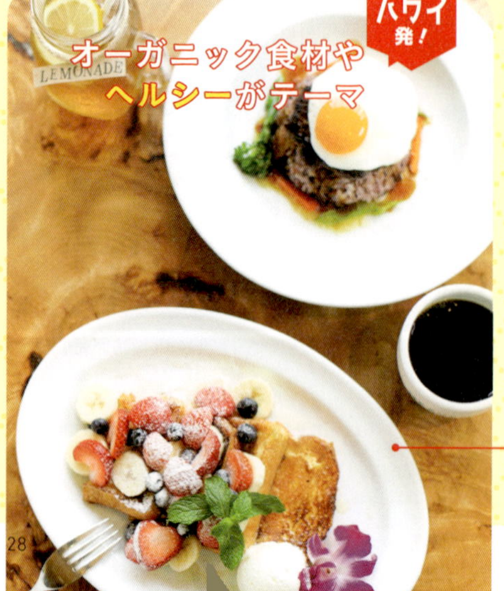

ハワイから上陸したカフェ

HEAVENLY Island Lifestyle 代官山

ヘブンリー アイランド ライフスタイル だいかんやま

ワイキキの人気カフェレストランが日本初上陸。ブレックファーストからディナーまでハワイ料理が楽しめる。店内はハワイの雰囲気が感じられる作りになっている。

渋谷区猿楽町24-7 代官山プラザ2F ☎03-6416-9385 営7:30～23:00(LO22:00) 休無休 交東急東横線代官山駅東口から徒歩2分

代官山 ▶MAP 別P.16 B-2

ビッグアイランドハニー・フレンチトースト（ミックスベリートッピング含）

1815円

たっぷりフルーツをトッピングしたフレンチトースト

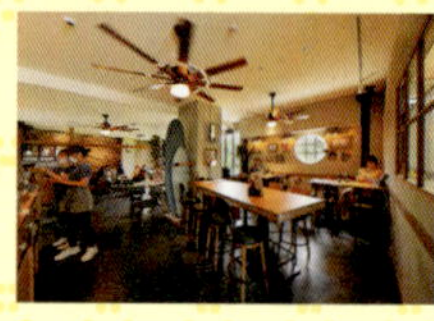

ミシュランの星付きグルメや、日本初上陸のオーガニックカフェ、珍しいローカルスイーツなど、世界のトレンドグルメを味わい尽くそう！

What is
初上陸グルメ

韓国のチーズグルメをはじめ、香港点心、ハワイのオーガニックカフェ、台湾スイーツが続々と日本に上陸。日本オリジナルメニューなどもあるので、要チェック！

韓国発！

チーズマニア必食！ 贅沢チーズ×チキン

チーズフォンデュチキン

2280円

4種のチーズとフライドチキンに滝チーズ（300円）をON！

チーズマグマ鉄板

1080円

キムチチャーハンにチーズと目玉焼きがのった大満足な一品

インパクト大なチーズグルメ

モンナンカムジャチキン

韓国に約40店舗を展開する、人気のチキンチェーン店。カリッと揚がったチキンととろとろのチーズを合わせたチーズフォンデュチキンは見た目も味も大満足。

新宿区百人町2-2-1 2F ☎03-6273-8877 営10:30～24:00 休無休 交JR新大久保駅から徒歩2分

新大久保 ▶MAP 別P.27 ①

韓国発！

チーズドッグが進化！ 新食感チュロドッグ

SNS映え間違いなし！

チュニネチュロドッグ

480円

ソーセージをサックリもちもちのチュロスで巻いている

チュニネチーズチュロドッグ

530円

チュロス生地にチーズが入って一口食べればチーズがとろり

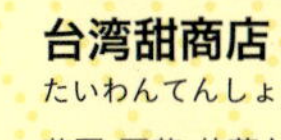

ドリンクメニューも充実

HOICHA

ホイチャ

韓国発のタピオカ専門店。進化系チーズドッグとして話題のチュロドッグを味わうことができる。人気の黒糖タピオカドリンクやフルーツティーもおすすめ。

新宿区百人町2-3-25 1F ☎03-6302-1644 営10:00～24:00 休無休 交JR新大久保駅から徒歩1分

新大久保 ▶MAP 別P.27 ①

台湾発！

ほっこりおいしい台湾スイーツ

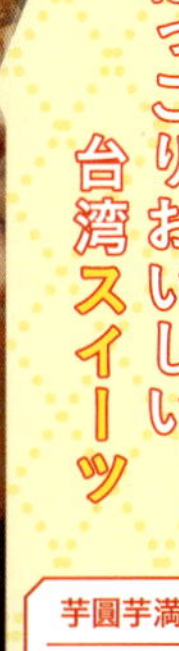

黒糖ミルクスムージー

640円

黒糖とスムージーの組み合わせに生タピオカをトッピング

芋圓芋満足

720円

さつまいもとタロイモの2種類の芋圓が味わえる

ローカルスイーツを味わえる

台湾甜商店 新宿店

たいわんてんしょうてん しんじゅくてん

芋圓・豆花・仙草など、台湾を代表するローカルスイーツが味わえるスイーツ店。タピオカミルクティーや珍しいスムージーまで、種類豊富なドリンクメニューも人気。

新宿区新宿3-36-10 アインズ＆トルペ新宿東口店2F ☎03-5925-8240 営11:00～22:00 休無休 交各線新宿駅東口から徒歩1分

新宿 ▶MAP 別P.19 D-2

毎年世界の人気店が続々と上陸する東京。海外に行かなくても本場の味を堪能することができる。

EAT 03

SNSでも大人気！

ブレイクドリンクを制覇！

タピオカ

タピオカの本場・台湾発のショップが大人気！　もちもちでとろけるような食感のタピオカを味わおう。

スムージー

新鮮なフルーツや野菜が凝縮されたスムージーで、栄養もおいしさもチャージしよう！

（左から）愛玉ジャスミンレモンティー、タピオカミルクティー、タピオカ抹茶ミルク

（左）アサイーソイ（右）ロイヤルベリー

タピオカミルクティー発祥の店

春水堂　渋谷マークシティ店

チュンスイタン　しぶやマークシティてん

本場台湾で国民的人気を誇るお茶専門カフェ。もちもちのタピオカとこだわりの茶葉で淹れたミルクティーの相性が抜群。

渋谷区道玄坂1-12-3 渋谷マークシティ4F ☎03-6416-3050 営11:00～23:00 休施設に準ずる 交各線渋谷駅直結

渋谷 ▶MAP 別P.14 C-3

飲み物だけでなく、台湾グルメも楽しめる

身体の中から美しく

ANNA'S by Landtmann

アンナーズ バイ ラントマン

ウィーンの老舗「カフェラントマン」が手掛けるカフェ。旬のフルーツや野菜を使うスムージーやスイーツが絶品。

渋谷区渋谷2-24-12 渋谷スクランブルスクエア 6F ☎03-6433-5997 営10:00～21:00 休不定休 交各線渋谷駅B6出口直結

渋谷 ▶MAP 別P.15 D-3

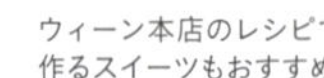

ウィーン本店のレシピで作るスイーツもおすすめ

こっくり黒糖タピオカ

珍煮丹 マグネット渋谷109店

ジェンジュダン
マグネットしぶやいちまるきゅうてん

台湾でも人気のタピオカ店。100%台湾製の天然黒糖シロップで漬け込んだタピオカと北海道産のミルクがマッチして濃厚な味わいに。

渋谷区神南1-23-10 MAGNET by SHIBUYA109 7F ☎03-6455-2233 営11:00～23:00（LO22:00） 休無休 交各線渋谷駅A7出口直結

渋谷 ▶MAP 別P.14 C-2

黒糖タピオカミルクM

韓国発のジューススタンド

JUICY

ジューシー

旬のフルーツを使ったフレッシュジュースが楽しめるジューススタンド。なかでも「ストロベリーバナナ」のスムージーが一番人気。

新宿区百人町2-10-2 ☎03-3227-3750 営11:00～23:00 休無休 交JR新大久保駅から徒歩3分

新大久保 ▶MAP 別P.27 ①

ストロベリーバナナ（M）

話題のドリンクスタンドから懐かしいレトロかわいいドリンクまで。
思わず写真に撮りたくなるようなフォトジェニックドリンクをチェックしよう！

濃厚なバナナの甘みがたまらない SNS

バナナジュース

ヘルシードリンクとしても注目を集めるバナナジュースは、一度飲んだらハマること間違いなし！

レトロ×カラフルな王様ドリンク SNS

クリームソーダ

どこか懐かしさを感じるクリームソーダはカラーバリエーションも豊富で思わず写真撮影はマスト！

バナナジュース（レギュラー） 500円

750円 750円
（左）クリームソーダ（メロン）（右）クリームソーダ（レモン）

賞味期限はわずか20分

sonna banana

ソンナ バナナ

お砂糖なしでおいしい超濃厚バナナジュースのお店。宇治抹茶、紅芋、ドラゴンフルーツなど、さまざまな味がある。

お好みで黒ごま、きなこ、甘酒などもトッピングできる

中央区八丁堀2-15-5 1F ☎080-3707-0877 営11:00～19:00 休無休 交地下鉄八丁堀駅A5出口から徒歩1分
八丁堀 ▶MAP 別P.7 E-3

山小屋風の老舗喫茶店

さぼうる

1955年創業の喫茶店。昔からのファンも多く、レトロな内装でクリームソーダやミルクセーキなどを楽しめる。

千代田区神田神保町1-11 ☎03-3291-8404 営9:30～23:00（LO22:30） 休日曜、祝日不定休 交地下鉄神保町駅A7出口からすぐ
神保町 ▶MAP 別P.28 ⑬

クリームソーダは30年以上も愛される人気メニュー

追熟バナナとミルクのハーモニー

BANANA JUICE TOKYO

バナナジュース トウキョウ

高級フルーツ店で取り扱う高品質なバナナとこだわりのミルクで作る濃厚バナナジュースが絶品。15種のトッピングで味変も楽しめる。

中央区日本橋3-7-12 ☎03-6367-0165 営8:30～10:00、11:30～19:00 休無休 交地下鉄日本橋駅B2出口から徒歩4分
日本橋 ▶MAP 別P.7 D-2

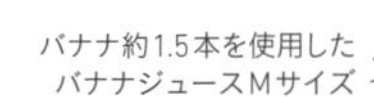

バナナ約1.5本を使用したバナナジュースMサイズ 500円

各800円
ブルーハワイ、メロンソーダなど全6種あるフロート

アメリカンな店内にココロ躍る

CAROLINE DINER

キャロライン ダイナー

SNS映えするザ・アメリカンな内装も人気を集めているダイナー。チェリーが3つ入ったフロートがオススメ。

渋谷区神宮前2-14-11 1F ☎03-6721-1960 営12:00～18:30（LO18:00） 休木曜 交地下鉄明治神宮前〈原宿〉駅5番出口から徒歩15分
神宮前 ▶MAP 別P.28 ⑰

バナナジュースは腹持ちもよく、朝ごはんやランチ替わりにもおすすめ。手軽に栄養補給ができる。

EAT 04

見た目もかわいいごほうびスイーツ
魅惑のパフェ&かき氷

子どもも大人も大好きな永遠の憧れスイーツ・パフェ。ゴージャスなトッピングや珍しいフレーバーが楽しめるかき氷は、一年中食べたい新定番スイーツ！

「パフェ」

センスが光るアートなパフェ♡

アート度 No.1

4000円

月替わりのパフェ(ドリンク付き) A

写真はスイカソルベやフルーツを合わせた夏限定のパフェ

一度は味わいたい伝統の味！

クラシック No.1

1800円〜

ストロベリーパフェ B

時期ごとに厳選した国産いちごを使った定番のパフェ

キュートさ No.1

蝶の形のチョコレートをON！

1600円

ストロベリーパフェ C

たっぷりのいちごを使ったキュートなパフェ。マカロンは手作り

800円

チョコバナナパフェ C

アイスだけでなく板チョコなどのトッピングも楽しめる一品

旬のフルーツを召し上がれ

A PÂTISSERIE ASAKO IWAYANAGI

パティスリィ アサコ イワヤナギ

パティシエ岩柳麻子氏によるアート作品のようなスイーツが楽しめるお店。季節によってメニューが異なり、事前の予約がマスト。

住 世田谷区等々力4-4-5 ☎03-6432-3878 営 11:00〜18:00 休 月曜(祝日の場合は翌日休) 交 東急大井町線等々力駅南口から徒歩3分

等々力 ▶MAP 別P.29 ㉒

憧れの老舗パーラー

B 資生堂パーラー 銀座本店 サロン・ド・カフェ

しせいどうパーラー ぎんざほんてんサロン・ド・カフェ

銀座のシンボル的老舗カフェ。旬のフルーツを使う王道のパフェや、創業から変わらぬ味わいのバニラアイスクリームで優雅な時間を。

住 中央区銀座8-8-3 東京銀座資生堂ビル3F ☎03-5537-6231(予約不可) 営 11:00〜21:00(LO20:30)、日曜・祝日〜20:00(LO19:30) 休 月曜(祝日の場合は営業) 交 地下鉄銀座駅A2出口から徒歩7分

銀座 ▶MAP 別P.8 C-3 →P.41、126

メルヘンな見た目にうっとり

C kapi parlor

カーピーパーラー

旬のフルーツを使ったパフェが話題を集めているカフェ。特にいちごパフェのかわいいビジュアルがSNSで話題を集めている人気店。

住 目黒区中根2-5-10 ☎03-6459-5895 営 10:30〜18:00 休 水曜、不定休 交 東急東横線都立大学駅南口から徒歩7分

目黒 ▶MAP 別P.29 ⑳

進化形かき氷！

今や夏だけではなくオールシーズン人気を集めるかき氷。季節限定メニューや豪華なトッピングのハイレベルかき氷も見逃せない。

『かき氷』

SNS映え No.1

メロンと生クリームがでんと盛り！

3850円

めろんみるく3段 D

メロンと生クリームがたっぷり乗ったかき氷パフェ

インパクト No.1

焼き氷 F

メレンゲでコーティングされたかき氷が炎に包まれる

くちどけ No.1

ふわっふわのカラフルかき氷！

1500円

生いちごホミビン E

いちご味の氷に新鮮いちごがのった冬限定の人気メニュー

香りづけのラム酒がファイヤー！

1296円

旬の高級メロンを贅沢に

D 浅草よろず茶屋444

あさくさよろずちゃやよんよんよん

一般のお店では入手困難な高級フルーツをふんだんに使用したかき氷やパフェを提供しているカフェ。季節ごとに使うフルーツや品種を変えている。

台東区浅草4-4-4 ☎03-5808-9408 営10:30 ～ 16:30（LO 15:30） 休 不定休 交 つくばエクスプレス浅草駅A1出口から徒歩10分

浅草 ▶MAP 別P.10 C-1

韓国発かき氷を味わうなら

E HOMIBING cafe

ホミビン カフェ

韓国発のデザートカフェ。秘伝のレシピによる氷を薄く削った韓国系かき氷が自慢で、アクセントに季節の生フルーツなどをトッピング。

新宿区百人町2-3-20 ビション新大久保駅前 1F・2F ☎03-6205-5440 営11:00～23:30（LO23:00） 休 無休 交 JR新大久保駅から徒歩1分

新大久保 ▶MAP 別P.27 ①

予約必須の燃えるかき氷

F Café Lumiere

カフェ ルミエール

アットホームな雰囲気の内装と、見た目のインパクトがSNS映え間違いなしの「焼き氷」が人気のカフェ。売り切れ次第終了なので、予約は必須。

武蔵野市吉祥寺南町1-2-2 東山ビル4F ☎0422-48-2121 営12:00～20:00（LO 19:30）、土・日曜・祝日11:00～18:00（LO17:30） 休 不定休 交 各線吉祥寺駅公園口から徒歩1分

吉祥寺 ▶MAP 別P.29 ㉜

かき氷はフォトジェニックなトッピングがトレンド。写真は真正面から撮ると高さが出て映える！

EAT 05

焼きたてが最高！ ベーカリーカフェでパン！

店内いっぱいに広がるパンの香りに包まれながら、お店自慢のパンやトースト、おしゃれモーニングが楽しめるベーカリーカフェに出かけよう。

バリスタが淹れる！ コーヒー派

売り切れ必至のこだわりパン

パンとエスプレッソと

約30種類のパンは国産、フランス産、カナダ産など5種類の小麦粉を使い分けて作られる。ハード系のパンでももっちりやわらかい食感が楽しめる。

渋谷区神宮前3-4-9 ☎ 03-5410-2040 (営) 8:00～21:00 (休) 不定休 (交) 地下鉄表参道駅A2出口から徒歩5分
表参道 ▶MAP 別P.13 D-1

8:00～15:00提供のパニーニセット平日970円、祝日1150円

ムー 350円
濃厚バターが香る10cm角のリッチな食パン

ミントウィッチ 260円
ミントとはちみつ入りのクリームをパンでサンド

黒豆豆乳食パン 390円
国産の丹波黒豆を使った乳製品不使用の食パン

濃厚な香りとほろ苦さがパンによく合う
エスプレッソ・ソロ 300円

根強い人気！ トースト派

もっちりふわふわ食感の食パン

LeBRESSO 目黒武蔵小山店

レブレッソ めぐろむさしこやまてん

食パン専門店×コーヒースタンドのお店。スイーツ系やサラダ系も充実のトーストメニューは15種類あり独自製法によるふわふわの食感が楽しめる。

目黒区目黒本町3-5-6 ☎ 03-6712-2780 (営) 9:00～19:00 (休) 不定休 (交) 東急目黒線武蔵小山駅西口から徒歩2分
武蔵小山 ▶MAP 別P.29 ㉕

厚切りバタートースト 390円
バターが染み込んだ4cm幅のトースト

1 背の高いグリーンが置かれ全体的に白を基調としたインテリアが爽やかな店内 2 毎朝カウンター奥の工房でふわふわの食パンが焼き上げられる

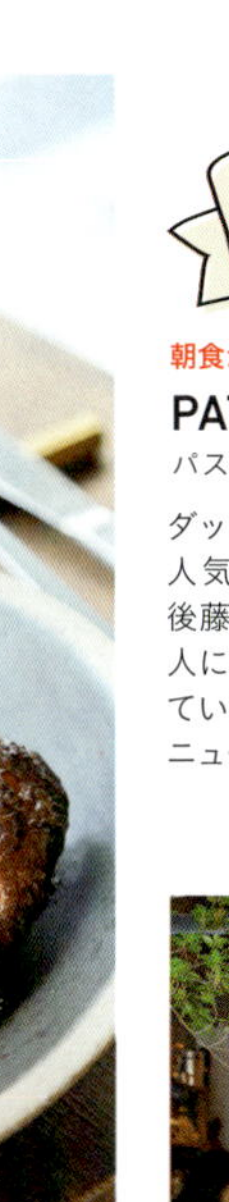
ダッチパンケーキ
生ハムとブッラータ
1710円
まろやかなチーズと生ハムの塩気が絶妙にマッチ

朝食から楽しめるレストラン

PATH

パス

ダッチパンケーキが絶品の人気ビストロ。原シェフ、後藤パティシエの2人の職人によるこだわりが詰まっている。一日中魅力的なメニューを楽しめる。

🏠 渋谷区富ケ谷1-44-2 ㊔ 8:00 ～ 15:00(LO14:00)、18:00～24:00(LO23:00) ☎ 03-6407-0011 ㊡ 月曜、ブレックファースト第2・4火曜、ディナー第2・4日曜 ㊜ 地下鉄代々木公園駅1番出口から徒歩1分

代々木公園 ▶MAP 別P.28 ⑱

Relax

1 自然光が射し込む明るい店内に焼き上がったパンが並ぶ **2** 外国の郊外にあるレストランをイメージしている

What is

おしゃれなパン飲みに注目！

パンとお酒を自由に組み合わせて楽しむ新しいトレンド。パンの新しい味わい方を広げてみよう。

自家製パンとビオワインが自慢

馬場FLAT HANARE

ばばフラット ハナレ

お通し代で食べ放題の自家製のパンに、シェフが仕入れるこだわりのワインを中心にお酒も楽しめるベーカリーカフェ。パンは店向かいの系列ベーカリー「馬場FLAT」から届く。

🏠 新宿区大久保3-10-1 オレンジコート内 ☎ 03-6273-8022 ㊔ 11:30～21:00 ㊡ 第2月曜 ㊜ 地下鉄早稲田駅2番出口から徒歩5分、地下鉄高田馬場駅7番出口から徒歩6分

西早稲田 ▶MAP 別P.28 ⑮

1 テーブル席、カウンター席のほかテラス席もある **2** ワインは自然派のものを中心に常時約20種類そろえている **3** パン盛り（お通し代）300円、エビとキノコのアヒージョ780円、自家製サングリア（赤）580円

パンを使った料理や、自家製パンをつまみにちょい飲みができるお店が増えている。

EAT 06

ファストフードとは一線を画す

本格バーガー&サンドに感激！

味で勝負の正統派シグネチャーバーガー

シャックバーガー C
シングル836円

ポテトバンズで、ホルモン剤フリーのアンガスビーフパティとチーズ、レタスとトマト、シャックソースをサンド

満足感が半端ないたっぷりビーフ

下北沢ミートサンドダブル B
1800円

インパクト大な肉肉しさに圧倒！ジューシーなビーフを思う存分味わえる看板メニュー

何人かでシェアしたい驚きの高さ！

何人で食べる？

アボカドモッツァレラバーガー D
1450円

もちもちした天然酵母入りの自家製バンズと、噛むたび肉汁があふれる店特製パティが人気の秘密

一度食べたら誰もがやみつきに！

HEALTHY

アメリカンクラブハウス A
2400円

チキンやベーコン、チーズ2種、野菜をBBQなど3種のソースと共に惜しみなくサンド

NY流サンドイッチ専門店

A Qino's Manhattan New York
キノーズ マンハッタン ニューヨーク

栄養価の高い十穀イギリスパンを使ったボリューム満点のサンドイッチ。フレッシュ野菜もたっぷり入っている。

🏠文京区小石川4-21-2 ☎03-6231-5527 営9:30～20:00（日曜・祝日～18:00）※LO各30分前 休月曜（祝日の場合営業、翌日休） 交地下鉄茗荷谷駅1番出口から徒歩6分

小石川▶MAP 別P.29 ㉗

肉汁あふれる看板の肉サンド

B STABLER Shimokitazawa Meatsand
ステイブラー シモキタザワ ミートサンド

アパレルブランド「STABLER」が展開するアメリカンカフェ。人気は牛のサガリを使った牛ステーキサンド。

🏠世田谷区北沢2-12-15 ☎03-3414-8775 営11:00～22:00 休無休 交各線下北沢駅南西口から徒歩2分

下北沢▶MAP 別P.29 ㉚

NY発、グルメバーガーレストラン

C Shake Shack 外苑いちょう並木店
シェイク シャック がいえんいちょうなみきてん

ホルモン剤フリーの100%アンガスビーフパティが、ジューシーでおいしいと評判。広々としたテラス席も人気。

🏠港区北青山2-1-15 ☎03-6455-5409 営11:00～22:30（LO22:00） 休不定休 交地下鉄外苑前駅4a出口から徒歩5分

青山▶MAP 別P.13 E-1

夜ごはんにしてもいいほどボリュームたっぷり！
でも、しつこくなくてペロリと食べられちゃう。
そんなハンバーガーやサンドイッチが人気沸騰中。

お肉たっぷり

ジューシーなパストラミとピクルスの酸味がマッチ

ビーフパストラミサンドイッチ Ⓐ
1400円

80gものパストラミビーフを豪快に挟んだ、肉本来の旨みを十二分に堪能できる一品

グルメサンドイッチ Ⓔ
各770円

フレッシュな野菜やこだわりのお肉など厳選した素材を、ドイツパンでサンド

具材に合わせてブレッドを開発

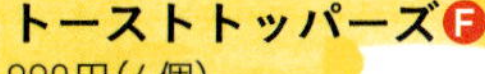

オリジナル

大きめ野菜で食べごたえあり

トーストトッパーズ Ⓕ
990円（4個）

ワインのおつまみにしたいフィンガーサイズのディナー限定オープンサンド。8種類の中から4つをチョイス

おつまみ感覚のオープンサンド

野菜たっぷりいただきます

ベジサンド Ⓑ
900円

ホクホクした食感のラタトゥイユ風野菜がたっぷり。オリジナルタルタルソースが美味

並んでも食べたい本格バーガー

Ⓓ THE GREAT BURGER
ザ グレート バーガー

大口あけてかぶりつきたい、アメリカのクラシックスタイルのハンバーガーが人気のカジュアルレストラン。

🏠渋谷区神宮前6-12-5 1F ☎03-3406-1215 ㊔11:30～23:00（LO22:30） ㊡無休 ㊈地下鉄明治神宮前〈原宿〉駅7番出口から徒歩7分

原宿▶MAP 別P.12 B-2

ドイツの「ボッシュ」が運営するカフェ

Ⓔ café 1886 at Bosch
カフェ イチハチハチロク アット ボッシュ

名店「マルディ・グラ」のシェフが監修したオリジナルメニューを提供。ドイツパンの素材感を大切にしている。

🏠渋谷区渋谷3-6-7 ☎03-6427-3207 ㊔8:30～18:00（金曜～19:00、土曜11:00～19:00、日曜・祝日 11:00～18:00） ㊡不定休 ㊈各線渋谷駅C1出口から徒歩5分

渋谷▶MAP 別P.15 E-3

昼と夜で違った楽しみ方を

Ⓕ DAY & NIGHT
デイ アンド ナイト

NYのダイナーのようなオシャレな空間。昼はサンドイッチやコーヒー、夜はビオワインをゆっくりと。

🏠渋谷区恵比寿2-39-5 ☎03-5422-6645 ㊔9:30～21:30（LO21:00） ㊡無休 ㊈JR恵比寿駅から徒歩12分

恵比寿▶MAP 別P.17 F-1

ハンバーガーやサンドイッチにはビールがよく合う。ハンバーガーと共にクラフトビールが飲める店も増加中だ。

EAT 07

オープンテラスが気持ちいい♪

テラスカフェでリフレッシュ

たくさんの緑に囲まれてくつろぐことができるテラスカフェ。心地よい風を感じながら、おいしいフードやスイーツを味わって、特別な時間を過ごそう！

都心の喧噪を忘れる緑豊かな憩いの場

夜景も楽しめる空中庭園のレストラン

BEST SEAT
庭園を眺めるテラス席

空中庭園に面した席からは日比谷公園や皇居外苑も望める

夜にはビル街の夜景を眺めながらゴージャスな時間を過ごせる

厳選した日本の食材を味わえる

DRAWING HOUSE OF HIBIYA

ドローイング ハウス オブ ヒビヤ

東京ミッドタウン日比谷の6階にあるレストラン。日本全国のおいしい食材の再発見をテーマに、季節の旬の素材を使ったランチやディナー、コース料理を楽しめる。

千代田区有楽町1-1-2 東京ミッドタウン日比谷6F ☎03-3519-3700 営 ランチ11:00～14:30(LO)、ディナー16:00～22:00(フード21:00 LO／ドリンク 21:30 LO)、ティータイム11:00～21:30(LO) 休 施設に準ずる 交 地下鉄日比谷駅A5・A11出口直結 日比谷 ▶MAP 別P.8 A-1

おすすめMENU

季節のランチ
3080円～

3カ月ごとに内容が替わるランチメニュー

北海道の玉艶卵を使った特製プリン

こだわり焼プリン
880円

滝れたてコーヒーで朝カフェを

Little Darling Coffee Roasters

リトルダーリン コーヒーロースターズ

コーヒーをよりスペシャルなものにするために造られた都心のコーヒーロースターカフェ。ハンバーガーやソフトクリームなど、ワンハンドメニューも一緒に楽しめる。

港区南青山1-12-32 ☎03-6438-9844 営10:00～18:00(LO17:30) 休不定休 交地下鉄乃木坂駅5番出口から徒歩4分

青山 ▶MAP 別P.22 A-1

テラスカフェ

グリーンに囲まれたり、都心の景色を見下ろすことができるテラスカフェが大人気。

1 ガーデニンに囲まれたテラス席もおすすめ
2 大きな窓から光が射し込む店内

BEST SEAT

グリーンに囲まれた癒し空間

目の前には緑豊かな広場があり、東京とは思えない癒しの空間に

おすすめMENU

アメリカンプレス 600円

セレクト、焙煎、抽出までこだわりの一杯

コーヒーソーダフラワー 600円

甘酸っぱい味によい香り。見た目もかわいい

開放感たっぷりのテラスで銀座の街を独り占め

BEST SEAT

ゆったりくつろげるソファ席

銀座7丁目交差点を見下ろすテラス席はソファタイプでのんびりできる

おすすめMENU

アフタヌーンティー 3800円

竹炭を使ったグレーマカロンなどを提供

1 洗練されたモダンな空間で上質な時間を
2 数種類のスイーツやセイボリーを味わえる

ミシュランシェフ監修のダイニング

Opus

オーパス

ミシュラン1つ星「Ode」の生井シェフがメニューを監修するダイニング。ホテルの最上階にあり、テラス席から望む銀座の眺めが最高。優雅なひと時を過ごせる。

中央区銀座8-9-4 ザ ロイヤルパーク キャンバス銀座8 14F ☎03-6263-8432 営ランチ11:30～14:30(LO)、ティータイム14:30～17:30(LO)、ディナー17:30～23:00(フードLO22:00、ドリンクLO22:30)、日曜～21:00(フードLO20:00、ドリンクLO20:30) 休無休 交地下鉄新橋駅1番出口から徒歩7分

銀座 ▶MAP 別P.8 C-3

「Little Darling Coffee Roasters」は複合施設「SHARE GREEN MINAMI AOYAMA」内にあり、ショップやオフィスも併設している。

EAT 08

ティータイムを優雅に過ごすなら

最旬ハイクラスカフェ

伝統あるカフェや一流ホテルのラウンジなどでハイクラスのティータイムを楽しめるのが東京の魅力。華やかなスイーツとともにとっておきの昼下がりを満喫しよう。

ホテルスイーツの逸品を存分に堪能

〈夏季限定〉新アフタヌーンティーセット1人6820円（サ別）※2時間制 要予約

由緒ある庭園を眺めながら

ガーデンラウンジ

400年の歴史を誇る日本庭園を一望。ラグジュアリーな空間でグランシェフ中島眞介氏によるスイーツや伝統のローストビーフサンドを堪能できる。

千代田区紀尾井町4-1 ホテルニューオータニ ガーデンタワー ロビィ階 ☎03-5226-0246 ㊔朝食7:00～10:00、ランチ11:00～15:00、サンドウィッチ＆スイーツプレゼンテーション11:30～15:00、ティータイム15:00～18:00、ワインラウンジ18:00～22:00 ㊡無休 ㊋地下鉄赤坂見附駅D紀尾井町口から徒歩3分

赤坂見附 ▶MAP 別P.4 C-1

庭園では優美な滝も見られる

四季折々の日本庭園を一望するラウンジ

ビュッフェスタイルのスイーツプレゼンテーション6300円（サ別）※土日祝7400円（サ別）

都内有数の庭園を望む 極上のティータイム

アフタヌーンティー1人4950円(サ別)
※2時間制、要予約(前日18時まで)
※季節によりメニューが異なる

伝統のアフタヌーンティーを優雅な空間で

ル・ジャルダン

1990年代、東京のホテルでいち早く本格的なアフタヌーンティーを提供。庭園を望む格式高い空間で、約20種類の紅茶や自家製スコーンなどが楽しめる。

文京区関口2-10-8 ホテル椿山荘東京 ホテル棟3F ☎03-3943-0920 営10:00～22:00(LOフード20:30、ドリンク21:00) 休無休 交地下鉄江戸川橋駅1a出口から徒歩10分

江戸川橋 ▶MAP 別P.4 C-1

1 ファンの多いスコーンはテイクアウトも可能 2 夜はイブニングハイティーを提供する

東京湾の絶景と一緒に

トゥエンティエイト

トゥエンティエイト

コンラッド東京28階のバー＆ラウンジで提供されるのは、伝統的な英国式と異なるアフタヌーンティー。ガラスのプレートに料理が並ぶ。メニューは季節によって変わる。

港区東新橋1-9-1 コンラッド東京28F ☎03-6388-8745 営11:00～16:30※2時間制(16:30最終受付)、バー11:00～24:00(LO23:30) 休無休 交地下鉄汐留駅9番出口から徒歩1分

汐留 ▶MAP 別P25 D-1

天井が高く、開放的な店内。大きな窓からは見晴らしのよい眺めが見える

職人技がひかる アフタヌーンティー

スタンダードアフタヌーンティー 1名6200円～

創業から受け継がれる味わい

優雅なシルエットのストロベリーパフェ1800円～

憧れの老舗で至福のひとときを

資生堂パーラー 銀座本店サロン・ド・カフェ

しせいどうパーラー ぎんざほんてんサロン・ド・カフェ

創業1902年の老舗。デザートに使われるフルーツは産地にこだわり、1年を通じてさまざまなおいしさを味わえる。創業からの自家製バニラアイスも絶品。

中央区銀座8-8-3 東京銀座資生堂ビル3F ☎03-5537-6231(予約不可) 営11:00～21:00(LO20:30)、日曜・祝日～20:00(LO19:30) 休月曜(祝日は営業) 交地下鉄銀座駅A2出口から徒歩7分

銀座 ▶MAP 別P.8 C-3

1 白いテーブルクロスと赤い壁のコントラスト 2 銀座のシンボル「東京銀座資生堂ビル」

人気のアフタヌーンティーは予約必須。提供する時間帯や時間制限がある店も多いので、確認しておこう。

EAT
09

こだわりのコーヒーを飲みに
奥渋谷で大人のコーヒータイム

渋谷駅から少し離れた場所にある「奥渋谷」。落ち着いたカフェやショップが並ぶ注目のエリアだ。ここは大人のための街。おいしいコーヒーを飲みながら、ゆっくり過ごそう。

朝早くから夜遅くまでオープンしている

オスロ発の高品質コーヒー

オスロの老舗カフェの海外1号店

フグレントウキョウ

店内のインテリアや陶器は全てノルウェーのヴィンテージデザイン。心地よい空間で、こだわりのコーヒーを楽しもう。コーヒーに合うスイーツやパンなどもある。テイクアウトも可能。

🏠 渋谷区富ケ谷1-16-11 ☎ 03-3481-0884 ㊔ 8:00〜22:00（水〜日曜〜翌1:00） ㊡ 無休 ㊦ 地下鉄代々木公園駅2番出口から徒歩4分

奥渋谷 ▶ MAP 別P.14 A-1

北欧らしいシンプルで落ち着いた店内。一部の家具は購入が可能。夜にはスカンジナビアスタイルの本格カクテルも登場する

コーヒーのこだわりPOINT

定番は日替わりで提供している「本日のコーヒー」。神奈川県登戸にロースタリーを構え、自家焙煎している。

エアロ・プレスコーヒー482円

入口手前の広いテラス

中東風のインテリア。棚にはシーシャ（水タバコ）があり吸うこともできる

異国情緒あふれるカフェ

広いテラスが心地よい

Cafe BOHEMIA
カフェ ボヘミア

無国籍な雰囲気でくつろげるカフェ。40坪の広さのオープンテラスがあり外国人客も多く、渋谷にいることを忘れてしまいそう。料理はヘルシーな中東料理やイタリアンメニューが楽しめる。

🏠 渋谷区宇田川町 36-22 ノア渋谷 PartⅡ 1F ☎ 03-6861-9170 ㊔ 11:30〜23:30（金・土曜・祝前日〜翌4:00） ㊡ 無休 ㊦ JR渋谷駅ハチ公口から徒歩7分

奥渋谷 ▶ MAP 別P.14 B-2

ドリップコーヒー660円

コーヒーのこだわりPOINT

こだわり抜いた豆を使い毎日お店で自家焙煎したオリジナルブレンドは、濃厚ながらもすっきりした味わい。

What is

奥渋谷

渋谷駅から東急百貨店本店を抜けた神山町、宇田川町、富ヶ谷の周辺を指す。にぎやかな渋谷駅前から離れ、落ち着いたカフェやギャラリーが集まる注目のエリア。

スイーツが自慢

宇田川カフェ suite

うだがわカフェスイート

古民家をリノベーションした女性好みの内装。ハンドメイドのスイーツはメニュー豊富でコーヒーとの相性も抜群。食事メニューも充実していてランチセットはドリンク付きで1000円以内と手頃。

渋谷区宇田川町 36-12 ☎ 03-3464-4020 営 12:00～23:00(金・土曜・祝前日～翌 4:00) 休 無休 交 JR渋谷駅ハチ公口から徒歩6分

奥渋谷 ▶MAP 別P.14 B-2

大きなボードには手書きのメニューが

おしゃれな店内にワクワク

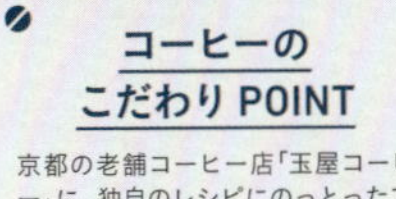
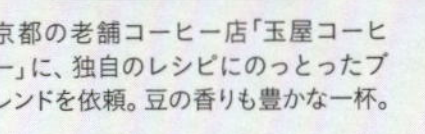
宇田川ブレンドコーヒー660円、ケーキ550円～

コーヒーのこだわりPOINT

京都の老舗コーヒー店「玉屋コーヒー」に、独自のレシピにのっとったブレンドを依頼。豆の香りも豊かな一杯。

週末は明け方まで営業している

オリジナルサンドが大評判

CAMELBACK sandwich & espresso

キャメルバック サンドウィッチ アンド エスプレッソ

元寿司職人の作るサンドイッチとラテアートで有名なカフェで修業したバリスタがタッグを組む。サンドイッチは具に合わせて3つのパン屋のバゲットを使い分けるというこだわりよう。

渋谷区神山町 42-2 KAMIYAMAビル1F ☎ 03-6407-0069 営 9:00～18:00 休 不定休 交 地下鉄代々木公園駅2番出口から徒歩7分

奥渋谷 ▶MAP 別P.14 A-1

バツグンにおいしいサンドイッチとコーヒー

自家製ラムベーコン、自家製ドライトマトとパクチー 1000円(税込)(左)、すしやの玉子サンド450円(税込)(右)

オーダーを受けてから丁寧に作る。ゆずや大葉など和のテイストも大切にしているという

Camel Black(アメリカーノ)400円

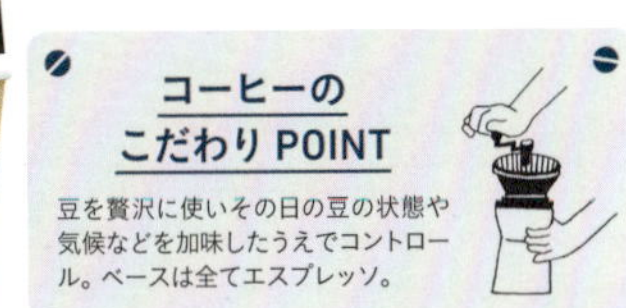
コーヒーのこだわりPOINT

豆を贅沢に使いその日の豆の状態や気候などを加味したうえでコントロール。ベースは全てエスプレッソ。

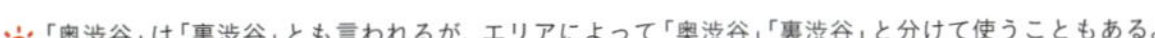
「奥渋谷」は「裏渋谷」とも言われるが、エリアによって「奥渋谷」「裏渋谷」と分けて使うこともある。

EAT 10

まだまだ話し足りないから…

大人カフェでおしゃべり！

こだわりのコーヒーや〆に食べたい夜パフェ専門店など、日常を忘れてのんびりカフェタイム。隠れ家的な空間でオトナの時間を楽しもう。

夜こそ行きたい！
コーヒーのワンダーランド

カフェDATA

メニュー	約30種
ドリンク	約30種
アルコール	約30種

3F 日本初展開の本格的なバーではオリジナルカクテルを味わえる

2F 選び抜かれた茶葉がそろうティースクープバー

1F バリスタがその都度最適な豆と抽出方法を提案してくれる。ベーカリーではイタリアと日本の食材を組み合わせたフードも

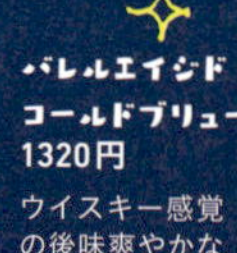

バレルエイジド コールドブリュー
1320円
ウイスキー感覚の後味爽やかなコーヒー

ニュートーキョーファッション
2200円
バーボンベースにウイスキーと梅酒をアレンジ

石臼抹茶 ティー ラテ
990円
お店で挽いた抹茶で、丁寧に仕上げた抹茶ドリンク

特別なコーヒー体験を

STARBUCKS RESERVE® ROASTERY TOKYO

スターバックス リザーブ ロースタリー トウキョウ

1杯のコーヒーが出来上がるまでの工程を学べる工場のような空間に、ティーフロアなどがあり、新しいスターバックスの世界を体感できる。3階のバーではカクテルなどを味わえる。

目黒区青葉台2-19-23 ☎03-6417-0202 営7:00～23:00 休不定休
交各線中目黒駅正面出口から徒歩14分

中目黒 ▶MAP 別P.16 A-1

おとぎ話の世界のような
ノスタルジックな空間

カフェDATA

メニュー 42種　スイーツ 8種
ドリンク 32種　アルコール 100種以上

異国情緒漂う隠れ家カフェ

APPARTEMENT 301

アパルトマン サンマルイチ

フランスの田舎町のアパートをイメージしたカフェ。レトロなインテリアに囲まれ、独特の世界観を楽しむことができる。

新宿区新宿3-10-10要会館3F ☎03-3561-0620 営11:30～23:00 休無休 交地下鉄新宿三丁目駅C6出口から徒歩1分

新宿 ▶MAP 別P.19 F-2

葡萄牛のローストビーフステーキと彩り野菜のグリル
1833円
グリーンマスタードが添えられた人気のグリル

渋谷のど真ん中カフェ

MICROCOSMOS

ミクロコスモス

人気のパンケーキや特注のスモーカーで焼き上げたバーベキューを味わえる。渋谷スクランブル交差点を見下ろせる贅沢な空間。

渋谷区渋谷1-25-6渋谷パークサイド共同ビル8F ☎03-3409-6581 営12:00～23:00(LO1時間前) 休火曜 交各線渋谷駅ハチ公口から徒歩1分

渋谷 ▶MAP 別P.15 D-2

プルドポークバーガー
1200円
10時間以上スモークした豚肩肉のバーガー

自家製　780円
フレッシュオレンジやリンゴのサングリア

スクランブル交差点を
見下ろす
絶好ロケーション！

カフェDATA

メニュー 30種
スイーツ 10種　ドリンク 35種　アルコール 35種以上

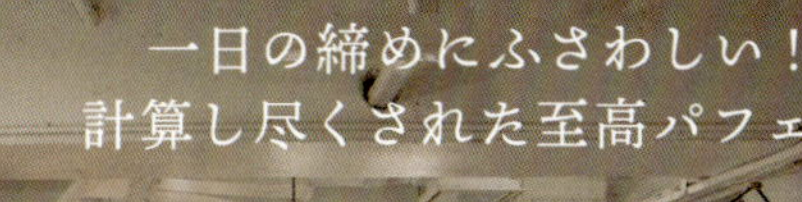

一日の締めにふさわしい！
計算し尽くされた至高パフェ

カフェDATA

パフェ 6種　ドリンク 16種　アルコール 40種

夕方からオープンのパフェ専門店

夜パフェ専門店 Parfaiteria beL

よるパフェせんもんてん パフェテリア ベル

"一日の締めに美味しいパフェ"をコンセプトにしたパフェ専門店。素材の甘さや苦みのバランスを計算し、季節ごとにメニューを展開する。

渋谷区道玄坂1-7-10 新大宗ソシアルビル3F ☎03-6427-8538 営17:00～24:00、金曜・祝前日～翌1:00、土曜15:00～翌1:00、日曜・祝日15:00～24:00(LO各30分前) 休不定休 交各線渋谷駅西口から徒歩4分

渋谷 ▶MAP 別P.14 C-3

葡萄とピパーツ
1600円
巨峰ソルベやワインを使った爽やかな味わい

ピスタチオとプラリネ
1600円
パフェのメニューは季節により変わる

「夜パフェ専門店 Parfaiteria beL」ではアルコール入りのパフェメニューも楽しめる。

EAT 11

わざわざ早起きして行きたい
激ウマ朝食でパワーチャージ

いつもより少し早起きして、ゆったりとした気分で朝ごはん。
しっかりパワーチャージしたら、今日もいいことありそう！

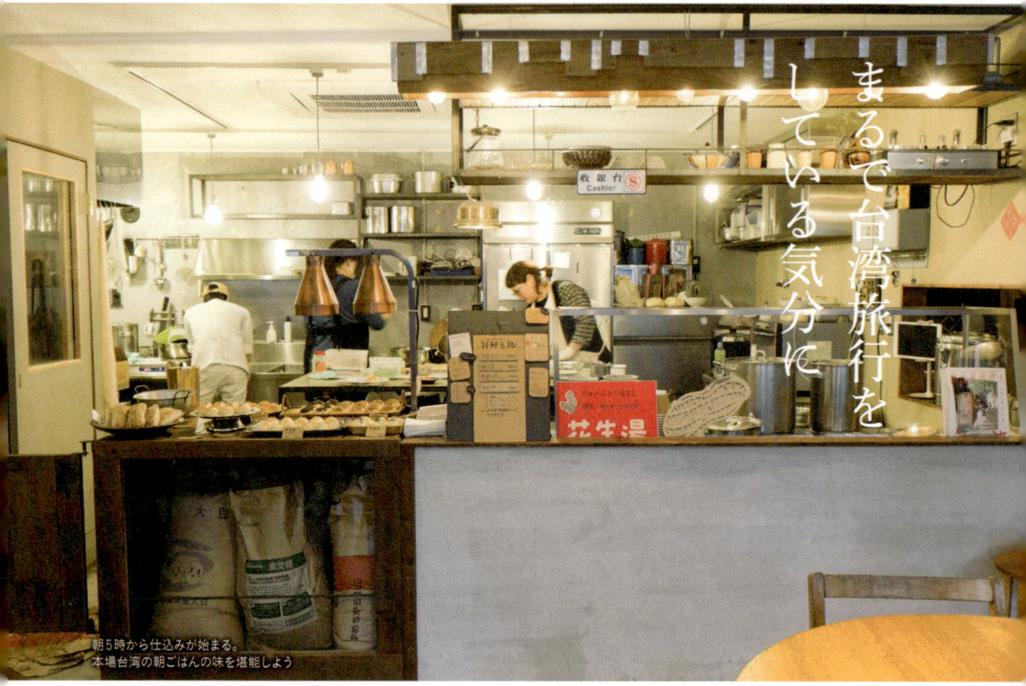

まるで台湾旅行をしている気分に

朝5時から仕込みが始まる。
本場台湾の朝ごはんの味を堪能しよう

台湾式の朝食で至福の時間を！

東京豆漿生活
とうきょうとうじゃんせいかつ

台湾式朝ごはんを堪能できる人気店。定番の豆漿（豆乳）をはじめ、台湾式のパン、焼餅、饅頭など本場の味は全て自家製。台湾グルメで始まる一日は、テンションも上がること間違いなし。

品川区西五反田1-20-3 MKYビル1F ☎03-6417-0335 営9:00～15:00（売り切れ次第閉店） 休日曜 交東急池上線大崎広小路駅から徒歩2分、JR五反田駅西口から徒歩5分

五反田 ▶MAP 別P.29 ㉛

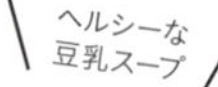

干しエビやネギをトッピング。饅頭と一緒に

できたての焼餅や饅頭は1個250円～

豆乳は機械で毎日手作りしている

ハワイ産の極上のコーヒーと共に

ハワイの朝ごはん

アイランドヴィンテージコーヒー 表参道店

アイランドヴィンテージコーヒー おもてさんどうてん

ハワイに行った気分を味わえる

ホノルルから上陸したカフェ。大人気のアサイーボウルは、オーガニックグラノラとオーガニックハニーを使用。

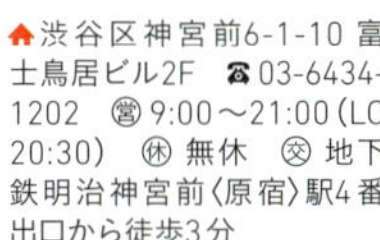

♠渋谷区神宮前6-1-10 富士鳥居ビル2F ☎03-6434-1202 営9:00～21:00(LO20:30) 休無休 交地下鉄明治神宮前〈原宿〉駅4番出口から徒歩3分

青山 ▶MAP 別P.12 B-2

MENU

アサイーボウル(ハーフ)
990円

モーニング 9:00~

ハワイで人気の味を東京で

ニューヨークマガジン絶賛の朝食

NY流エッグベネディクト

CLINTON ST. BAKING COMPANY TOKYO

クリントン ストリート ベイキング カンパニー トウキョウ

スコーンやマフィンの販売もある

NYの超人気店が東京に上陸。毎朝店で作られるバターミルクビスケットを使ったエッグベネディクトは、終日オーダーできる。

♠港区南青山5-17-1 YHT南青山ビル ☎03-6450-5944 営9:00～LO17:00 休無休 交地下鉄表参道駅B1出口から徒歩6分

表参道 ▶MAP 別P.13 E-3

MENU

エッグベネディクト
1870円

NY発のカジュアルダイニング

モーニング 9:00~

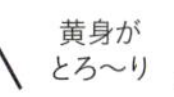

黄身がとろ～り

野菜がおいしいヘルシーな朝食

ヘルシーフード

Mr.FARMER 駒沢オリンピック公園店

ミスターファーマー こまざわオリンピックこうえんてん

店内には緑を多く配置している

「美と健康は食事から」をテーマに、素材を生かしたサラダやバーガーなど数多くのメニューをそろえる。店内は明るく開放感がある。

♠世田谷区駒沢公園1-1-2 ☎03-5432-7062 営7:00～21:00(LO20:00) 休無休 交東急田園都市線駒沢大学駅公園口から徒歩15分

駒沢公園 ▶MAP 別P.28 ⑦

MENU

ヴィーガングリーンサラダプレート
950円

新鮮野菜をモリモリ!

モーニング 7:00~11:00

アメリカの伝統的な朝食

NY発のモーニング

egg東京

エッグ とうきょう

清潔感あふれる店内

NYの人気レストラン「egg」の日本1号店。こだわりの食材を使用した、本場のアメリカンブレックファストを1日中楽しめる。

♠豊島区東池袋1-18-1 Hareza Tower1F ☎03-5957-7115 営10:00～22:00(LO21:00) 休施設に準ずる 交JR池袋駅東口から徒歩4分

池袋 ▶MAP 別P.26 B-1

MENU

エッグロスコ
1738円

朝から幸せなワンプレートを

モーニング 10:00~21:00

店によっては、週末は朝食メニューとは別のブランチメニューを用意している所もあるので要チェック。

EAT 12

ごはん＋見学で半日満喫

豊洲市場で海鮮グルメ！

いつもより少しだけ早起きをして、豊洲市場にお出かけ。せりの様子や場内外の見学を楽しんだあとは、新鮮な海の幸や老舗のグルメを味わおう！

自慢のにぎりをどうぞ召し上がれ！

職人さんの「手やり」に注目！

長年の経験でよいまぐろを目利き！

1  2  3

行列しても食べたい！鮮度バツグンのにぎり

おまかせにぎり 4400円

厳選した旬の定番ネタに煮切醤油を塗って提供

築地時代からの行列店

大和寿司

だいわずし

築地でも行列店として話題を集めた名店。現在も人気は健在で、鮮度バツグンのネタやにぎりの技術、きっぷのよさに定評がある。

5街区青果棟1F ☎03-6633-0220 営6:00～13:00

宝石のようなちらし丼には天然ものの魚介がふんだんに

おまかせ握り 4510円

こだわりのマグロ3種と季節のネタが入る

ちらし丼 4840円

12～13種の旬の魚介と季節の白身が楽しめる

大将との会話も楽しい

鮨文

すしぶん

職人の技が光る、通好みの寿司店。季節ごとに旬のネタを使った握りや、あふれんばかりの贅沢なちらし丼を味わえる。

水産仲卸売場棟3F ☎03-6633-0300 営6:30～14:00

見学もグルメも楽しめる

豊洲市場

とよすしじょう

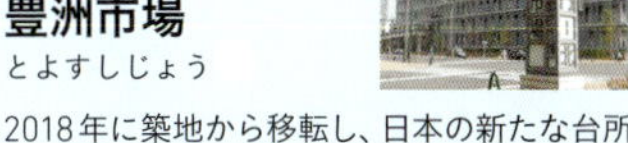

2018年に築地から移転し、日本の新たな台所となった中央卸売市場。観光客向けの展示コーナーや、名店がそろう飲食店街、プロ用品がそろう魚がし横丁で買い物ができる。

江東区豊洲6-6-1 ☎03-3520-8205 営5:00〜17:00 ※休日曜・祝日、休市日 交ゆりかもめ市場前駅から徒歩2分 ※店舗により営業時間が異なる。営業時間は店舗へ確認 豊洲 ▶MAP 別P.21 D-1〜F-1

How to

市場見学

市場内は見学者通路から自由に見学することができる。まぐろのせり見学は、事前申請が必要なので注意しよう。

料金 無料

予約 不要

(まぐろのせり見学は、チケットぴあ予約センターまたはHPから申込要。抽選制)

時間 5:00〜15:00

(まぐろのせり見学は5:55〜6:25)
※せりは申し込み不要の2階通路からも見学できる。

緑の芝生と
海風が心地いい♪

東京の市場の
歴史を学ぼう！

1 職人とのテンポのよい会話も楽しめる 2 2階の見学者通路からもせりの見学ができる 3 迫力満点のまぐろのせり 4 屋上緑化広場からは東京湾が一望できる 5 施設管理棟にあるPRコーナー 6 専門店が並ぶ。お土産にもおススメ 7 実物大のまぐろの模型はフォトスポット

アツアツ&ザクザクの揚げたてフライ！

1800円

C定食

市場で仕入れた魚を生のまま揚げている

1500円

チャーシューエッグ定食

火・木・土曜限定。チャーシューはとろとろ食感

超老舗の定食屋さん

とんかつ八千代

とんかつやちよ

江戸時代から魚河岸で働く職人たちの食堂として親しまれてきた人気店。名物のC定食は魚介の甘さが引き立つフライが絶品。

管理施設棟3F ☎03-6633-0333 営5:00〜13:00

上にのった半熟卵を割るとまろやかに味変！

1230円

Delicious

シチューセット

野菜の甘さが溶け出したシチューは絶品

大正3年創業の喫茶店

珈琲センリ軒

こーひーセンリけん

市場の喫茶店。築地時代からの人気メニューである半熟シチューは、深みのある味わいで半熟卵を割ると一層なめらかに。

水産仲卸売場棟3F ☎03-6633-0050 営5:00〜13:00

2020年1月に市場外商業施設「江戸前場下町」がオープン。飲食店やおみやげショップなどがそろっている。

SHOPPING 01

なんでもそろうワンダーランド！

渋谷スクランブルスクエアで話題のみやげを全部買い！

渋谷の新ランドマークタワーでオリジナル感あふれるおみやげをゲットしよう。
あげる人も、もらう人もハッピーになれるプレゼントはココにあり！

Get!

エシレの限定カヌレはマストで買い！

スクランブルスクエア限定のカヌレ・エシレは行列必至！　サブレやフィナンシェなども販売中

カヌレ・エシレ 486円
ジューシーでとろけるような魅惑の食感

サブレサンド（全3種）各324円
エシレ バターたっぷりのクリームをサンド

1F

ここでしか買えない！

エシレ・パティスリー オ ブール

フランス産A.O.P.認定発酵バター「エシレ」を使ったこだわりのお菓子専門店。芳醇な味わいが食べる人をトリコに。

Get!

本場フランスから初上陸のパン！

5度ミシュランで星を獲得したことのあるティエリー・マルクス氏が熟練の技で生み出す絶品パン

カンパーニュ・フリュイ セック 1/2 1080円
5種のドライフルーツとマカダミアナッツが入ったカンパーニュ

ブリオッシュ・フィュテ 1620円
バターと小麦が織りなすふわっと甘い生地

B2F

ミシュラン2つ星を獲得！

THIERRY MARX LA BOULANGERIE

ティエリー マルクス ラ ブーランジェリー

パリで人気のシェフが手掛けた斬新かつ革新的なベーカリー。
☎03-6450-5641

Get!

究極のコロッケが並ぶコロッケ専門店。

おいしい北海道をもっと美味しく食べてほしい、そんな思いが詰まったコロッケを届ける

津別とろっとカニクリーム 276円
新鮮な生乳と紅ずわいがにの棒肉を贅沢に使った濃厚なクリームコロッケ

ベジソースのコロッケパン ごろっと男爵×とろっとカニクリーム 693円
2種類のコロッケをふわもちのパンで包んだコロッケパン

B2F

台湾の創作レストラン

COROMORE

コロモア

コロッケ国内シェアトップクラス、サンマルコ食品のコロッケ専門店。
☎03-6433-5929

渋谷に新たな流行の風を吹かせる

渋谷スクランブルスクエア

しぶやスクランブルスクエア

19年11月にオープンした47階建ての複合施設。日本初上陸の店舗など、200店舗以上が集結。展望施設「SHIBUYA SKY」も見どころ。

渋谷区渋谷2-24-12 ☎03-4221-4280 営休 店舗により異なる 交 各線渋谷駅直結

渋谷 ▶MAP 別P.15 D-3

What is

渋谷の新ランドマーク

再開発が進む渋谷に、新スポットが続々と誕生中。宮下公園がリニューアルした商業施設MIYASHITA PARKをはじめ、渋谷PARCOなど注目スポット満載！

Get!

渋谷モチーフの雑貨がかわいすぎる！

渋谷限定で発売している靴下やハンカチは、おみやげにぴったり。遊び心あるデザインは必見

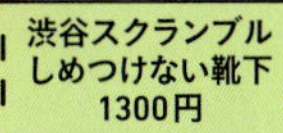

渋谷スクランブルしめつけない靴下 1300円

ボーダーは横断歩道をイメージしている

スクランブル交差点！

渋谷スクランブル交差点 motta 1400円

スクランブル交差点がハンカチとなって登場

ワンッ！

張子飾り渋谷犬 3800円

1862年創業の「中島めんや」が作った特注品

11F

和を感じる生活雑貨がそろう

中川政七商店

なかがわまさしちしょうてん

"日本工芸の入り口"をテーマに、約4000点もの雑貨を取り扱う。渋谷限定品も有。

☎03-6712-6148

Get!

ここでしか買えないふわふわあんぱん！

キムラミルクのみで販売されている"渋谷あんぱん"は桜の塩漬けが目印。売り切れ前にゲットしよう

渋谷あんぱん 301円

スイートでソフトな生地にこしあんがマッチ

11F

老舗パン屋がプロデュース

キムラミルク

創業150年の木村屋總本店が展開する新ブランド。

☎03-6427-5401

Get!

ハワイ発のヴィーガンデリをテイクアウト！

動物性食材や卵、乳製品などを使わない100%プラントベース。フレッシュで彩り豊かな料理を提供

カスタマイズプレート 1059円

お肉不使用のヘルシーロコモコプレート
※写真はイメージ

B2F

自然の恵みを味わう

Peace Cafe Hawaii

ピースカフェハワイ

ハワイの人気カフェがテイクアウトで楽しめる。

☎03-6805-0826

ひと休みもこだわりたい！

スフレトルティージャ 1400円

13F

スペイン王室御用達の名店

José Luis

ホセ・ルイス

西・マドリードから初上陸。トルティージャやパエリアなどが味わえる。

☎03-6452-6227 営11:00～24:00(LO23:00) 休不定休

茶寮季節の和ケーキ 1150円～

14F

人気沸騰の和スイーツ

神楽坂 茶寮

かぐらざか さりょう

パフェやフォンデュなどが楽しめる。渋谷限定メニューも。

☎03-6433-5751 営10:00～23:00 休不定休

渋谷スクランブルスクエアは、地上約230m。B2F～15Fがテナント、17Fからはオフィス、最上階45Fは屋上となる。

SHOPPING 02

台湾のカルチャーショップが日本初上陸！

誠品生活で台湾ショッピング

台湾を代表する名店「誠品生活」が日本橋に登場。書店や文具店など独自のカラーで展開し、世界で評価されてきたショップが初出店を飾る。日本で台湾の雰囲気を感じてみよう！

台湾POINT!

本

誠品書店は"アジアで最も優れた書店"と評価を受けている！

目利きスタッフ厳選の書籍

誠品書店

せいひんしょてん

読書を楽しめる長さ30mの「文学の廊下」が見どころ。月替わりの推薦図書も実施。

☎03-6225-2871

営10:00～21:00

不織布バッグ（GREEN、RED）
各603円

しっかり素材で、書籍の持ち運びにピッタリ

台湾POINT!

文具

世界の文具が集結する「誠品文具」にはワンランク上の商品が並ぶ

※商品入れ替えにより取り扱いのない場合もございます。

SAILOR 墨水
2200円

高級ブランド、セーラー万年筆のボトルインク

LIFE NOBLE NOTE（誠品緑、誠品紅）
各1760円

なめらかな書き心地で、万年筆でもにじまない

クリエイティブな文具を扱う

誠品文具

せいひんぶんぐ

台湾をはじめとして日本や世界各地からセレクトされた独創的な商品が並ぶ。

☎03-6225-2871 営10:00～21:00

台湾POINT!

石鹸

阿原のユアンソープは天然素材で一つひとつ手作りされている！

ユアン フェイスマスク
5280円

保湿成分を贅沢に配合した集中保湿マスク

ヨモギアロマオイル
3630円

日本限定で発売のヨモギのマッサージオイル

素材にこだわる美肌用品

阿原 YUAN

ユアン

台湾の石鹸ブランド。無農薬のスキンケア商品で、美肌に導く。お試しコーナーで試供も可能。

☎03-3527-9565 営10:00～21:00

誠品生活

誠品グループは台湾を拠点とし「世界で最もクールな百貨店」と称される。日本初進出となる誠品生活日本橋は2019年9月にオープン。

台湾発のカルチャーショップ

誠品生活日本橋

せいひんせいかつにほんばし

書店を中心に生活雑貨や飲食店など、多様な台湾文化を発信。50を超える台湾ブランドが進出しており、アジア文化の交流を目指す。

中央区日本橋室町3-2-1コレド室町テラス2F ☎03-6225-2871 営店舗により異なる 休施設に準ずる 交JR新日本橋駅地下直結、地下鉄三越前駅地下直結

日本橋 ▶MAP 別P.7 D-1

UPLIFT HERBAL SYRUP 2980円

8種類の和漢植物で体をポカポカにする

EAT BEAU TEA-My Favorite Things 2600円

ナツメや黒豆などを食べながら飲むお茶（詰め替えは3780円）

台湾POINT!

漢方

食べられる薬膳茶やサプリメントで、女性の体を整える

心も体もスッキリ♡

女性目線の漢方ショップ

DAYLILY

デイリリー

台湾発の漢方のライフスタイルブランド。漢方をもとに作られたドリンクやコスメなどが人気。

☎03-6265-1816 営10:00～21:00

台湾POINT!

パイナップルケーキ

台湾の定番みやげのパイナップルケーキが日本でも楽しめる！

オーベアクッキー（12個入）1620円

台湾観光局のキャラクターとコラボした商品

100%オリジナルパイナップルケーキ（6個入り）2430円

パイナップルの果肉が詰まったケーキ

老舗パイナップルケーキ店

郭元益

グォユェンイー

創業150年の伝統を持つパイナップルケーキ店が日本初上陸。伝統菓子や日本限定品も販売。

☎03-6665-0499 営10:00～21:00

台湾グルメも忘れずに！

お買い物を満喫したら台湾グルメでお腹をいっぱいにしよう。本場のシェフが作る本格的な台湾料理が楽しめるのはココ！

《ウーロン茶》

タピオカウーロンミルクティー 1408円

パイナップルウーロンフルーツティー 1320円

創業150年のティーサロン

王德傳

ワンダーチュアン

こだわりの台湾ウーロン茶が味わえるカフェ。台湾人スタッフが目の前でお茶を淹れてくれる。

☎03-6262-3995 営10:00～21:00

《台湾料理》

豚バラ肉の角煮 2780円（税込）

洗練された台湾料理を味わう

富錦樹台菜香檳

フージンツリー

創作台湾料理とシャンパンを楽しめるスタイリッシュなレストラン。人気メニュー、豚バラ肉の角煮は絶品。

☎03-6262-5611 営11:00～23:00(LO22:00)

誠品グループが中華圏以外に初めて出店したのが誠品生活日本橋。

SHOPPING 03

ここでしかできない体験も！

新ランドマークをウォッチ

オープンエアな空間をひとり占め

注目！ レストランでテイクアウトしてテラス席で飲食できる

テラス席でランチ♪

水上バス CHECK!

浅草や豊洲などへ水上バスが運航。浜離宮恩賜庭園が目の前に広がる船着場は絶好のフォトスポット。

DATA 営 運航状況はHPを確認 料 行き先により異なる

開放的な都心のオアシス

ウォーターズ竹芝

ウォーターズたけしば

商業施設「アトレ竹芝」、劇団四季の2つの専用劇場、ホテル「メズム東京」、水上バスの船着場も備えた複合施設。対岸の浜離宮恩賜庭園を眺められる芝生広場は散歩におすすめ。

港区海岸1-10-30 交 ゆりかもめ竹芝駅2B出口から徒歩3分

竹芝 ▶MAP 別P.29 ㉔

SHOP GUIDE

☑ ショップ・飲食店:26店舗（※アトレ竹芝内）

［そのほかの施設］
JR東日本劇場［春］［秋］、メズム東京、オートグラフ コレクション

RESTAURANT

注目！ ボリューミーな肉料理と世界各国のクラフトビールが楽しめる

ブラウアターフェル アトレ竹芝店

世界中から集めたクラフトビールとこだわりの石窯で焼き上げる肉や魚、野菜料理が魅力。水辺を感じるテラス席は開放感抜群。

1300円

1100円

☎ 03-6402-5580 営 11:00～22:00（土・日曜・祝前日～23:00）

SUPERMARKET

注目！ 新鮮な生鮮食品やフランス産のワインが並ぶ

Bio c' Bon

ビオセボン

オーガニックを気軽に楽しめるパリ発のスーパーマーケット。オーガニックワインが味わえるイートインスペースも併設。

☎ 03-5422-1555 営 8:00～22:00（土・日曜10:00～）

今行きたい！ 旬のエリアをピックアップ。再開発が進む竹芝で水辺を感じ、豊洲で温泉やショッピングを満喫。原宿駅前に誕生した話題の複合施設も目が離せない！

線路跡地に広がる新しい空間

必見！ 住居併設の飲食店やショップが並ぶ商店街「BONUS TRACK」

個性的なショップが大集合

下北線路街

しもきたせんろがい

小田急線東北沢駅〜世田谷代田駅の線路跡地に誕生した新スポット。温泉宿泊施設やカフェ、ショップが集まる。下北線路街の空き地エリアではイベントなども開催される。

世田谷区北沢2-36-12 ☎ 営 休 店舗により異なる 交 各線下北沢駅から徒歩4分、小田急線世田谷代田駅から徒歩3分 ※BONUS TRACK

下北沢 ▶MAP 別 P.29 ㉚

SHOP GUIDE

☑ 飲食店
☑ ショップ

［そのほかの施設］
温泉宿泊施設など

Recommend Shop

CAFE

注目！ 焼き立てパンやオリジナルコーヒーが味わえる

CAFÉ KALDINO 世田谷代田店

カフェ カルディーノ せたがやだいたてん

こだわりのコーヒーと世田谷区奥沢の人気ベーカリー「クピド！」のパンが楽しめるテイクアウト専門店。

☎ 03-6450-7605 営 8:00〜20:00（土・日・祝 日〜18:00） 休 不定休

FOOD

注目！ 「おむすびスタンド ANDON」が手掛ける新業態ショップ

お粥とお酒 ANDON シモキタ

おかゆとおさけ アンドン シモキタ

秋田のオリジナル米「トラ男米」を使ったお粥やおむすびが楽しめる。秋田の地酒やクラフトビールもそろう。

☎ 03-5787-8559 営 8:00〜20:00（LO19:30） 休 不定休

Recommend Shop

ZAKKA

注目！ 国内初の都心型店舗。おしゃれなカフェも併設

IKEA 原宿

イケア はらじゅく

日本初のイケアの都市型店舗。都会暮らしにマッチしたインテリアがそろう。スウェーデンコンビニも登場。

☎ 0570-01-3900 営 10:00〜21:00 休 施設に準ずる

注目！ ふわふわのオムレツが自慢のスフレオムライス

1300円

CAFE

AUX BACCHANALES 原宿店

オーバカナルはらじゅくてん

オープンテラスからの眺めも抜群のブラッスリーカフェ。カジュアルにフランス料理が楽しめる。

☎ 03-6447-4948 営 11:00〜23:00（LO 22:00） 休 施設に準ずる

原宿駅前に誕生した新ランドマーク

東京のトレンドが大集結

WITH HARAJUKU

ウィズ ハラジュク

「資生堂ビューティ・スクエア」など流行を発信する個性豊かなショップやレストランが入る複合施設。緑豊かな屋外広場空間「WITH HARAJUKU PARK」から眺める景色も見逃せない。

SHOP GUIDE

☑ 飲食店:6軒
☑ ショップ:8軒

［そのほかの施設］
シェアスペース「LIFORK原宿」、イベントホール

渋谷区神宮前1-14-30 ☎ なし 営 休 店舗により異なる 交 JR原宿駅東口から徒歩1分

原宿 ▶MAP 別 P.12 A-1

「WITH HARAJUKU STREET」と呼ばれる通路は、原宿駅前〜竹下通り側への通り抜けが可能となっている。

SHOPPING 04

新作も続々登場中！

お気に入りのコスメを探しに

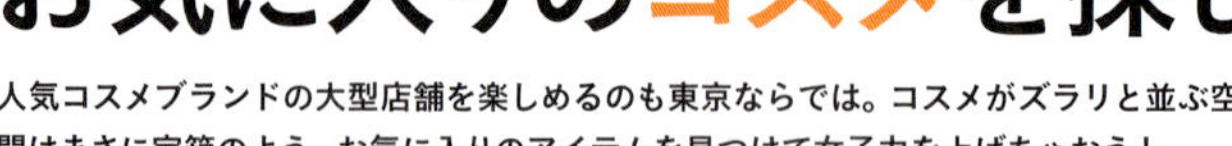

人気コスメブランドの大型店舗を楽しめるのも東京ならでは。コスメがズラリと並ぶ空間はまさに宝箱のよう。お気に入りのアイテムを見つけて女子力を上げちゃおう！

殿堂入りコスメが大集合

ネット×リアルの新体験コスメショップ

最新コスメもたくさん試せる

豊富な殿堂入りコスメに出合える

@cosme TOKYO

アットコスメ トーキョー

化粧品口コミサイト@cosmeのフラッグシップショップ。プチプラからデパコスまで600以上のブランド、20000点以上の商品がそろう。

渋谷区神宮前1-14-27　☎なし
営 10:00～21:00　休 不定休　交 JR原宿駅東口から徒歩1分

原宿 ▶MAP 別P.12 A-1

FLOOR GUIDE

3F	@cosme Lounge（会員限定）／酸素ボックス／パウダースペースなど※利用休止、停止の場合あり
2F	TESTER BAR／ランキングコーナー／サービスカウンターなど
1F	カウンセリングルーム／TESTER BAR／ランキングコーナー など

コスメ探しにオススメ！

ベスコスタワー

人気コスメが大集合！

ベストコスメを受賞した商品や殿堂入り商品など歴代のベストコスメがズラリと並ぶタワー。

カウンセリング

相談しながら選べる♪

スタッフから一人ひとりに合った商品の提案をしてもらえたりメイクアップを学んだりできる。

肌診断

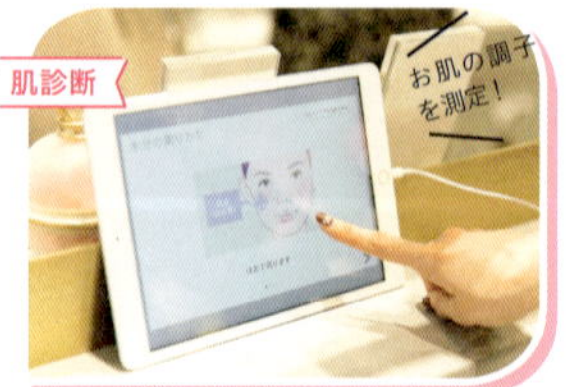

お肌の調子を測定！

センサーを肌に当てるだけで簡単に肌の状態がわかる。肌タイプやシミ、キメなど6項目が測定できる。※利用休止、停止の場合あり

美活+α

酸素ボックスにトライ

体が重い時や疲れている時に酸素のパワーでリラックスできる。無料で15分体験可能。

言わずと知れた人気コスメブランド

THREE AOYAMA

スリー アオヤマ

2019年に6周年を迎えてリニューアルしたTHREEの旗艦店。ショップ、ダイニング、スパでブランドの世界を体感できる。

港区北青山3-12-13 1F～2F ☎03-6419-7511 営SHOP・SPA 10:00～19:00、REVIVE KITCHEN／restaurant RK 11:00～15:00(LO14:00)、18:00～22:00(LO20:00)、土、日・祝日11:00～16:00(LO15:00)、18:00～22:00(LO20:00) 休火曜 交地下鉄表参道駅B2出口から徒歩3分

表参道 ▶MAP 別P.12 C-3

人気アイテム

各3850円

リリカル リップブルーム

明るい発色でローマットな質感のリップ

3300円

チーキーシーク ブラッシュ

ナチュラル発色でパールの輝きを放つチーク

カウンセリング

店員さんに気になるアイテムを相談しながら、パーソナルアイテムを見つけられる。

美活＋α

キレイを食べる

カフェではフレンチ出身のシェフによる旬の食材を使用したベジタリアンメニューが楽しめる。

コスパもセンスもかわいさも抜群

STYLENANDA 原宿店

スタイルナンダ はらじゅくてん

コスメのほか、洋服からアクセサリーなどの小物類までアパレルも充実している人気ブランド。コンセプトは「ピンクパラダイス」。

渋谷区神宮前1-6-9 ☎03-6721-1612 営10:00～20:00 休無休 交JR原宿駅竹下口から徒歩4分

原宿 ▶MAP 別P.12 B-1

韓国女子が愛用の3CEはココで入手

人気商品が勢ぞろい！

HELLO GORGEOUS

人気アイテム

4070円

3CE MOOD RECIPE MULTI EYE COLOR PALETTE #OVERTAKE

デイリーにも使いやすい優秀アイパレット

1610円

3CE CLOUD LIP TINT #IMMANENCE

肌に血色感をプラスできるレッドブラウン

2790円

3CE MINI MULTI EYE COLOR PALETTE #DIAMOND GLINT

目元が一気に華やぐピンク系のキラキララメ

美活＋α

映えフォトを撮る！

誰でもモデル気分になれるフォトスペースで、SNS映えの写真をゲットしよう！

3店舗全て原宿エリアなのでコスメショップをハシゴしてコスメツアーをしてみよう。

SHOPPING 05

定番の絶対外せない

JR東京駅のBESTみやげ

首都圏のターミナル駅のため、見た目も味も大満足なスイーツが驚くほど充実しているJR東京駅。ここでしか買えない限定アイテムや人気の味をもれなくチェックして。

チーズチョコレートバーガー

チーズスイーツの東京駅限定ショップ。「チーズチョコレートバーガー」は一番人気。

550円（3個入）

東京駅限定

日持ち14日

A マイキャプテンチーズTOKYO
マイキャプテンチーズトウキョウ
☎03-3216-3336

サンドクッキー ヘーゼルナッツと木苺

ヘーゼルナッツペーストと木苺ペーストをチョコレートでコーティングし、クッキーでサンド。

東京駅限定

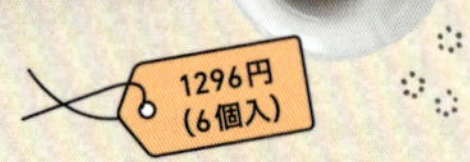

日持ち30日

A COCORIS
ココリス
☎0120-39-8507

1296円（6個入）

チーズフォンデュケーキ

ちょっと甘いクリームが隠れている、チーズフォンデュのような新感覚のチーズケーキ。

日持ち3日

A テラ・セゾン
☎03-3211-6160

810円（3個入）

東京ジャンドゥーヤチョコパイ

軽い食感のパイ生地とジャンドゥーヤチョコの濃厚な味わいを楽しめるチョコパイ。

1620円（12個入）

東京駅限定

日持ち21日

A カファレル
☎03-3284-2121

東京駅限定クロッカンシュー

カリカリのクロッカンシューに、石川県産の珠洲の塩の優しい塩味をプラス。

東京駅限定

当日中

B 和楽紅屋
わらくべにや
☎03-3211-8930

300円

東京レンガぱん

東京駅舎のレンガと同じ大きさ！こしあんと特製ホイップクリームは絶妙な甘さ。

東京駅限定

1250円（4個入）

日持ち3日

B 東京あんぱん 豆一豆
とうきょうあんぱん まめいちず
☎03-3211-9051

エキナカ&エキソトのおみやげゾーン

JR東京駅のおみやげゾーンは改札内の「駅ナカ」店舗、改札外の「駅ソト」店舗がある。

A グランスタ東京
グランスタ とうきょう
駅ナカ
☎03-6212-1740 営8:00〜22:00（日曜・連休最終日の祝日〜21:00）※一部店舗により異なる 休無休
東京駅 ▶MAP 別P.30、31

B エキュート東京
エキュートとうきょう
駅ナカ
☎03-3212-8910 営店舗により異なる 休無休
東京駅 ▶MAP 別P.30

C 東京ギフトパレット
とうきょうギフトパレット
駅ソト
☎03-3210-0077 営9:30〜20:30（土・日曜・祝日9:00〜）※一部店舗により異なる 休無休
東京駅 ▶MAP 別P.30

クレームブリュレタルト

ほろ苦いカラメルソースとバニラ香るプディング風クリームが絶妙にマッチ。

864円（4個入）

日持ち14日

A 喫茶店に恋して。
きっさてんにこいして
☎03-3216-4560

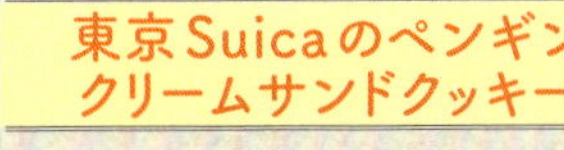

東京Suicaのペンギン クリームサンドクッキー

Suicaのペンギンの焼印が可愛いクッキー生地にバニラとチョコ2種のクリームをサンド。

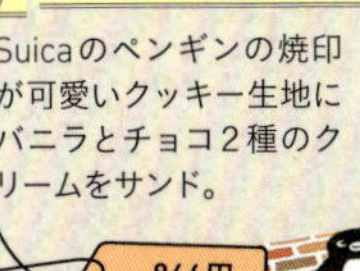

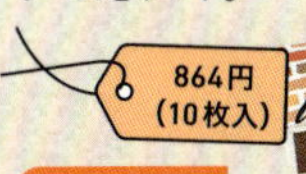

864円（10枚入）

東京駅限定

日持ち180日

A DOLCE FELICE
ドルチェフェリーチェ
☎03-5220-5981

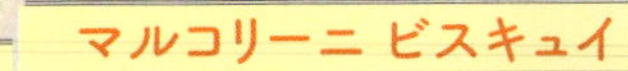

マルコリーニ ビスキュイ

濃厚なクーベルチュールをジンジャーが香るビスケットで挟んだ焼き菓子。

3564円（6枚入）

日持ち約2週間

東京駅限定

A ピエール マルコリーニ
☎03-5220-4560

東京鈴せんべい

東京駅の「銀の鈴」形で、だし醤油、揚げ塩、黒米揚げ、かつお七味の4種類の味。

1530円（20袋入）

東京駅限定

日持ち75日

A 富士見堂
ふじみどう
☎03-3211-8011

バターゴーフレット

3種の砂糖をブレンドしたバタークリームと、濃厚なバニラミルクジャムをサンド。

日持ち7日

C SOLES GAUFRETTE
ソールズ ゴーフレット
☎0120-319-235

1944円（8枚入）

ピスタージュ

ピスタチオバタークリームと、ローストしたピスタチオが相性抜群のサンドクッキー。

東京駅限定

日持ち4日

C PISTA & TOKYO
ピスタ アンド トーキョー
☎03-6268-0878

2020年8月にオープンした東京ギフトパレット。新ブランドのお店など約30店舗が出店している。

SHOPPING 06

かわいさで差をつけたい！

ジェニックみやげをGET

せっかくおみやげを買うなら、ひと味ちがったものを買いたい！
自分みやげにしても、プレゼントにしても喜ばれるジェニックみやげを探そう。

絶品バターサンド
幸せなバターの味わい♡

ココがジェニック！
幾何学模様の焼印がスタイリッシュ。スクエア型で食べやすい！

バターサンド（9個入）1710円
サクサクの食感がクセになるおいしさ

バターとキャラメルの濃厚な味わい

PRESS BUTTER SAND

プレスバターサンド

サクサク食感のクッキーに濃厚なバタークリームと、なめらかなバターキャラメルを挟んだバターサンド。口に入れた瞬間、バターの風味が広がる。

千代田区丸の内1-9-1 JR東京駅1F改札内 営8:00～22:00 休施設に準ずる 交各線東京駅丸の内南口直結

東京駅 ▶MAP 別P.30

特別なクッキー缶
レモン風味で癒される♡

ココがジェニック！
缶の中に「かわいい！」が詰まったクッキー。シンプルなおいしさ

鳥のかたちクッキー 1620円
鳥の形をしたレモン風味の砂糖がけクッキー

シンプルにおいしい手作りお菓子

菓子工房ルスルス 浅草店

かしこうぼうルスルス あさくさてん

星や鳥をモチーフにした缶入りアイシングクッキーが人気の洋菓子店。都内に3店舗。

台東区浅草3-31-7 ☎03-6240-6601 営12:00～19:00 休月～金曜 交地下鉄浅草駅6番出口から徒歩10分

浅草 ▶MAP 別P.10 C-1

オリジナルふきよせ
好きな和菓子をチョイス！

ココがジェニック！
10種類のお菓子を袋やボトルに詰めて、自分でカスタマイズ

よくばりに詰め合わせ

カスタムふきよせ（ボトル）1300円
好きなお菓子を選び自由に詰め合わせできる

アレンジが楽しい和モダンスイーツ

tamayose

タマヨセ

店名は「宝物を寄せて集める」という意味。現代風にアレンジされたモダンな和菓子。

渋谷区道玄坂1-2-3 東急プラザ2F ☎03-6712-7160 営10:00～21:00（※営業状況は変更となる場合あり） 休無休 交各線渋谷駅西口から徒歩3分

渋谷 ▶MAP 別P.14 C-3

ここだけの究極のフレンチフライ

AND THE FRIET 渋谷ヒカリエ店

アンド ザ フリット しぶやヒカリエてん

フレンチフライ専門店が開発したプレミアムスナック。原料、フレーバー、パッケージともこだわりが満載。

渋谷区渋谷2-21-1 渋谷ヒカリエB2F ☎03-6434-1857 ㊋10:00〜21:00 ㊡施設に準ずる ㊋JR渋谷駅直結

渋谷 ▶MAP 別P.15 D-3

手みやげに最適な胸キュン!スイーツ

TOKYOチューリップローズ 西武池袋店

トーキョーチューリップローズ せいぶいけぶくろてん

金井理仁シェフが手掛ける、チューリップ&ローズの花を模したラングドシャクッキー。

豊島区南池袋1-28-1 西武池袋本店B1F ☎03-3981-0111(代) ㊋10:00〜21:00(日曜・祝日〜20:00) ㊡不定休 ㊋JR池袋駅東口から徒歩1分

池袋 ▶MAP 別P.26 B-1

乙女心をくすぐるヘルシードーナツ

gmgm

グムグム

お花の焼きドーナツ専門店。見た目だけではなく、味や素材にこだわったドーナツが人気。

杉並区高円寺南3-60-10 ☎03-6877-0537 ㊋12:00〜19:00 ㊡月〜木曜 ㊋JR高円寺駅南口から徒歩2分

高円寺 ▶MAP 別P.4 B-1

持ち帰り用の袋だけでなく、渡すための袋も有料になるから注意しよう。

SHOPPING 07

空前のパンブーム 話題のパンをお持ち帰り♪

オープンサンド

野菜、フルーツ、ハムなどをのせたパン

旬の食材たっぷり!

サバとフムスのタルティーヌ 389円

フムスや玉ねぎたっぷり。元はまかないだった

タルティーヌ 389円

野菜やフルーツなど季節ごとに具材が変わる

見た目も華やか!

常時20〜25種類のパンが並ぶ

Comète

コメット

パリの名店で修業した店主が手掛けるブーランジェリー。

港区三田1-6-6 ☎03-6435-1534 営9:30〜18:00 休日・月曜 交地下鉄麻布十番駅3番出口から徒歩5分

麻布十番 ▶MAP 別P.28⑯

(左)爽やかな水色の壁とガラス扉が目 (右)棚の奥に作業の様子が見える

あん食パン

角食型の食パンにあんこが詰まったパン

ゴルグルぎっしりあんこ

あん食パン1斤 500円

ふわふわ生地に黒ゴマ風味のあんが絶品

フルーツサンド

生クリームとフレッシュなフルーツを味わう

彩り豊かなジューシー果実

断面萌え♪

フルーツサンド 880円

ふわふわ食パンに大ぶりのフルーツがマッチ

遊び心あふれるネーミングのパンたち

なんすか ぱんすか

スタッフの口癖が由来の店名。独特の名前のパンが並ぶ。

渋谷区神宮前3-27-3 営10:00〜19:00※売り切れ次第終了 休月・火曜、不定休 交地下鉄明治神宮前〈原宿〉駅5番出口から徒歩10分

原宿 ▶MAP 別P.12 C-1

(上)イラストが描かれた印象的な赤い外観 (下)ユニークなアイディアパンが並ぶ

昔ながらのフルーツサンドが鉄板

パーラーシシド

100年の歴史を持つ老舗青果店がパーラーとして営業。

世田谷区松原3-29-18 ☎03-3325-4410 営10:00〜17:30(LO17:00) 休火・水曜、月曜はテイクアウトのみ 交京王線下高井戸駅北口から徒歩1分

下高井戸 ▶MAP 別P.28⑤

(上)バラエティに富んだ果物を販売している (下)2階のパーラーでは飲食が楽しめる

東京にはクオリティの高いオシャレなベーカリーが点在。フルーツサンド、高級食パン、バインミーサンドなど、好みのパンを探してみよう。

What is

高級食パン

生地はふわふわで耳までやわらかく、トーストせずにそのまま食べられるのが特徴。

高級食パン

とろける甘さで話題。1〜2斤から販売

上品で美しい2斤

ふんわり♡

乃が美の「生」食パン 800円(レギュラー・2斤)

口溶けのよさが圧倒的で上品な甘さがある

ふわふわとろける食感がたまらない

高級「生」食パン専門店 乃が美 麻布十番店

こうきゅうなましょくパンせんもんてん のがみ あざぶじゅうばんてん

カナダ産高級小麦粉、生クリーム、体に優しいマーガリンなどを使用。

港区麻布十番1-9-7 ☎03-6441-3188 営11:00〜19:00 休不定休 交地下鉄麻布十番駅5a番出口から徒歩1分

麻布十番 ▶MAP 別P.22 C-3

(左)白い大きな看板が目印(右)和を感じる店内。パンに合うこだわりのジャムも販売

バインミー

具だくさんのベトナム定番サンドイッチ

チーズと野菜のバインミー 650円

パクチーたっぷり! ベトナム風の味が◎

ベトナムハムとレバーペーストのバインミー 700円

レバーペースト×ベトナムハムが美味

ベトナム発のサンド!

にゃんこフォルム♡

ねこねこ食パン(プレーン) 540円

ミルク100%でほんのり甘く豊かな味わい

ねこ形食パン

かわいいのはもちろん、味も申し分なし!

SNSで人気沸騰!

小麦の味を感じる自家製バゲットが絶品

nico☆バインミー

ニコ☆バインミー

日本人の口に合うように考えられたバインミーが食べられる。

中央区日本橋小舟町11-3 大村ビル1F ☎03-6339-6664 営11:00〜16:00(火曜〜18:00)※売り切れ次第終了 休日・月曜 交地下鉄人形町駅A5出口から徒歩5分

日本橋 ▶MAP 別P.7 F-1

(上)ガラス扉の開放的な店内(下)バインミーが描かれた看板がお店の前にある

食べてしまうのがもったいない?!

ねこねこ食パン

ねこねこしょくパン

国産小麦のこだわりが本格的。ネコの形の高級食パン専門店。

江東区北砂2-17-1 アリオ北砂1F ☎03-6666-2027 営10:00〜22:00※売り切れ次第終了 休施設に準ずる 交地下鉄西大島駅A1出口から徒歩9分

北砂 ▶MAP 別P.5 E-1

(上)カットすると白い猫に変身する(下)パンの耳は薄めの仕上がりで食べやすい

バインミーはベトナム発祥のサンドイッチで、ベトナム語で"パン"という意味。

SHOPPING 08

“コレが欲しい！”が止まらない！

ときめく雑貨を集める！

STATIONERY

A パリ発の雑貨

TIGRE MINIポーチ
ブルー・グリーン 各1980円

ノートティグル 1540円

To Do List
「MODULE #2」 990円

メッシュポーチ A6サイズ 各1210円

ソックスタイルブルー 2090円

ZAKKA

B 東京モチーフ

トーキョーみっつ
オリジナル
エコバッグ 1980円

FABRIC POUCH 4180円

水出し緑茶ティーバッグ
オリジナル巾着・ボトルセット 2750円

プティゴーフル
東京駅丸の内駅舎缶（右からストロベリー、バニラ、チョコレート） 各594円

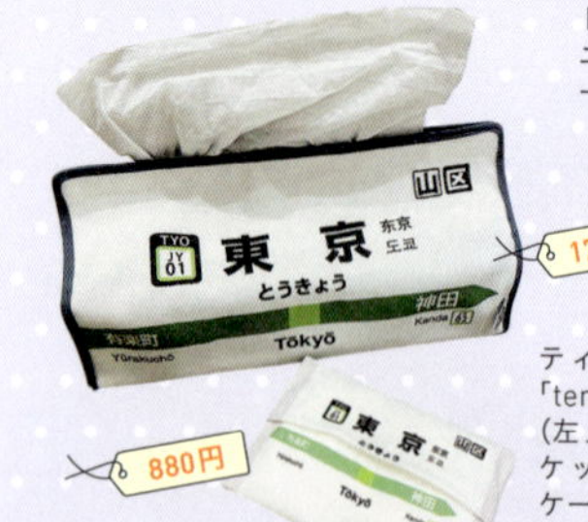

ティッシュカバー
「tente山手線 東京」（左上）、「山手線ポケットティッシュケース東京」（右下） 1760円 880円

センス抜群のアイテムがそろう

A PAPIER TIGRE
パピエ ティグル

2012年にパリでスタートしたステーショナリーを中心にものづくりを行うプロダクトブランド。オシャレで実用的、遊びゴコロあふれるオリジナルアイテムが並ぶ。

中央区日本橋浜町3-10-4 ☎03-6875-0431 営12:00～19:00 休月・火曜（祝日の場合は営業）交地下鉄浜町駅A2出口から徒歩8分

日本橋 ▶MAP 別P.28⑭

ユニークなアイテムが充実

B TOKYO!!!
トーキョーミッツ

グランスタ東京の1階、改札内にある雑貨店。「東京」をコンセプトに3秒、3分、3時間の時間軸で表現した雑貨やお菓子がそろい、贈り物選びに最適。

JR東京駅 1F新幹線北乗換口前 グランスタ東京内 ☎03-5218-2407 営8:00～22:00（日曜・連休最終日の祝日～21:00）休無休 交JR東京駅丸の内北口改札内

東京駅 ▶MAP 別P.30

心躍るアイテムに胸キュン！

とにかくかわいくて、見ているだけでもテンションが上がる、心ときめく雑貨たち。大切な人へのプレゼントや自分へのご褒美にぴったりなアイテムを探しに行こう！

ハイビスカスブラックティー（GONGDREEN）

ハンドクリーム（Senteur et Beaute）

ハンドメイドピアス

メッシュポーチ（PAPIER TIGRE）

スターバックス リザーブ® ロースタリー エナメルマグカップ414ml

スターバックスリザーブ® FAROドリッパー＆マグ

ウイスキー バレル エイジド コーヒー 100g〜（量り売り）

イラストレーション トートバッグ

本とギフトを扱うお店

C ＋SPBS

プラスエスピービーエス

渋谷区・神山町にある本の販売と出版を行う本屋の支店。文房具やアクセサリー、香りもの、ホームケア用品など、ギフトや手みやげに最適なアイテムが手に入る。

渋谷区渋谷2-24-12 渋谷スクランブルスクエア2F ☎03-6452-6211 営10:00〜21:00 休施設に準ずる 交各線渋谷駅直結

渋谷 ►MAP 別P.15 D-3

センス抜群の限定コレクション

D STARBUCKS RESERVE® ROASTERY TOKYO

スターバックス リザーブ ロースタリー トウキョウ

焙煎機を併設した日本初店舗。限定メニューをはじめ、ここでしか手に入らないオリジナルマグカップなどグッズが充実している。店内の装飾にも注目したい。

目黒区青葉台2-19-23 ☎03-6417-0202 営7:00〜23:00 休不定休 交各線中目黒駅正面出口から徒歩14分

中目黒 ►MAP 別P.16 A-1

STARBUCKS RESERVE® ROASTERY TOKYOのグッズは限定販売のため、売り切れる前にゲットしよう。

SHOPPING 09

持っているだけで気分が上がる
ステーショナリーを入手

大小さまざまな文房具メーカーが集まる東京には、高感度な文房具ショップがたくさん。
お気に入りのステーショナリーを手に入れたら、難しい勉強や手のかかる作業もすいすい進むかも。

朱印帳
筆触りのよさにこだわったオリジナルの逸品
1860円
B

GOATオリジナル／マスコハンコ
オリジナルのハンコは手紙や手帳に
小 990円 大 1320円
A

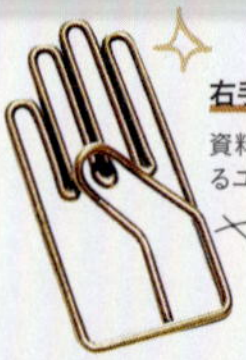

右手クリップ
資料をしっかりまとめるユニークなクリップ
500円
D

スケッチブック（OFサイズ）
全6色・6サイズ展開で紙の種類も選べる
300円～
D

ポチ袋（10枚入り）
あげちゃうのが惜しくなる？
各280円
C

GOATオリジナル／ニュー標識ステッカーbyますこえり
UV遮断・耐水加工で携帯や旅行鞄にも 
各385円
A

ポストカード
フランスやドイツなどから直輸入
各150円
C

ちびショルダー
3色展開。革製のホルンマークがキュート
3550円 
D

榛原ノート
180度開く糸かがり製本で使い勝手よし
1540円
B

週4日開く小さな文房具店

A GOAT
ゴート

"Made in Tokyo"を中心に、店主がセレクトした、高機能かつ高感度な日本製の文房具がそろう。不定休あり。イラストレーターますこえりさんとのコラボ商品も人気。

文京区千駄木2-39-5-102 ☎ 非公開 営 13:00～19:00（土・日曜12:00～18:00） 休 月～水曜 交 地下鉄千駄木駅1番出口から徒歩3分 千駄木 ▶MAP 別P.24 A-3

創業200年以上の和紙舗

B 榛原
はいばら

日本橋に200年以上前から店を構える和紙舗。日本各地の良質な和紙を使用した上級品がそろう。紙だけでなくレターセットやノートなど、ちょっとした文房具も充実。

中央区日本橋2-7-1 東京日本橋タワー ☎ 03-3272-3801 営 10:00～18:30（土・日曜～17:30） 休 祝日 交 地下鉄日本橋駅B6出口から徒歩1分

日本橋 ▶MAP 別P.7 D-2

カラフルな文具が目を引く店内

千駄木の路地裏にある店舗

棚に陳列された商品は展示物のよう

モダンなのれん掛けの入口

ユーモアカード
一枚一枚手刷りのカードには小さくポエムも
D

B
江戸古地図レターセット
江戸時代の木版刷りの地図模様が粋

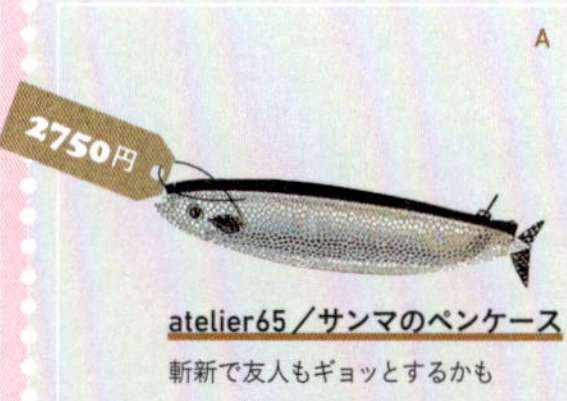

A
atelier65／サンマのペンケース
斬新で友人もギョッとするかも

GOATオリジナル／ミシン目入りマスコテープ
イラストレーターますこえりさん特製和紙のテープ
A

D
8B鉛筆
太軸で長時間書き作業を続けても手が疲れない名品

バースデイ用のグリーティングカード
大切な人の特別な日にそなえて
C

一筆箋（20枚）
エッジの効いたドリップマシーンやカレー模様
C

絵はがき〈竹久夢二〉
竹久夢二生誕130周年を記念した絵はがき
B

蛇腹便箋 東京日本橋レターセット B
文章の長さに応じて切り取る、現代版の巻紙

世界中のカードが7000点

C Tout le monde

トゥールモンド

ポストカードとグリーティングカードの専門店。3Dやふわふわの毛を施したものなど、多種多様なラインナップのカードが集まる。海外から直輸入した文房具も充実。

渋谷区神宮前5-45-9 レジェンド表参道1F ☎03-5469-1050 営11:00〜19:00 休火曜
交 地下鉄表参道駅A1出口から徒歩5分

表参道 ▶MAP 別P.12 C-3

壁一面に世界各国から輸入したカードが

鮮やかなブルーの外壁

ホルンが目印の画材店

D 月光荘画材店

げっこうそうがざいてん

1917（大正6）年創業の老舗画材店。100周年を迎え、店舗をリニューアル。1階には絵具やスケッチブックなどの画材用具が中心に並ぶ。地下には喫茶室と貸ギャラリーを併設している。

中央区銀座8-7-2 永寿ビル1・B1F ☎03-3572-5605
営11:00〜19:00 休無休
交 地下鉄銀座駅A2出口から徒歩7分

銀座 ▶MAP 別P.8 B-3

整然と並ぶ画材の数々をずっと眺めてしまいそう

リニューアルされた店内

品切れやうっかり買い忘れがあっても大丈夫。榛原と月光荘画材店はオンラインショップも営業。詳細は各店舗公式HPへ。

TOURISM

TOURISM 01

参拝、開運、遊んでスッキリ

浅草寺と周辺をとことん楽しむ

「浅草の観音様」として親しまれる浅草寺や仲見世をはじめ、江戸の庶民文化を体感できる楽しいスポットがいっぱいの浅草。昔ながらの風情に思いを馳せつつ、浅草巡りを始めよう。

下町観光といえば浅草寺！

扁額
浅草寺の山号である「金龍山」と書かれた扁額が下がっている

大ちょうちん
高さ約4m、重さ約700kgもある巨大なもの。2020年に掛け替えられた

雷神
浅草寺の守護神。赤い体で皮のふんどしを締め、太鼓を打ち鳴らす

風神
右側が風神。風を起こすための大きな袋を持った青い姿の像

龍の彫刻
大ちょうちんの底には浅草寺を守る神の一つとされる龍の彫刻が

観光客で大にぎわいの雷門前。年間約3000万人の参拝客が訪れる、浅草観光の出発地点だ。この先に仲見世が続いている

What is

雷門

浅草寺の総門で、浅草のシンボル的存在。942年に平公雅が建て、鎌倉時代以降現在の場所に移築された。現在の門は1960（昭和35）年に松下幸之助氏の寄進によって再建されたもの。正式名は「風雷神門」。

都内最古の寺院

浅草寺
せんそうじ

628年、漁師の兄弟が隅田川で引き揚げた観音像を祀ったのが始まり。本尊は絶対秘仏の聖観世音菩薩。

台東区浅草2-3-1　☎03-3842-0181　営6:00～17:00（10～3月6:30～）　休無休　料無料　交地下鉄浅草駅1番出口から徒歩5分

浅草 ▶MAP 別P.10 B-1

着物で参拝してみよう

レンタル着物でお参りすれば、江戸情緒をより強く感じられてテンションも大幅アップ。

当日の予約もOK。学割プランがあるのもうれしい！

若い女性や外国人の間で大人気

種類も充実の和服レンタル店

梨花和服 浅草店
りかわふく あさくさてん

500種類以上の豊富な着物や浴衣がそろう。スタッフに着付けとヘアセットをしてもらえるので安心。着付けのみのお得なプランもあり。

台東区浅草 2-32-12 原田ビル 2F　☎03-5830-8510　営9:00～18:00（最終着付け受付時間15:30、最終返却17:30）　休不定休　交地下鉄浅草駅8番出口から徒歩8分　浅草 ▶MAP 別P.10 C-1

参拝モデルコース

雷門からスタートし、浅草寺をぐるり1周。参拝には大体1時間見ておくといい

❶ 雷門

巨大なちょうちんの前で記念撮影。風神・雷神、龍の彫刻を見るのを忘れずに

❷ 仲見世通り

いつも人でにぎわう浅草寺への参道。江戸情緒を感じながらの散歩や買い物が楽しい

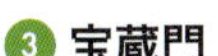

2500kgもの藁を使って作られた大わらじ

❸ 宝蔵門

仲見世の先にある山門。裏側にある巨大な大わらじを見ておこう

❹ 五重塔

942年創建の塔で、1973(昭和48)年に再建。ライトアップされる夜も美しい

❺ 常香炉

本堂前の香炉。参拝前に煙をかけてお清めをするためのもの

❻ 本堂

観音堂とも呼ばれる。1945(昭和20)年に空襲で焼失し後に再建された

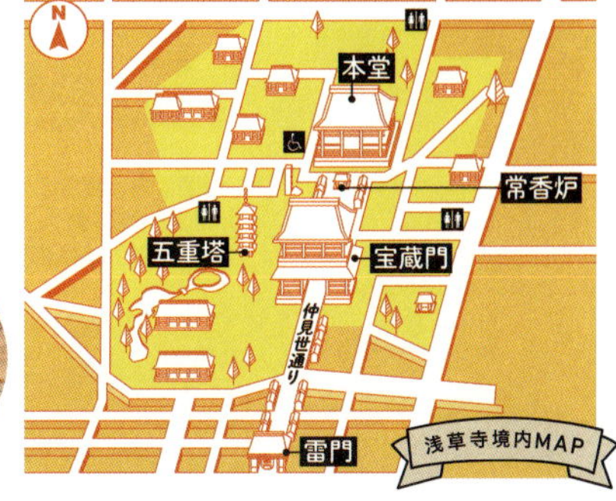

浅草寺のおみくじには"凶"が多い？

浅草寺のおみくじは3割が凶と言われる。これは古来のおみくじそのままの割合だそう。一方大吉は17%。

浅草寺周辺のおもしろスポット

浅草寺宝蔵門から徒歩約5分

上／人気アトラクションの「ディスク・オー」 左／ローラーコースター

日本最古の遊園地

浅草花やしき

あさくさはなやしき

1853年開園の植物園が前身。日本現存最古の「ローラーコースター」など多くのアトラクションが。

🏠台東区浅草2-28-1 ☎03-3842-8780 営10:00〜17:30（季節・天候により変動あり） 休メンテナンス休園 交つくばエクスプレス浅草駅A1出口から徒歩3分

浅草 ▶MAP 別P.10 B-1

浅草寺宝蔵門から徒歩約6分

下町の娯楽場、寄席に行こう！

浅草演芸ホール

あさくさえんげいホール

落語や漫才、曲芸などを楽しめる大衆演芸場。その場でチケットを購入。

🏠台東区浅草1-43-12 ☎03-3841-6545 営11:30〜21:00 休無休 交つくばエクスプレス浅草駅A1出口から徒歩1分

浅草 ▶MAP 別P.10 B-2

浅草寺宝蔵門から徒歩約13分

上／ニイミ洋食器店の巨大オブジェ 左、下／国産から輸入物まで調理器具が何でもそろう

プロも通う日本有数の問屋街

かっぱ橋道具街®

かっぱばしどうぐがい

かっぱ橋道具街通りの商店街で、南は浅草通りから北は言問通りまで。キッチン用品などの店が連なり、食品サンプルを売る店も。

☎03-3844-1225（東京合羽橋商店街振興組合） 休店舗により異なる

浅草 ▶MAP 別P.10 A-1

東京大空襲の際、浅草寺の本堂は失われたが、本尊は地中に埋めて隠され、焼失を免れたという。

TOURISM 02

世界一の高さを誇る自立式電波塔がある

東京スカイツリータウン®必訪のエンタメスポットへ

まずは東京スカイツリーで空中散歩。
雲の上を歩くような不思議な感覚の余韻に浸りながら
次に向かうべきは、幻想的なエンタメスポット！
水の中や宇宙に入り込んで異世界を体感しよう。

最高の技術が集結！鉄骨の組み方もとても美しい！
周囲に高い建物がなく世界一高いタワーがそそり立つ様は絶景！
さまざまな色にライティングされる夜景も必見！

昼 高さを実感しながら天空散歩
夜 夜景がきらめく光の世界を歩く

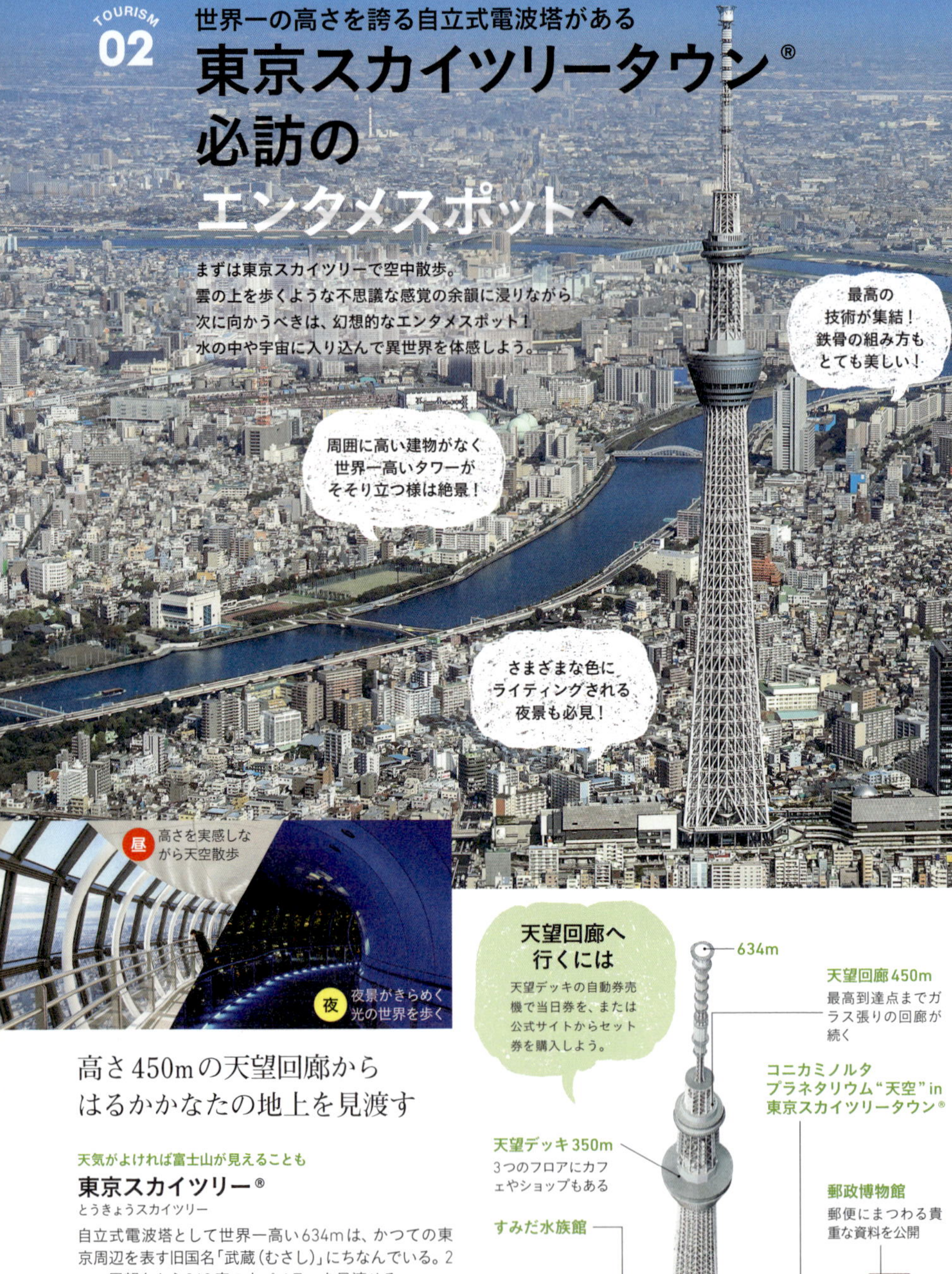

高さ450mの天望回廊からはるかかなたの地上を見渡す

天気がよければ富士山が見えることも

東京スカイツリー®

とうきょうスカイツリー

自立式電波塔として世界一高い634mは、かつての東京周辺を表す旧国名「武蔵(むさし)」にちなんでいる。2つの展望台から360度の大パノラマを見渡せる。

🏠墨田区押上1-1-2 ☎0570-55-0634(東京スカイツリーコールセンター／11:00〜19:00) 営10:00〜21:00(最終入場は20:00) 休無休 交東武スカイツリーラインとうきょうスカイツリー駅／各線押上(スカイツリー前)駅からすぐ

押上 ▶MAP 別P.11 E-2

天望回廊へ行くには

天望デッキの自動券売機で当日券を、または公式サイトからセット券を購入しよう。

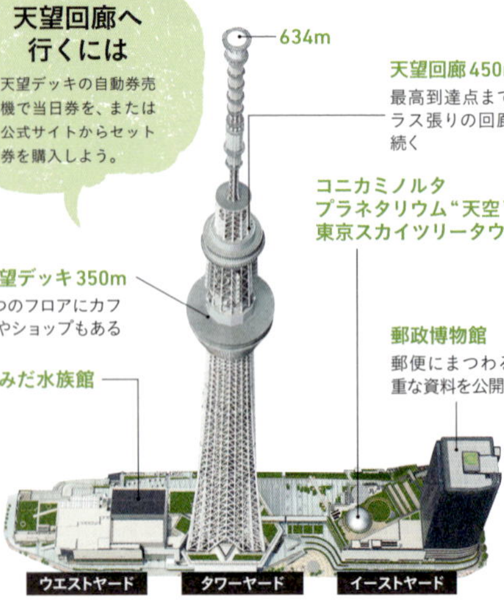

634m
天望回廊450m
最高到達点までガラス張りの回廊が続く
コニカミノルタプラネタリウム“天空”in東京スカイツリータウン®
天望デッキ350m
3つのフロアにカフェやショップもある
郵政博物館
郵便にまつわる貴重な資料を公開
すみだ水族館
ウエストヤード
タワーヤード
イーストヤード
東京ソラマチ®
東京ソラマチ®
東京スカイツリータウン®

How to

東京スカイツリー®のチケットの買い方

チケットの種類はさまざま。予定に合わせて上手に選ぼう。

当日券

4階チケットカウンターで毎朝10:00～販売。

日時指定券

公式サイト（www.tokyo-skytree.jp）と国内のセブン-イレブンで購入可。

券種		天望デッキ 日時指定券	天望デッキ 当日券	天望回廊 当日券
大人（18歳以上）		平日 1800円	平日 2100円	平日 1000円
		休日 2000円	休日 2300円	休日 1100円
中人（12～17歳）		平日 1400円	平日 1550円	平日 800円
		休日 1500円	休日 1650円	休日 900円
小人（6～11歳）		平日 850円	平日 950円	平日 500円
		休日 900円	休日 1000円	平日 550円

※ほかにセット券（天望デッキ＋天望回廊）あり。詳細はHPを確認

What is

東京スカイツリー 公式キャラクター

スカイツリーを盛り上げる愉快な仲間たち。天望デッキや限定イベントに登場することも。

©TOKYO-SKYTREE

ソラカラちゃん　テッペンペン　スコブルブル

隅田川と下町を背景に、新しいランドマークとして東京の街にそびえ立つ東京スカイツリー®

感動の美しさを誇る新しいクラゲエリアに注目！

ふわふわと漂うクラゲは幻想的

幻想的なクラゲの世界にはまる

すみだ水族館

すみだすいぞくかん

約500匹のミズクラゲを真上から覗ける長径7mの水槽や飼育の様子を公開するラボなどでクラゲの魅力を体感。

☎03-5619-1821 ㊖10:00～20:00（土・日曜・祝日9:00～） ㊡無休 ㊮2300円

Shop & Gourmet

マゼランペンギンぬいぐるみ（小）
水族館の人気者

カラフルクラゲソーダ
クラゲをイメージしたカラフルなタピオカなどが楽しめるさわやかなソーダ

クラゲの質感も観察できる

普段はなかなか見られないクラゲの生態がわかる

かわいいマゼランペンギンも人気

上映作品に合わせたアロマが香る

コニカミノルタプラネタリウム天空 in 東京スカイツリータウン®

コニカミノルタプラネタリウムてんくう イン とうきょうスカイツリータウン

プラネタリウムのトップメーカー、コニカミノルタが、迫力の星空をリアルに再現。季節ごとに異なるプログラムを上映する。

☎03-5610-3043（10:00～19:00） ㊖10時の回～21時の回（※上映時間は季節により変更する場合あり） ㊡不定休 ㊮作品や座席により異なる

Shop

ティーガーデンズ シークレットハンドクリーム
星空と心地よい香りにつつまれるハンドクリーム

星に願いを（ノンカフェインティー）
青からピンクへと色の変化が楽しめる幻想的なお茶

超リアルな星空が迫るプラネタリウムでヒーリング体験

東京スカイツリータウン9階の郵政博物館。郵便配達が疑似体験できる“「郵便」ノ世界”など、ユニークな7つの世界で郵便の歴史を紹介。

TOURISM 03

100年の歴史を誇る東京駅丸の内駅舎で
名建築を味わい尽くす

首都東京の玄関にふさわしい、美しく重厚な駅舎。100年の時を経て蘇った建物は、立ち止まって眺めるだけではもったいない。グルメやショッピングも楽しもう。

歴史と風格が感じられる赤レンガの建物

What is

東京駅丸の内駅舎

1914（大正3）年竣工のオリジナルの駅舎を復原。明治日本を代表する建築家辰野金吾の作品が、装飾の彫刻などを含めて蘇った。

赤レンガ駅舎は国指定の重要文化財。外観は化粧レンガと白い大理石で構成され、ヨーロッパの駅舎を思わせる

まずは南北ドームでレトロ建築を鑑賞

たくさんの見どころがある駅舎だが、一番注目したいのが高さ30m以上ある美しいレリーフで飾られた八角形の2つのドーム。

鷲のレリーフ

幅2.1m。躍動感あふれる羽を広げた鷲の姿は八角形の各頂点に配されて下を見下ろす

鳳凰のレリーフ

2つの矢束に挟まれた動輪の上にのる鳳凰。細かな彫刻が印象的

創建時の石膏パーツ

戦災で失われ半世紀以上装飾がなかったホールに創建時の華やかさが蘇った

干支のレリーフ

干支の彫刻は戦前の写真を参考に復元。十二支のうち八支が配置されている

無料で楽しめるレリーフ見学

東京駅丸の内駅舎・南北ドーム

とうきょうえきまるのうちえきしゃ・なんぼくドーム

南北改札口の外側。構造、装飾は同じだが、南ドームの一部には改修時に発見された創建時の部材がはめ込まれている。

千代田区丸の内1-9-1 営休料見学自由（1Fから） 交JR東京駅丸の内中央口からすぐ

東京駅 ▶MAP 別P.6 B-2

開業時の東京駅丸の内駅舎

1914（大正3）年に開業した当時の東京駅。現在、丸の内駅舎は1・2階をそのまま保存、3階と屋根部分を創建当時の姿に復原。

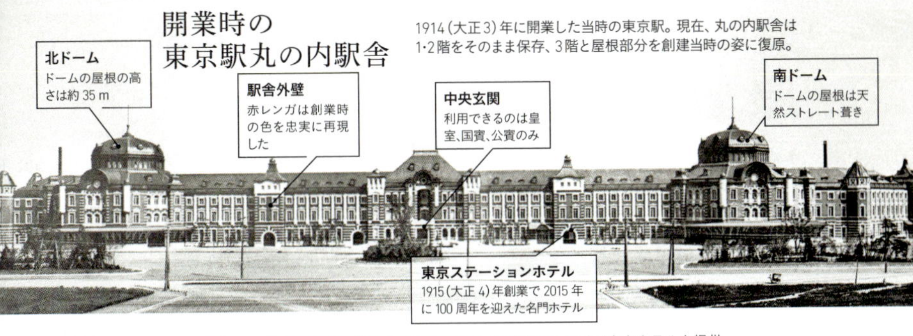

ワインやカクテルも提供。バータイムも利用したい

クラシカルなロビーラウンジで優雅なひと時を過ごす

駅舎内にあり、朝食からバータイムまで利用できる。ゆったり過ごすだけでなく、鉄道に乗る前の空き時間や待ち時間でひと息入れるには絶好のスポット。

重要文化財の中にあるホテル

東京ステーションホテル ロビーラウンジ

とうきょうステーションホテル ロビーラウンジ

高い天井とシャンデリアがヨーロッパの老舗ホテルをイメージさせる気品あるラウンジ。宿泊客以外でも利用可能。

東京ステーションホテル1F　☎03-5220-1260（直通）　営8:00～22:00（LO21:30）、日曜・祝日は～20:00（LO19:30）※当面の間、限定メニューでの販売の可能性あり。詳細はHPを確認　休無休　交JR東京駅丸の内南口改札直結　東京駅 ▶MAP 別P.6 B-2

Other Menu

ティータイムスイーツセット 2700円

一保堂茶舗の抹茶を使った〈抹茶ラテ〉1700円

フレンチトーストのセット 3500円

フルーツの彩りも鮮やかでおしゃれ

駅舎がモチーフのナイスデザイングッズを買う

さまざまな企画展が行われる東京ステーションギャラリーの2階。展示会図録ほか、オリジナルグッズがそろう。

TSGマグカップ 赤レンガ／白レンガ

各1650円

駅舎のレンガがプリントされた模様がかわいい

クリアファイル

左 A4ブルー 418円　右 A5ピンク 387円

ブルーがA4、ピンクがA5サイズで中仕切り付き

限定グッズをゲットしよう

ミュージアムショップ TRAINIART

ミュージアムショップ トレニアート

鉄道マニアじゃなくても欲しくなる、オシャレで機能的なグッズが豊富にそろう。東京駅をモチーフにした限定グッズに注目。

東京ステーションギャラリー内（入店には東京ステーションギャラリー入館料が必要）　☎03-3211-0248　営10:00～18:00（金曜～20:00）　休月曜※臨時休館の場合あり。詳細は公式HPを確認　交JR東京駅丸の内北口改札前

東京駅 ▶MAP 別P.6 B-2

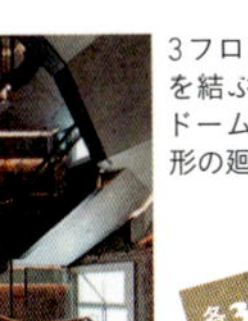

3フロアの展示室を結ぶ丸の内北口ドームと同じ八角形の廻り階段

マスキングテープ

各357円

丸の内駅舎がプリントされたオシャレなテープ
※JR東日本商品化許諾済

東京ステーションギャラリーは、近代美術を中心に幅広いテーマで展覧会を開催。東京駅のレンガ壁を生かした展示室もある。

TOURISM 04

SNS映えスポットたくさん！

原宿で“KAWAII”ホッピング

キュートな雑貨やSNS映えスポット、最新スイーツが盛りだくさんの原宿。
女の子が大好きな“KAWAII”がいろいろ集まった夢の通りを探検しましょ。

1 まずは竹下通りに入場！

竹下通りの入口は原宿駅竹下口の目の前。全長約360mの商店街に雑貨やカフェ、食べ歩きスイーツなどカワイイショップが並び、いつも多くの人でにぎわう。

渋谷区神宮前1丁目

東京随一の若者のトレンド発信地。特に週末は行列や人波がすごいことに

2 原宿ALTAでトレンドをキャッチ！

キラキラがいっぱい

原宿ALTA

はらじゅくアルタ

女の子のライフスタイルを輝かせるのに不可欠なアイテムを中心に展開。ファッション、アクセサリー、雑貨、カフェなど竹下通りならではのショップをラインナップ。

渋谷区神宮前1-16-4
☎0570-07-5500 ㊢10:30～20:00 ㊡不定休 ㊚JR原宿駅竹下口から徒歩2分
原宿 ▶MAP 別P.12 B-1

ここでSHOPPING!

キュートなグッズが大集合

SUGAR HIGH!

シュガーハイ！

お菓子、雑貨、ステーショナリー、コスメなど、見たら思わずハイになりそうなカラフルで遊び心あふれるグッズがずらり！

☎03-6721-1334
㊢10:30～20:00 ㊡不定休

オリジナルポップコーン
518円

3 Totti Candy Factoryの巨大わたあめを食べ歩き

原宿レインボー
950円

顔より大きい！ふわふわわたあめ

カラフルで大きなわたあめが名物

Totti Candy Factory 原宿店

トッティ キャンディ ファクトリー はらじゅくてん

世界中のカワイイお菓子が集まる。直径45㎝の巨大なコットンキャンディは、カラフルでSNS映えも抜群。店頭で作っているところも見られる。友達同士やカップルでシェアして、散策中に一緒に食べても楽しい。

渋谷区神宮前1-16-5 RYUアパルトマン2F
☎03-3403-7007 ㊢10:30～20:00（土・日曜・祝日9:30～）
㊡不定休 ㊚JR原宿駅竹下口から徒歩5分
原宿 ▶MAP 別P.12 B-1

4 「原宿といえば」なマリオンクレープを食べる

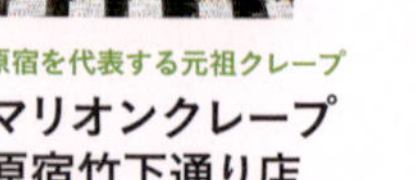

いちごチョコスペシャル
550円

原宿を代表する元祖クレープ

マリオンクレープ 原宿竹下通り店

マリオンクレープ はらじゅくたけしたどおりてん

1977（昭和52）年に開店し、40年の歴史を持つ日本初のクレープ専門店。約80種類あり、デザート系のほか食事系も充実。いつの時代も竹下通りを代表する味。

渋谷区神宮前1-6-15 ジュネスビル1F
☎03-3499-2496（本社） ㊢10:30～20:00（土・日曜・祝日10:00～） ㊡無休 ㊚JR原宿駅竹下口から徒歩3分 原宿 ▶MAP 別P.12 B-1

What is 竹下通りの名物グルメ

竹下通りにはかわいくておいしいスナックやスイーツがいっぱい。海外発の人気店や大手メーカーのショップなど、ワクワクがギュッと詰まった新感覚を食べに行こう!

クロッカンシューザクザク250円　ザクザクソフト(カップ)450円

クロッカンシューザクザク 原宿店
クロッカンシューザクザク はらじゅくてん

北海道生まれのシュークリーム店。ザクザク食感ととろけるクリームが特徴的。

渋谷区神宮前1-7-1 CUTECUBE原宿1F ☎03-6804-6340 営10:00～20:00 休無休 交JR原宿駅竹下口から徒歩3分

原宿 ▶MAP 別P.12 B-1

5 STYLENANDAでメイクアップ!

韓国発ブランドが日本初上陸

STYLENANDA 原宿店
スタイルナンダ はらじゅくてん

韓国の人気ブランドによる日本初旗艦店。ピンク一色の店内に、話題のコスメ「3CE」など女子注目のアイテムがそろう。

渋谷区神宮前1-6-9 ☎03-6721-1612 営1～3F11:30～19:30 休無休 交JR原宿駅竹下口から徒歩4分

原宿 ▶MAP 別P.12 B-1

3CE MOOD RECIPE MULTI EYE COLOR PALETTE #OVERTAKE 4070円

ビル外観も店内もパステルピンク系で統一

6 WEGO 1.3.5...でカワイイ雑貨をGET!

アクセサリーや小物もそろう。ついつい買いすぎてしまいそう

ハート柄ポーチ 330円

手頃な3プライスの雑貨が人気

WEGO 1.3.5... 原宿竹下通り店
ウィゴー イチサンゴ はらじゅくたけしたどおりてん

フォトジェニックなかわいい雑貨は、100円・300円・500円の3プライスと手頃な価格がうれしい。スマホグッズが特に人気。

渋谷区神宮前1-5-10 神宮前タワービルディング1F ☎03-6432-9301 営10:00～21:00 休無休 交JR原宿駅竹下口から徒歩5分

原宿 ▶MAP 別P.12 B-1

7 アイスウェルトジェラートの動物ジェラートをSNAP♡

かわいい動物アイス!

心ときめく愛くるしさ♪

アイスウェルトジェラート原宿店
アイスウェルトジェラートはらじゅくてん

カリフォルニアから日本初上陸。お店で手作りされたジェラートでできたキュートな動物たちが大人気。牛乳と生クリームを使用しないシャーベットもある。

渋谷区神宮前1-8-5 マロンビル1F ☎03-6804-3103 営11:00～20:00 休無休 交JR原宿駅竹下口から徒歩5分

原宿 ▶MAP 別P.12 B-1

8 Candy appleの"映え"スイーツでイイネ!

1 りんご飴の王道プレミアムプレーン660円 2 2021年7月にリニューアルオープン予定

あの屋台の名物がオシャレに

代官山Candy apple 原宿店
だいかんやま キャンディアップル はらじゅくてん

イタリアンのシェフが監修する「本気のりんご飴」。フレッシュなりんごの表面をパリパリの飴がコーティングする。

渋谷区神宮前3-23-5 ☎03-6416-5455 営11:00～20:00 休無休 交地下鉄明治神宮前駅5番出口から徒歩4分

原宿 ▶MAP 別P.12 B-1

竹下通り内の公衆トイレはマリオンクレープ西向かいの1カ所。ロッカーは通りの両端と竹下口よりに1カ所あり、300円から利用可。

TOURISM 05

一度は行ってみたい！
素敵すぎるミュージアムへ

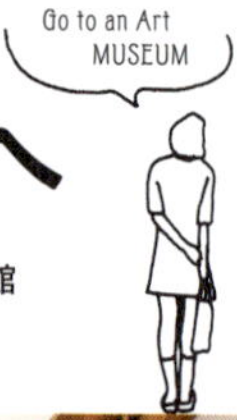

Go to an Art MUSEUM

収蔵品もすばらしいうえ、外観や庭園も美しい東京のミュージアム。美術鑑賞後は、館内にあるレストランやカフェでおいしい料理やスイーツを堪能。

館を象徴するモダンな美空間

LOOK AT! ルネ・ラリックによる作品「ブカレスト」のシャンデリア

クラシカルな洋館

LOOK AT! アール・デコ様式が集約された部屋「大客室」

LOOK AT! 本館南側にあるベランダから芝庭が望める

LOOK AT! ルネ・ラリックのガラスレリーフ扉

LOOK AT! 朝香宮邸時代から受け継がれている庭園

緑に囲まれた憩いの美術館

東京都庭園美術館

とうきょうとていえんびじゅつかん

1933年に建設されたアール・デコ様式の旧朝香宮邸と、緑豊かな庭園を楽しめる美術館。建物全体にアートのような空間が広がる。

港区白金台5-21-9 ☎050-5541-8600（ハローダイヤル） ㊫10:00～18:00（最終入館17:30） ㊡月曜（祝日の場合翌日休） ㊙展覧会により異なる（庭園のみ入場の場合200円） ㊍各線目黒駅東口から徒歩7分、各線白金台駅1番出口から徒歩6分

目黒 ▶MAP 別P.4 C-2

カフェも素敵！

café TEIEN（テイエン）

南青山のフレンチレストランが手掛けるカフェ。季節のスイーツや展示会をテーマにしたスイーツを味わえる。

☎03-6721-9668
㊫10:00 ～ 18:00
㊡施設に準ずる

ピスタチオムース
濃厚なナッツの風味とカシスソースの甘酸っぱさが絶妙

792円

LOOK AT! 日本一美しい本棚と言われる「モリソン書庫」

LOOK AT! 東洋と西洋の歴史を扱う「ディスカバリールーム」

LOOK AT! 鏡と目の錯覚を利用した「クレバス・エフェクト」

アジアに関連する書物を展示

東洋文庫ミュージアム

とうようぶんこミュージアム

およそ100万冊の蔵書を誇る本の博物館。岩崎久彌によって設立された東洋学専門の研究図書館で、世界5大東洋学研究図書の一つ。

文京区本駒込2-28-21 ☎03-3942-0280 営10:00～17:00(最終入館16:30) 休火曜(祝日の場合翌日休) 料900円 交各線駒込駅2番出口から徒歩8分

駒込 ▶MAP 別P.28⑥

カフェも素敵！

オリエント・カフェ

小岩井農場産の厳選素材を使ったランチが楽しめる。文庫にちなんだおしゃれなネーミングのランチセットが人気。

☎03-3942-0400 営11:30～21:30(LO19:30) 休施設に準ずる

ナチュラルで温かい雰囲気の店内

マルコポーロセット(スープ、サラダ、コーヒー付き)1720円

LOOK AT! 夜のライトアップも美しいクラシカルな洋館

クラシックな建築美を堪能

三菱一号館美術館

Very CLASSICAL

みつびしいちごうかんびじゅつかん

19世紀末に建設されたかつてのオフィスビルを復元した美術館。建物には約230万個ものレンガを使用していて、夜のライトアップも美しい。

千代田区丸の内2-6-2 ☎050-5541-8600(ハローダイヤル) 営10:00～18:00、祝日・振替休日除く金曜・第2水曜・展覧会会期中の最終週平日10:00～21:00(最終入館は30分前まで) 休月曜(祝日・振替休日・展覧会会期中最終週の場合開館)、展示替え期間 料展覧会により異なる 交地下鉄二重橋前駅1番出口から徒歩3分、各線東京駅丸の内南口から徒歩5分

丸の内 ▶MAP 別P.6 B-3

LOOK AT! 建設当時の保存部材が使われている中央階段

LOOK AT! 館内の照明も当時使用されていたもの

カフェも素敵！

ランチ、カフェ、ディナーとシーンに合わせて利用できる

カプチーノ 720円

自家製クラシックアップルパイ 930円

Café 1894

かつて旧銀行営業室として利用されていた場所を復元したクラシックなミュージアムカフェ。メニューはフレンチなどの西洋料理が中心。

☎03-3212-7156 営11:00～22:00 休不定休

アール・デコ様式は20世紀初頭にヨーロッパで流行した装飾のこと。

TOURISM 06

緑あふれる上野恩賜公園で 恐竜化石や“考える人”に会う

上野でぜひ訪れたいのが、貴重な文化財や自然の遺産、著名な作品を蔵するミュージアム。充実した展示や美しい美術品を見に、さっそく出かけてみよう。

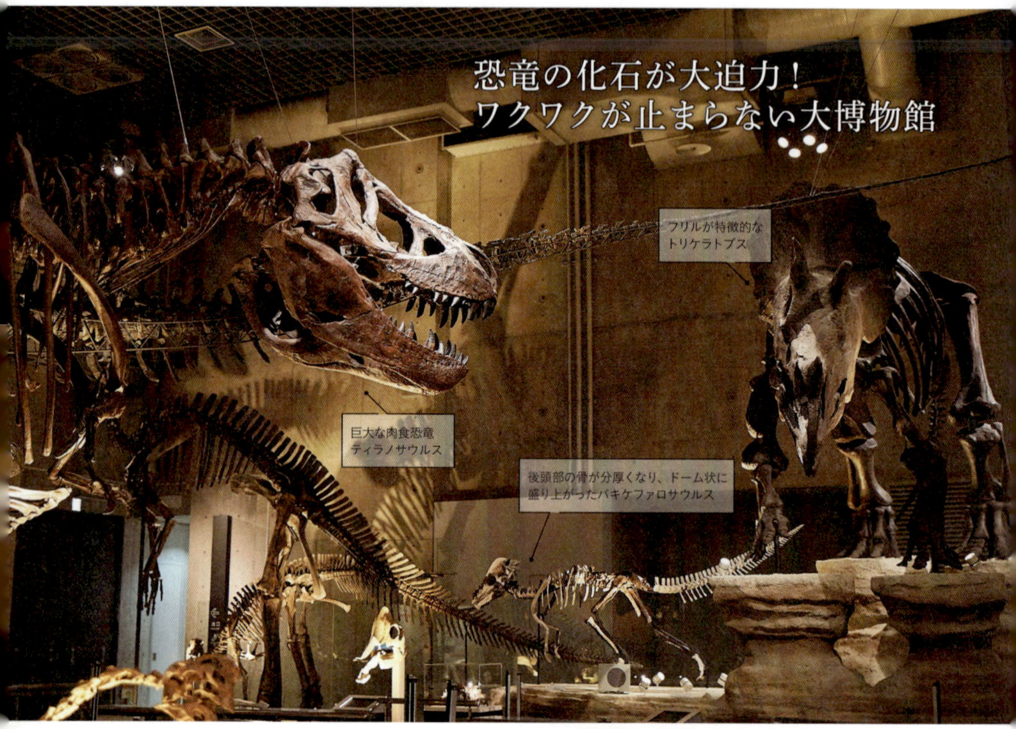
恐竜の化石が大迫力！
ワクワクが止まらない大博物館
フリルが特徴的な
トリケラトプス
巨大な肉食恐竜
ティラノサウルス
後頭部の骨が分厚くなり、ドーム状に
盛り上がったパキケファロサウルス

地球館の地下1階では、恐竜の骨格標本が多数展示されている

科学の世界にどっぷり浸ろう

国立科学博物館

こくりつかがくはくぶつかん

自然史、科学技術史に関する展示を行う総合科学博物館。地球館と日本館から成る。世界的に珍しいトリケラトプスの産状化石（実物）をはじめ貴重な展示物が多い。

台東区上野公園7-20 ☎050-5541-8600（ハローダイヤル） 営9:00～17:00（最終入館16:00）※開館時間は公式HPを確認 休月曜（祝日の場合は翌日休） 料一般・大学生630円 交JR上野駅公園口から徒歩5分 上野 ▶MAP 別P.23 E-1

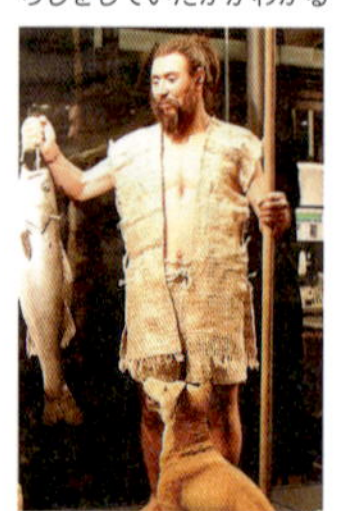

日本人がかつてどんな暮らしをしていたかがわかる

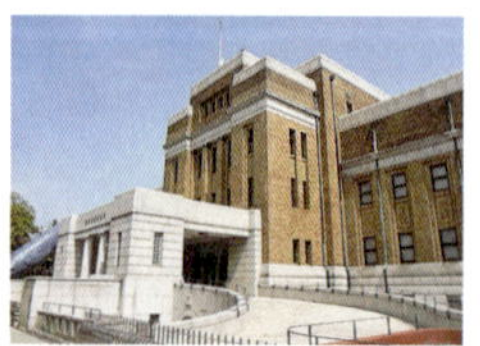

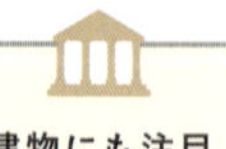

建物にも注目

1931（昭和6）年に完成した日本館は国の重文。ドームが美しい。

地球館3階では哺乳類と鳥類の剥製を展示している

日本館の2階にある忠犬ハチ公の剥製

Museum Shop

地層・化石ソックス

各866円

地層と化石をデザインしたオリジナルソックス

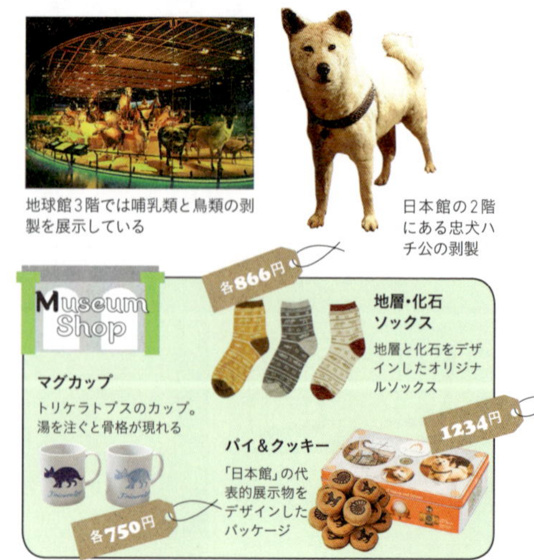

マグカップ

トリケラトプスのカップ。湯を注ぐと骨格が現れる

各750円

パイ＆クッキー

1234円

「日本館」の代表的展示物をデザインしたパッケージ

写真提供：国立科学博物館

クロード・モネ《睡蓮》
1916年
油彩、カンヴァス
国立西洋美術館
松方コレクション

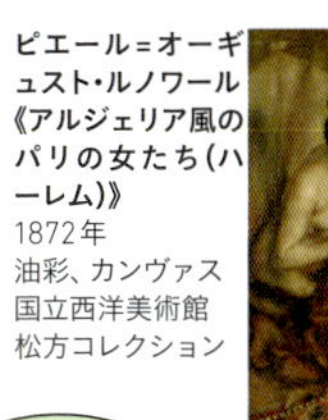

ピエール＝オーギュスト・ルノワール《アルジェリア風のパリの女たち(ハーレム)》
1872年
油彩、カンヴァス
国立西洋美術館
松方コレクション

ルノワール初期の代表作

オーギュスト・ロダン《地獄の門》
1880～1890年頃／1917年(原型)、1930～1933年(鋳造)ブロンズ
国立西洋美術館
松方コレクション
撮影:©上野則宏

《考える人》は必見

国立西洋美術館

こくりつせいようびじゅつかん

実業家・松方幸次郎のコレクションを中心に、中世末期から20世紀初頭にかけての西洋美術作品を展示。

台東区上野公園7-7　☎050-5541-8600(ハローダイヤル)　㊝9:30～17:30、金・土曜～20:00(入館は閉館の30分前まで)　㊡月曜(祝休日の場合は翌平日休)※2020年10月19日～2022年春(予定)まで全館休館　㊙常設展500円(税込)　㊋JR上野駅公園口から徒歩1分

上野 ▶MAP 別P.23 E-2

建物にも注目

1959(昭和34)年竣工。2016年に世界文化遺産に登録された「ル・コルビュジエの建築作品―近代建築運動への顕著な貢献―」の構成資産の一つ。

20世紀を代表する建築家ル・コルビュジエが設計
写真提供:国立西洋美術館

アジアの優れた美術品を収蔵

東京国立博物館

とうきょうこくりつはくぶつかん

1872(明治5)年創立の伝統ある博物館。主に日本美術を展示する本館、東洋美術の東洋館など6つの展示館に分かれている。

台東区上野公園13-9　☎050-5541-8600(ハローダイヤル)　㊝9:30～17:00(最終入館16:30)※事前予約制(来館前に公式HPを確認)　㊡月曜(祝日の場合は翌日休、特別展や時期により異なる)　㊙1000円　㊋JR上野駅公園口から徒歩10分

上野 ▶MAP 別P.23 E-1

仏像をはじめとする彫刻を展示する本館11室　写真提供:東京国立博物館

建物にも注目

本館は重要文化財。コンクリートの建物に瓦屋根をのせた帝冠様式の代表的建築。

展示品は随時入れ替えが行われている
写真提供:東京国立博物館

埴輪 盛装女子
重要文化財　群馬県伊勢崎市豊城町横塚出土
古墳時代・6世紀
東京国立博物館蔵

女子を表した人物埴輪としては、稀な全身像の作品

竜首水瓶
国宝
飛鳥時代・7世紀
東京国立博物館蔵

フタに龍の頭をあしらい、胴に4頭の天馬が刻まれている。
写真提供:東京国立博物館

ひと休みSPOT!

緑多い上野ならではの爽やか休憩スポット

テラス席でゆったりと

スターバックス コーヒー 上野恩賜公園店

スターバックス コーヒー うえのおんしこうえんてん

上野恩賜公園にちなんだ無垢のサクラ材を使った店舗は温もり感があり、他店舗とはまた違った雰囲気を楽しめる。

台東区上野公園8-22　☎03-5834-1630　㊝8:00～21:00　㊡不定休　㊋JR上野駅公園口から徒歩4分

上野 ▶MAP 別P.23 E-2

「癒し」がテーマのカフェ

上野の森 PARK SIDE CAFE

うえののもり パーク サイド カフェ

新緑の季節は特にテラス席が気持ちいい

旬の野菜をたっぷり使ったパスタなどの洋食が楽しめる。店内はナチュラルな木目調で居心地がいい。スイーツやハーブティーも好評。

台東区上野公園8-4　☎03-5815-8251　㊝10:00～21:00(土・日曜・祝日9:00～)　㊡無休　㊋JR上野駅公園口から徒歩3分

上野 ▶MAP 別P.23 E-2

森のガーデンプレート
1590円

1872(明治5)年創業の老舗

上野精養軒

うえのせいようけん

昔ながらのビーフシチュー
2480円

明治の著名人も訪れた洋食店。格調高い「グリルフクシマ」と、カジュアルな「カフェラン・ランドーレ」の2店あり。

台東区上野4-58　☎03-3821-2181　㊝グリルフクシマ11:00～15:00(LO14:00)、17:30～20:00(LO19:00)※夜は予約のみ　カフェラン・ランドーレ11:00～17:00(LO16:00)　㊡月曜　㊋JR上野駅公園口から徒歩5分

上野 ▶MAP 別P.23 D-2

「東京・ミュージアム ぐるっとパス」は、都内99の美術館や博物館が入場無料もしくは割引になるパス。2カ月間有効で2500円。

TOURISM 07

ちょっと足をのばしても行きたい
ワクワク3大ミュージアムへいざ！

美術館らしからぬ展示方法が人気のミュージアムがある。都心からは少し離れているが、そこでしか体感できない世界観を存分に味わうことができる。完全予約制の場合もあるので事前に確認を。

ジブリの世界に迷い込む

三鷹の森ジブリ美術館

みたかのもりジブリびじゅつかん

宮崎駿氏が名誉館主を務めるスタジオジブリの美術館。まるで迷路のような館内にはアニメーション映画作りを知ることができる展示室がある。

三鷹市下連雀1-1-83 ☎0570-055777 ㊟10:00〜17:30(入場は日時指定の予約制) ㊡火曜、長期休館あり ㊎大人･大学生1000円、高校･中学生700円、小学生 400円、幼児(4歳以上) 100円 ㊋JR三鷹駅南口から徒歩15分

三鷹 ▶MAP 別P.4 A-1

チケットは日時指定の予約制

★入館は日時指定の完全予約制。ローチケのみで販売。
★美術館窓口での販売はないので注意。
※開館時間･入場時間は予告なく変更する場合あり。詳細は公式HPを確認

緑豊かな庭園が広がる屋上には、約5mの美術館の守り神ロボット兵が待っている

START

ハレ旅流の楽しみ方

Go to ジブリの森の世界

トトロの受付

正面の先にある受付はニセの受付。トトロが本当の受付の場所を教えてくれる

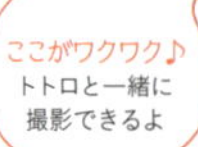

ここがワクワク♪
トトロと一緒に撮影できるよ

中央ホール B1F

地下1階から2階まで吹き抜けになった光が射し込む大空間

土星座 B1F

オリジナルの短編アニメーションが観られる小さな映画館。映画館なのに窓がある

映画の生まれる場所 1F

映画制作の流れがわかる展示室。ものづくりの苦しみや楽しみが垣間見られる

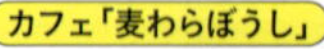

カフェ「麦わらぼうし」 1F

素朴な家庭料理が楽しめる。オレンジ色の壁と赤の窓枠の外観が目印

トライホークス 2F

宮崎駿氏とジブリ美術館が厳選したおすすめの絵本や児童書が読める図書閲覧室

ここがワクワク♪
ふわふわボヨーンのネコバスを体感

ネコバスルーム 2F

子どもたちが大好きなネコバスは2階に。触ったり寝転んだり思う存分楽しめる(小学生以下のみ乗車可能)

屋上庭園

ここがワクワク♪
天空の城ラピュタに登場した「要石」が！

GOAL

ミュージアムショップ「マンマユート」 2F

オリジナル水彩画セット 7700円(税込)

オリジナルクロスケ 1870円(税込)

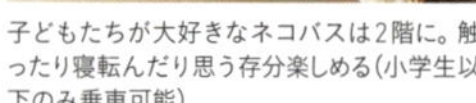

展示室I

先生の部屋

まんがの原画が展示されている展示室やF氏が愛用していた仕事机が展示されている

藤子･F･不二雄のキャラクターに会いに

川崎市 藤子･F･不二雄ミュージアム

かわさきし ふじこ･エフ･ふじおミュージアム

藤子･F･不二雄が描いた原画、まんがが読めるコーナー、キャラクター尽くしのカフェなどFワールド満載。

神奈川県川崎市多摩区長尾2-8-1 ☎ 0570-055-245 ㊢ 10:00～18:00 ㊡ 火曜 ㊑ 大人･大学生1000円、高校･中学生700円、子ども(4歳以上)500円 ㊋ JR宿河原駅から徒歩15分、登戸駅からシャトルバス9分(有料)

川崎 ▶MAP 別P.4 A-2

チケットは日時指定の予約制

★入館は日時指定の完全予約制。
★ミュージアムでの販売はないので注意。
★チケット販売については変更する場合あり。詳細は公式HPを確認

予約はこちらから
①URL https://l-tike.com/fujiko-m/
②コンビニ「ローソン」の端末Loppiで購入

1F

2F

Fシアター

まんがコーナー

2階は、子どもも大人も楽しめる仕掛けがいっぱい。Fシアターではオリジナル作品を上映

ここがワクワク♪ やっと会えた！ドラえもん！

芝生に囲まれた屋上の「はらっぱ」は絶好のフォトスポット

注目!! **人気のおみやげ＋グルメ**

どら焼きBOX (6個入り) 1380円

アンキパンラスク 8枚入り 1050円

UDFくつろぎドラえもん 1320円

フレンチトーストdeアンキパン 980円

大好きなスヌーピーに会いに行こう！

スヌーピーミュージアム

スヌーピーが登場する漫画「ピーナッツ」の世界を存分に楽しめる展示がいっぱい。オリジナルグッズも人気。

町田市鶴間3-1-1 ☎ 042-812-2723 ㊢ 10:00～18:00(最終入館17:30) ㊡ 1/1、他年2日 ㊑ 大人･大学生1800円、高校･中学生 800円、子ども(4歳以上)400円※全て前売券料金。当日券については要問合わせ ㊋ 東急田園都市線南町田グランベリーパーク駅から徒歩4分

町田 ▶MAP 別P.29㉘

全長約8メートルのスヌーピーがライナスの毛布の上で居眠りをしている

ここがワクワク♪ 愛しのスヌーピーがあっちにもこっちにも！

ピーナッツ・キャンプピクニックボックス 2380円

トミカ 800円

注目!! **ピーナッツの世界観を満喫できる**

「ピーナッツ」のギャラリーゾーン

常時展と企画展が楽しめる

フォトスポット

素敵な記念写真が撮れるスポットもいっぱい

PEANUTS Cafe

スヌーピーたちをイメージしたメニューがそろう

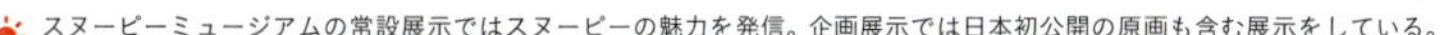

スヌーピーミュージアムの常設展示ではスヌーピーの魅力を発信。企画展示では日本初公開の原画も含む展示をしている。

TOURISM 08

ワクワクがいっぱいの遊べるテレビ局

フジテレビで興奮の1日を過ごす

お台場のランドマークともいえるフジテレビ。展望室からオーシャンビューを眺めたり、人気番組のセットを覗いたり、イベントも盛りだくさん。テレビ局を遊び尽くそう！

手前にはアクアシティお台場が立ち、入口やインフォメーションはその背後にある

今や観光スポットの定番

フジテレビ本社ビル

フジテレビほんしゃビル

展望室やフジさんテラスからの絶景、局限定のグッズも見逃せない。遊びどころ満載のテレビ局を楽しもう。

港区台場2-4-8 ☎03-5531-1111 営休施設により異なる 料無料(24·25Fを除く) 交ゆりかもめ台場駅南口から徒歩3分

お台場 ▶MAP 別P.20 B-2

球体展望室「はちたま」 営11:00〜17:00(最終入場 16:30) 料高校生以上700円、小中学生450円／フジさんテラス 営11:00〜17:00

フジテレビショップ「フジさん」 ☎03-5500-6075 営11:00〜17:00 フジテレビギャラリー 営11:00〜17:00(最終入場16:30) 料高校生以上400円、小·中学生100円

サザエさんのお店 ☎03-5500-6075 営11:00〜17:00

※各休業については公式HPを確認 https://www.fujitv.co.jp/gotofujitv/

スタンプラリーにチャレンジ

球体展望室「はちたま」を含む5カ所を巡るスタンプラリー。全てのスタンプを集めると素敵な記念品がもらえる。

フジテレビの必見スポット巡り

エレベーターで7階に上りフジさんテラスで入場券を購入し、25階まで一気に上がって見どころを回りながら降りてくると効率的に見学できる。

START!

1F まずはインフォメーションで情報をゲット

インフォメーション前広場の「テレビの泉」はフジテレビの新名所。まずはここで記念撮影を

エスカレーター＆エレベーターで上がる

25F 絶景が広がる展望室へ一気にGO!

迫力の大パノラマが広がる

球体展望室「はちたま」

きゅうたいてんぼうしつはちたま

地上100mから臨海副都心を270度見渡せるスポット。富士山、東京スカイツリー、東京タワーも一望。

日々多くの見学者が訪れる展望室はフジテレビのシンボル

「はちたま」からの眺め

エレベーターで下がる

5F ガチャピン・ムックに会いに行こう！

エスカレーターで下がる

懐かしい貴重な映像がいっぱい

フジテレビギャラリー「ガチャピン・ムックミュージアム」

人気キャラ、ガチャピン・ムックの魅力にあらゆる角度から迫る。限定グッズも購入できる。

7F 「はちたま」を下から見上げよう

球体の真下の屋外スペース

フジさんテラス

本社ビル建築のおもしろさを実感できる場所だ

イベント会場やライブステージにもなる広々とした屋外空間。あの「はちたま」のちょうど真下に位置し、見上げる球体は迫力満点！

エスカレーターで下がる

7F フジテレビならではの限定みやげをゲット！

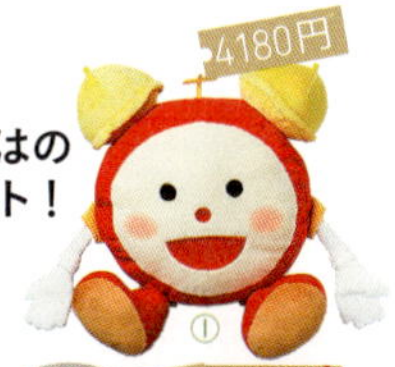

4180円 ①

935円 ②

864円 ④

715円 ③

©FUJI TELEVISION

①ビッグめざましくん ②小犬のラフちゃんマグネット ③フジテレビ社員のオフィスノート ④「はちたま」をかたどった球体クランチチョコ

おみやげ探しはココで

フジテレビショップ「フジさん」

約5000点が並ぶオフィシャルグッズショップ。番組や映画グッズ、オリジナル商品など豊富な品ぞろえ。

1F 人気番組のグッズもチェックしよう

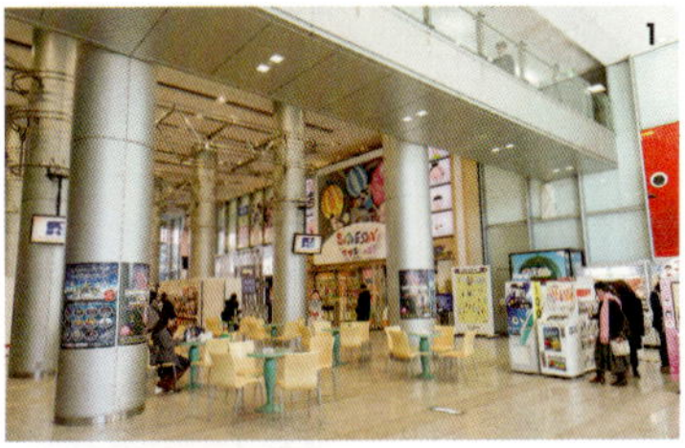

1

2

開放的な吹き抜け。試写会などが開催されるマルチシアターもある。

開放感のある空間

フジテレビモール

人気番組のショップやカフェがあるので、おみやげを買ったり、休憩スペースとしても利用したりできる。

徒歩

1F 日本で唯一！ あの人気キャラクターグッズの店へ

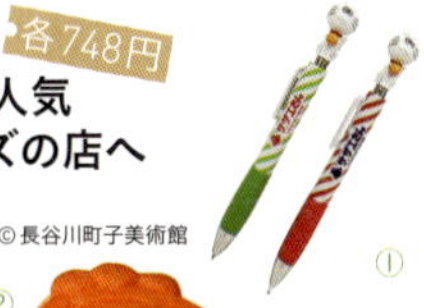

サザエさんグッズなら

サザエさんのお店

サザエさんのおみせ

オリジナルグッズやお菓子のほか、店頭では名物の「サザエさん焼」の実演販売も。

①タマママスコットボールペン・シャープペン ②サザエさん焼 月島もんじゃ味

各748円 ①

② 210円

© 長谷川町子美術館

GOAL!

「はちたま」と「ガチャピン・ムックミュージアム」の両方に行くなら、セット券（高校生以上1000円、小中学生500円）がお得。

TOURISM 09

都会の中の癒しのひと時

サンシャインシティの絶景巡り

池袋のランドマーク、サンシャインシティは、エリア最大のエンタメスポット。
水族館やプラネタリウム、テーマパークなど、1日中遊べる施設が勢ぞろい。

What is

サンシャインシティ

サンシャイン60ビルを中心とした、5つの建物から成る複合施設。全てのビルは低層階でつながっており、地上階から入ると一つの建物のよう。各ビルにテーマカラーがあるので、色の表示を頼りに目的地を探そう。専門店街アルパとワールドインポートマートビルにある「ALTA」には、合計約230ものショップやレストランがひしめき、飲食や買い物に便利。

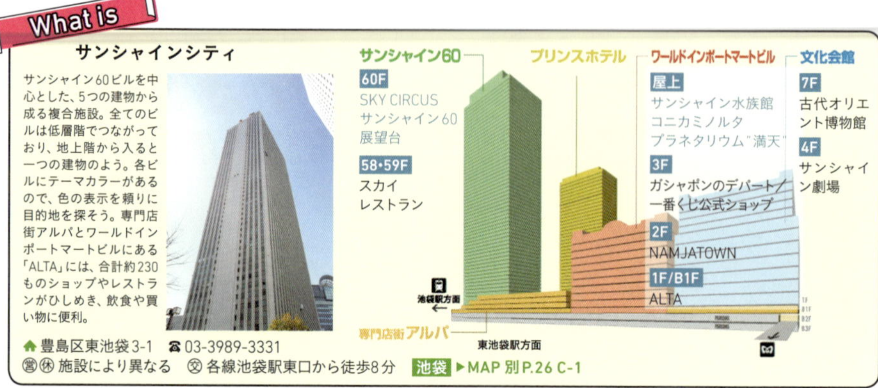

♠豊島区東池袋3-1　☎03-3989-3331
営休 施設により異なる　交 各線池袋駅東口から徒歩8分　池袋 ▶MAP 別P.26 C-1

光と鏡、風景が織りなす「カレイドスケープ」エリアにあるフォトスポット「モザイクSKY」

展望が開けるモザイクSKY

鏡がはめ込まれた窓際の展望スペース。スカイツリーも見える

万華鏡のような無限スケープ

床や天井に美しい映像や模様が映し出され幻想的

SUNLIGHTサーカスでベストショットを

ホログラムフィルムの光のアートで、最高の一枚を撮影

「体感する展望台」がコンセプト

SKY CIRCUS サンシャイン60展望台

スカイサーカス サンシャイン60てんぼうだい

サンシャイン60の展望台で、海抜251m。VRなどの多様なテクノロジーを駆使し、新感覚の空中体験ができる。

♠サンシャイン60ビル60F　☎03-3989-3457　営10:00～21:00※時期により変動　休 不定休　料 大人1200円、学生(高校・大学・専門学校)900円、子ども(小・中学生)600円、幼児(4歳以上)300円※ VR料金別途 1回 500円※ VRは土・日曜・祝日のみ利用可

池袋 ▶MAP 別P.26 C-1

開放感満点の「天空のオアシス」

サンシャイン水族館

サンシャインすいぞくかん

屋上にある水族館。趣向を凝らした展示で水辺の生物を観察できる。2020年夏にはクラゲの新エリア「海月空感」がオープン。

🏠 サンシャインシティワールドインポートマートビル屋上 ☎ 03-3989-3466 営 9:30〜20:00(秋冬 10:00〜17:00) 休 無休 料 大人(高校生以上) 2400円、子ども(小・中学生) 1200円、幼児(4歳以上) 700円

池袋 ▶MAP 別P.26 C-1

サンシャインアクアリング

高さ2m30cmのドーナッツ型の水槽では、泳ぐアシカを下から眺められる

コツメカワウソ

マリンガーデンで会える

タリーズコーヒー サンシャイン水族館店

パンケーキ かわうそ 429円

五感で楽しめるプログラム

南の島を感じるオリジナルアロマと共に星空体験

世界の星空をめぐりながら旅行気分を

リアルな星空に思わずため息

コニカミノルタプラネタリウム満天 in Sunshine City

コニカミノルタプラネタリウム"マンテン"イン サンシャイン シティ

立体映像と音響でダイナミックなシーンを演出

最先端の機器を導入した、新感覚のプラネタリウム。プレミアムシートの雲シートや芝シートはウェブサイトから予約可能。

🏠 サンシャインシティワールドインポートマートビル屋上 ☎ 03-3989-3546(10:00〜19:00) 営 11時の回〜20時の回(季節により変動あり) 休 無休(作品入替・機器メンテナンス期間は休館) 料 作品や座席により異なる

池袋 ▶MAP 別P.26 C-1

池袋駅からサンシャインシティへは、サンシャイン通りの東急ハンズ脇の入口が近い。東池袋駅からは地下連絡通路があり雨の日などに便利。

プラスαのお楽しみ付き

大都会の絶景にゾクゾクする

王道だけど「東京の高層ビル群を独り占めしたい！」という願いを叶えてくれる素敵な場所を紹介。夜に行けば東京ならではの絶景に出合える。

昔も今も東京のランドマーク

東京タワー

とうきょうタワー

東京のシンボルとして親しまれている333mの電波塔。360度の大パノラマが広がる展望台をはじめ、飲食店やショップ、エンタメまで何でもそろった観光施設。

東京タワー 港区芝公園4-2-8 ☎03-3433-5111 営9:00～23:00※変更する場合あり。公式HPを確認 休無休 料[当日券]大人メインデッキ1200円、トップデッキツアー3000円　高校生メインデッキ1000円、トップデッキツアー2800円　子ども(小中学生)メインデッキ700円、トップデッキツアー2000円　幼児(4歳以上)メインデッキ500円、トップデッキツアー1400円[WEB予約※トップデッキツアーのみ]大人2800円　高校生2600円　子ども(小中学生)1800円　幼児(4歳以上)1200円　交地下鉄赤羽橋駅赤羽橋口から徒歩5分

御成門 ▶MAP 別P.29㉑

333m

250m トップデッキ

SF的な空間が演出されたトップデッキからは夜景を堪能したい

+α

フットタウン3F

東京タワーの形をしたペットボトル

TOKYOTOWER ミネラルウォーター 390円

丸みのあるボディがとってもキュート

東京タワーぬいぐるみS 1150円

150m

メインデッキ2階

改装された北面のウィンドウからはよりワイドな景色が望める

メインデッキ1階

145mの真下が覗けるガラスの床スカイウォークウィンドウ

※展望台の営業状況については公式HPを確認。

3F
2F
1F
B1F

What is フットタウン

地下1階から地上3階までと屋上から成る商業施設。3階にあるお店「GALAXY」では東京タワーオリジナルグッズなどを購入できる。

View Point

上から見る？ それとも下から見る？

東京タワーをいろんな場所から見てみると、別の表情が見えてくる。近くから見る迫力ある東京タワーもいいけれど、大都会の中でライトアップされた姿も美しい。

上から

六本木ヒルズ展望台 東京シティビュー

六本木 ▶MAP 別P.22 B-3

下から

東京タワーの真下

中から

フットタウン屋上からメインデッキへと続く外階段

晴れていれば
富士山まで見渡せる

スカイツリーもくっきり見える

写真・東京都提供

新宿のランドマーク

東京都庁＆HAREBA-Rei &TOWNGATE CORE TOKYO 都SEEN

とうきょうとちょうアンドハレバ レイ
アンドタウンゲート コア トーキョー とぅーシーン

第一、第二本庁舎、都議会議事堂からなる官公庁。第一本庁舎45階には無料で利用できる展望室があり、202mの高さから都内を一望できる。

東京都庁 新宿区西新宿2-8-1 ☎03-5320-7890（月～金曜10:00～17:00） 営［展望室］9:30～21:30（北展望室～17:00、ただし南展望室が休室の場合は22:30まで）※最新の営業時間については公式HPを確認 休 北展望室/第2・4月曜、南展望室/第1・3火曜（両展望室とも、祝日の場合は翌日休み、都庁舎点検日も休室） 料 無料 交 地下鉄都庁前駅A4出口から徒歩1分 新宿 ▶MAP 別P.18 A-2

HAREBA-Rei 北展望室 ☎03-5990-5025（おみやげ）、03-5989-0848（カフェ） 営 北展望室に準ずる 休 北展望室に準ずる

TOWNGATE CORE TOKYO 都SEEN 南展望室 ☎03-6302-0652 営 南展望室に準ずる 休 南展望室に準ずる 新宿 ▶MAP 付録P.18 A-2

+α

TOWNGATE CORE TOKYO 都SEENで！

東京ごまだれ餅
450円

都SEEN
オリジナルTシャツ
3300円

都SEEN
オリジナル豆セット
2200円

宇宙ミュージアム TeNQ
巨大円形スクリーンやプロジェクションマッピングなど最新技術で宇宙を演出

+α

東京ドームシティ アトラクションズ

地上80mから東京のスカイビューを満喫

ビッグ・オー

1日じゃ遊びきれない！

東京ドームシティ＆Spa LaQua＆東京ドーム シティ アトラクションズ

とうきょうドームシティアンドスパ ラクーアアンド
とうきょうドームシティ アトラクションズ

東京ドームをはじめ、遊園地、後楽園ホール、スパ、宇宙ミュージアム、ホテルなどがそろった都市型総合 エンターテインメント。

+α

Spa LaQua

都会の真ん中にいることを忘れてしまう贅沢な時間を

東京ドームシティ 文京区後楽1-3-61 ☎03-5800-9999 営 施設により異なる 休 無休 料 施設により異なる 交 地下鉄水道橋A7出口から徒歩1分 後楽園 ▶MAP 別P.27③

東京ドーム天然温泉 Spa LaQua ☎03-3817-4173 営 11:00～翌9:00 休 不定休（設備点検のため休館日あり） 料 2900円（スパラクーア） 後楽園 ▶MAP 別P.27③

東京ドームシティ アトラクションズ ☎03-3817-6001 営 施設により異なる 休 無休 料 無料（アトラクションは別途） 後楽園 ▶MAP 別P.27③

宇宙ミュージアムTeNQ（テンキュー） 東京ドームシティ内黄色いビル6F ☎03-3814-0109 営 11:00～20:00（土・日曜・祝日・特定日10:00～） 休 無休 料 一般1700円（事前予約）1800円（当日券）※ファミリーデーを除き4歳未満入館不可 後楽園 ▶MAP 別P.27③

東京ドームシティにそびえる東京ドームホテルは、地上43階の絶景が楽しめるシティホテル。

TOURISM 11

運気を上げてテンションアップ

パワースポットでご利益ゲット！

木々が生い茂る緑豊かな神社には、神様が授ける不思議な力や自然のエネルギーが集まっているといわれている。パワーが宿ったスポットに、身も心も癒されに行ってみよう。

原宿にあるとは思えないほど都会の喧噪から離れた厳かな佇まい

清正井（きよまさのいど）

加藤清正が掘ったとされる井戸。湧水を眺めていると心が洗われるとか。

第一鳥居（だいいちとりい）

原宿駅から第一鳥居をくぐり、南参道を通ると良縁がくるとされている。

夫婦楠（めおとくす）

2本の御神木「夫婦楠」は夫婦円満を象徴する木として知られる。

散歩をするだけで清々しい気分に

明治神宮

めいじじんぐう

東京有数のパワースポットとして有名。境内には数万本の木々が生い茂り、さまざまな色の草木が目を楽しませてくれる。2020年、鎮座百年を迎えた。所要時間の目安はゆっくり参拝して30分。

渋谷区代々木神園町1-1　☎03-3379-5511　㊋日の出～日の入り（月により異なる）　㊡無休　㊕拝観無料　㊛JR原宿駅表参道口から徒歩1分

原宿 ▶MAP 別P.12 A-1

What is 明治神宮

- **明治天皇と皇后の昭憲皇太后を祀る神社**
  1920（大正9）年に両御祭神と特にゆかりの深い、代々木の地に御鎮座となった。
- **常磐の森は70万㎡の面積を誇る**
  全国から献木された約10万本を植栽した人工林。訪れる人の憩いの場になっている。
- **初詣の参拝者数は日本一**
  交通の便のよさもあり初詣の参拝者数は日本一の300万人超え。
- **おみくじには吉凶がない**
  おみくじ「大御心」は、明治天皇と昭憲皇太后の和歌30首に解説文を付したもの。

大御心
おおみごころ

初穂料100円

和歌が書かれた明治神宮のおみくじ

初穂料2000円

開運 木鈴「こだま」漆

御神木から謹製されている

初穂料1000円

旅行安全守

旅行中の安全を祈願したお守り

縁結び♥

伝統的な神前結婚式は東京大神宮から始まった

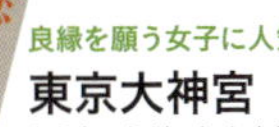

初穂料200円
恋みくじ
恋愛成就の助言が記されている

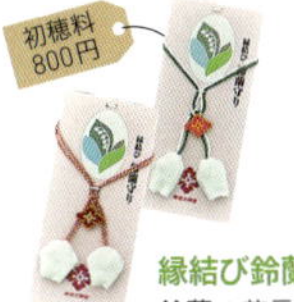

初穂料800円
縁結び鈴蘭守
鈴蘭の花言葉は「幸福が訪れる」

良縁を願う女子に人気
東京大神宮
とうきょうだいじんぐう

伊勢神宮の遥拝殿として1880（明治13）年に創建。参拝後に良縁が叶ったとの声も多く、縁結びの神社といわれているため、女性を中心に多くの参拝者が訪れている。

千代田区富士見2-4-1　☎03-3262-3566　㊋6:00～21:00（お守り授与8:00～19:00）　㊡無休　㊕拝観無料　㊋JR飯田橋駅西口、地下鉄飯田橋駅B2a出口から徒歩5分

飯田橋 ▶MAP 別P.24 C-1

神様の使いである猿が良縁を運ぶ
日枝神社
ひえじんじゃ

永田町にあることから、政財界からも訪れる人が多く、仕事運や出世運がアップするといわれている。また、猿が縁を結んでくれる縁結びとしても有名。

千代田区永田町2-10-5　☎03-3581-2471　㊋5:00～18:00（10～3月6:00～17:00）　㊡無休　㊕拝観無料　㊋地下鉄赤坂駅2出口から徒歩3分

赤坂 ▶MAP 別P.27④

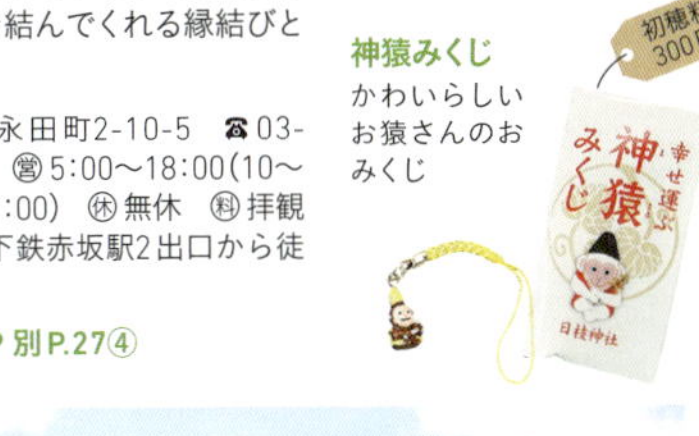

初穂料500円
こざる守
魔が去る（猿）との意味が込められた人気のお守り

初穂料300円
神猿みくじ
かわいらしいお猿さんのおみくじ

仕事運＋縁結び

足をのばして

天狗十穀力団子

エネルギーチャージ

大自然の中でパワーチャージ
高尾山
たかおさん

今では年間登山者300万人を誇る世界有数の観光地に。薬王院は、大自然と仏の力が融合した不思議なパワーが宿っているとして人気。

八王子高尾町　☎042-661-1115（高尾山薬王院）　㊋9:00～16:00　㊡無休　㊕拝観無料　㊋ケーブルカー高尾山駅から徒歩20分

八王子 ▶MAP 別29㉙

御朱印ゲット！

御朱印帳に御朱印を集めるのも神社仏閣を参拝する楽しみのひとつ。まずは、御朱印について知ろう。

● 御朱印とは

神社や寺院で、参拝者向けに押印される印章・印影のこと。その社寺に参拝した証となる。単なるスタンプとは違い、神仏に敬意を払い大切にするもの。

● 御朱印帳を手に入れよう

神社や寺院の御朱印所や授与所で朱印帳を求める。また、文具店やインターネットなどでも販売している場合もある。女性には小さなバッグなどにも入るコンパクトサイズで可憐な絵柄が人気。

女子に人気の御朱印帳

1000円
（東京大神宮）
蝶々柄が華やかな趣で女性に人気

1000円
（日枝神社）
お猿さんがワンポント

1000円
（日枝神社）
見ざる聞かざる言わざるのお猿さん

御朱印集めをスタンプラリーと勘違いしないように。きちんとお参りしてからお願いし、墨書きしていただくいる間も静かに待つこと。

TOURISM 12

日本の伝統芸能
歌舞伎デビューを飾る

歌舞伎といえば、どうも敷居が高そうと感じる人も多いハズ。しかし、全然そんなことはありません。特に歌舞伎座には、初めての人も歌舞伎が好きになる秘密のワザがあるのです。

勇壮な親子獅子の毛振りに注目

「親獅子」
動きが俊敏できりっとした姿が大きく美しい片岡仁左衛門の親獅子

豪華できらびやかな衣裳も歌舞伎の見どころのひとつ

「仔獅子」
演じるのは仁左衛門の孫の片岡千之助。初々しくはつらつとした舞が見物

連獅子 れんじし

駆け上がってきた仔獅子だけを育てるという言い伝えがあるため、親獅子が仔獅子を千尋の谷に突き落とすが、勇敢にも仔獅子は駆け上がってきて、無事を喜び合う。クライマックスの毛振りは必見。

How to

歌舞伎デビューをしてみよう

江戸時代を代表する伝統文化のひとつが歌舞伎。庶民の身近な娯楽として親しまれていた。そんな歌舞伎だから、肩肘張らずに気軽に楽しめるハズ。気軽に足を運んでみよう！

一、チケットを買う

クラシックコンサートなどと同じで、事前にインターネットや電話などで予約が可能。劇場の切符売り場でも購入できる。残席があれば、当日の開演ぎりぎりでも販売してくれる。観る席によって料金は異なる。

上演時間について　ワンポイントアドバイス

基本は、昼の部と夜の部の二部構成で、共に4～5時間の上演と長め。何度かの休憩や食事どきは30分ほどの休憩時間があるので、歌舞伎座内でおみやげを選んだり食事をしたり、思いおもいに楽しめる。※感染対策の為、上演時間など大幅に変更する場合あり。詳細は劇場に要問い合わせ。

二、服装は普段のお出かけスタイルでOK

かしこまって行く必要はなく、休日のお出かけスタイルで問題ない。もちろんTPOは最低限わきまえてほしいので、ジーンズやビーチサンダルなどは控えよう。せっかくなら着物姿で観劇しても情緒があって◎。

じっくりと鑑賞するなら

長時間なので、少しでも見やすい席を選ぼう

とちり席
1階席の中央で、前方のよい席のこと。イロハで数えて「と ち り」の席は、前から7～9列目。

花道近く
花道（舞台向かって左）近くの席は俳優さんの息づかいを間近に感じることができ人気。

桟敷席
1階左右にある特別席。二人席ごとに掘りごたつ式机と座布団が用意されている。

気軽に楽しむなら

一幕見席　※2021年6月現在休止中

好きな幕だけ鑑賞できるため、歌舞伎ビギナーにおすすめの席。全て自由席で定員は立ち見も含め約150名。演目によっては、一幕約1000円～楽しめる。

歌舞伎座正面玄関の左側にチケット売り場がある

※状況により内容が変更となる場合があるため、最新情報は劇場へ問い合わせください。

130年の歴史が刻み込まれた歌舞伎座は、地下2階地上5階建て

歌舞伎デビューにもってこい

歌舞伎座

かぶきざ

1889（明治22）年に誕生。現在の歌舞伎座は第5期にあたる。歌舞伎座だけの字幕ガイドサービスがあり、台詞の解説があるので観劇が初めての人でも十分楽しめる。

中央区銀座4-12-15　☎03-3545-6800
㊋㊡上映時間・施設・店舗によって異なる
㊯地下鉄東銀座駅3番出口直結

銀座 ▶MAP 別P.9 E-2

鑑賞以外のお楽しみイロイロ

ショッピング

歌舞伎座ゴーフル

歌舞伎座限定品なので
おみやげにも最適
お土産処 かおみせ
☎03-3545-6557

1400円

916円

フェイスパック

松本幸四郎監修の
フェイスパック
一心堂本舗

グルメ

芝居御膳

3階のお食事処「花篭」の
芝居御膳
お食事処「花篭」
☎03-3545-6820
※要予約
（観劇2日前まで受付）

3600円

1530円

抹茶セット

5階の庭園を眺めながら
お茶でいっぷく
寿月堂 銀座 歌舞伎座店
☎03-6278-7626
㊋10:00〜18:30

当日

三、歌舞伎座到着！ まずは筋書と音声ガイドをゲット

¥700
歌舞伎初心者は同時音声イヤホンガイドを活用しよう

劇場で販売されている筋書（すじがき）を購入して、ストーリーや見どころ、配役などを予習しておこう。また、舞台の進行に合わせて解説を同時に行うイヤホンガイドも忘れずに借りよう（有料）。

四、観劇スタート

歌舞伎座で借りられる字幕ガイドは、セリフや詞章を文字で確認できる。

※2021年6月現在休止中

1〜3階席は1000円で利用ができる

五、幕間にひとやすみ

上映時間が長いため、何度か休憩時間があり、お弁当を買って席でゆっくり食べることもできる。ショッピングも充実しているので幕間に買い物も。

歌舞伎を身近に感じるなら

歌舞伎座ギャラリー

かぶきざギャラリー

ギャラリーは誰でも入場可能！（有料）

舞台で使用される衣裳や小道具などの貴重な品がテーマごとに展示され、歌舞伎に触れたことのない人でも十分楽しめるギャラリー。いろいろな物に触れて動かして楽しめる体験型展示などもあり、歌舞伎鑑賞とはひと味違った楽しさがある。ギャラリーに併設された「木挽町ホール」の舞台には、第四期歌舞伎座で長年使われていた檜が敷かれている。

㊋10:00〜17:30（最終入館17:00）　㊡不定休　㊐一般600円（当日券のみ）
※2021年6月現在休止中。詳細は劇場に要問い合わせ

舞台に登場する馬に乗って写真撮影ができる

歌舞伎座の屋上庭園に続く五右衛門階段、屋根瓦の中に1枚だけ逆向きの瓦が。見つけられたら幸せになれるとか……。

TOURISM 13

伝統文化×エンターテインメント

粋な下町文化を楽しく体感

東京の下町を訪れたら雰囲気だけでも江戸の娯楽を体感してみよう。両国界隈でお相撲さんに遭遇したり、寄席に行って思い切り笑ったり……。伝統的なエンタメ文化の魅力を再発見しよう！

日本の伝統文化である相撲は国技。相撲の起源は、『古事記』（712年）や『日本書紀』（720年）の中にある力くらべの神話などとされる。もともとは、その年の農作物の収穫を占う祭りの儀式として執り行われていた。後に宮廷の行事となり、300年続くことになる。江戸時代になると相撲を職業とする者も現れ、興行が打たれるようになった。

剣翔（つるぎしょう）
追手風部屋所属の力士で、番付は幕内。得意技は右四つと寄り切り。

ココで観られます

相撲の聖地へ

両国国技館

りょうごくこくぎかん

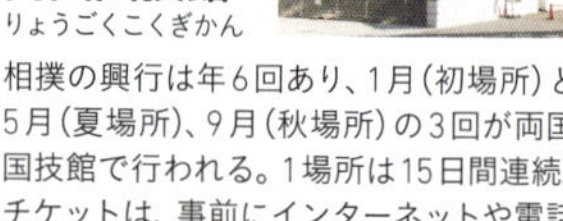

相撲の興行は年6回あり、1月（初場所）と5月（夏場所）、9月（秋場所）の3回が両国国技館で行われる。1場所は15日間連続。チケットは、事前にインターネットや電話で購入できる。

墨田区横網1-3-28　☎03-3623-5111
営休8:00～18:00（日・行事により異なる）
交JR両国駅西口から徒歩2分

両国 ▶MAP 別P.26 B-3

START

力士や部屋の名前が書かれた相撲のぼり

※右記のコースは一つの例。相撲観戦だけなら14:30頃に国技館に着くように行こう。

12:00
正面エントランスから入場
場所中は色とりどりののぼりが並ぶ。国技館正面にもぎり台があり、ここから入る。もぎりは親方がしてくれる。

12:30
国技館のちゃんこでランチ
部屋のちゃんこ番が監修している相撲部屋特製のちゃんこ。場所ごとに部屋が変わるので、味や具も変わる。

本格的なちゃんこに舌鼓

13:30
おみやげを探しに国技館探検へ
売店には、相撲公式キャラクターのせきトリくんオリジナルグッズをはじめ、力士グッズが豊富にそろう。

名物！

国技館焼き鳥
650円
場所中は1日6万本焼いている。

14:30
力士が、国技館入り
力士を間近で見る絶好のチャンス（横綱や大関以外）。未来の横綱に会えるかも？ 力士に触るのはNGなので注意。

出入り自由の寄席なら気軽に落語が楽しめる

土俵の上で繰り広げられる激戦に夢中

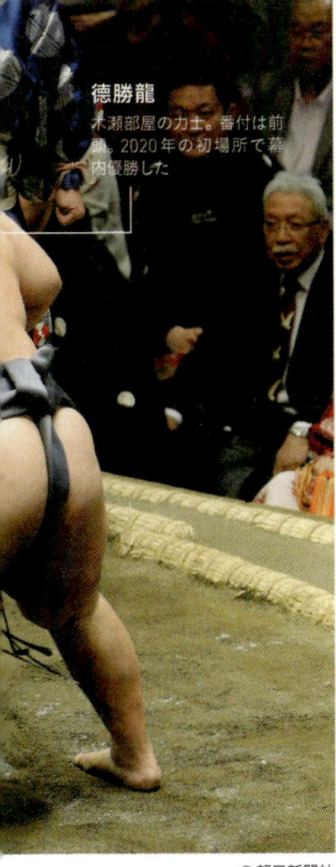

徳勝龍
木瀬部屋の力士。番付は前頭。2020年の初場所で幕内優勝した

© 朝日新聞社

© 朝日新聞社

落語

落語の始まりは、室町時代末期から安土桃山時代にかけて、戦国大名に仕え、話し相手になり世情を伝える「御伽衆（おとぎしゅう）」と呼ばれる人たちだった。その中の一人が豊臣秀吉の前でおもしろいオチのつく噺をしたのが由来とされている。落語にはオチがつきもので、身振り手振りで噺を進め、一人で何役もこなすシンプルな芸が見もの。

イチオシ 落語家

柳家 小三治
やなぎや こさんじ

1959（昭和34）年、柳家小さんに入門。1969（昭和44）年には真打昇進。十代目「柳家小三治」を襲名。2010（平成22）年には、落語協会会長を就任。2014（平成26）年には旭日小綬章受章を受賞。趣味はスキー、カメラなど多趣味。

林家 正蔵
はやしや しょうぞう

高座に姿を見せるだけで場内を明るくさせる数少ない噺家の一人。祖父であった七代目林家正蔵、父・林家三平と親子三代の真打は史上初。古典落語での進境著しく、祖父の名跡「正蔵」を襲名した。テレビ出演も多数あり。

柳家 権太楼
やなぎや ごんたろう

1970（昭和45）年、故柳家つばめに入門。前座名は「ほたる」。1975（昭和50）年には、二ツ目に昇進し「さん光」改名。三代目「柳家権太楼」を襲名したのは、35歳の時。大の巨人ファンで、趣味は巨人軍を応援すること。

柳家 喬太郎
やなぎや きょうたろう

1989（昭和64）年柳家さん喬に入門。前座名は「さん坊」。1998（平成10）年には、NHK新人演芸大賞落語部門大賞を受賞する。2000（平成12）年には真打に昇進。2007（平成19）年には、国立演芸場花形演芸会大賞を受賞。

15:00

相撲観戦スタート！

15:00から18:00まで白熱した取組が楽しめる。取組が終わったあとには、弓取式があるので見逃さないで！

全取組終了後に行う弓取式
© 朝日新聞社

ココで観られます

老舗の寄席
新宿末廣亭
しんじゅくすえひろてい

新宿三丁目にある人気の寄席。都内の落語定席の一つで、落語のほかに、漫才や色物芸なども演じられる。名実ともに落語の第一人者が勢ぞろい。

新宿区新宿3-6-12 ☎03-3351-2974 営12:00～21:00 休無休 料3000円 交地下鉄新宿三丁目駅C4出口から徒歩1分

新宿 ▶MAP 別P.19 F-2

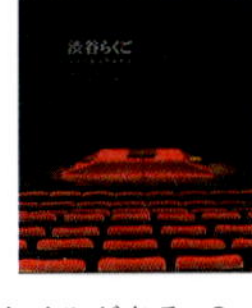

ニューウェイブ
渋谷らくご
しぶやらくご

6通りの落語会のスタイルがある。3～4人の実力派真打から二ツ目の落語家に、30分ずつたっぷり語ってもらう「渋谷らくご」が人気。

渋谷区円山町1-5 KINOHAUS 2F ☎03-6675-5681 営休毎月第2金曜から5日間 料演目により異なる 交JR渋谷駅ハチ公口から徒歩5分

渋谷 ▶MAP 別P.14 B-2

都内には新宿末廣亭のほかにも落語定席がある。上野の鈴本演芸場、浅草六区の浅草演芸ホール、池袋の池袋演芸場の3つ。

TOURISM 14

パワーアップした夢の世界へ

東京ディズニーリゾートを満喫する！

新エリアが誕生し、さらに魅力倍増中の東京ディズニーランド。最新ニュースやテクニックを丸ごとチェックして存分に楽しもう！

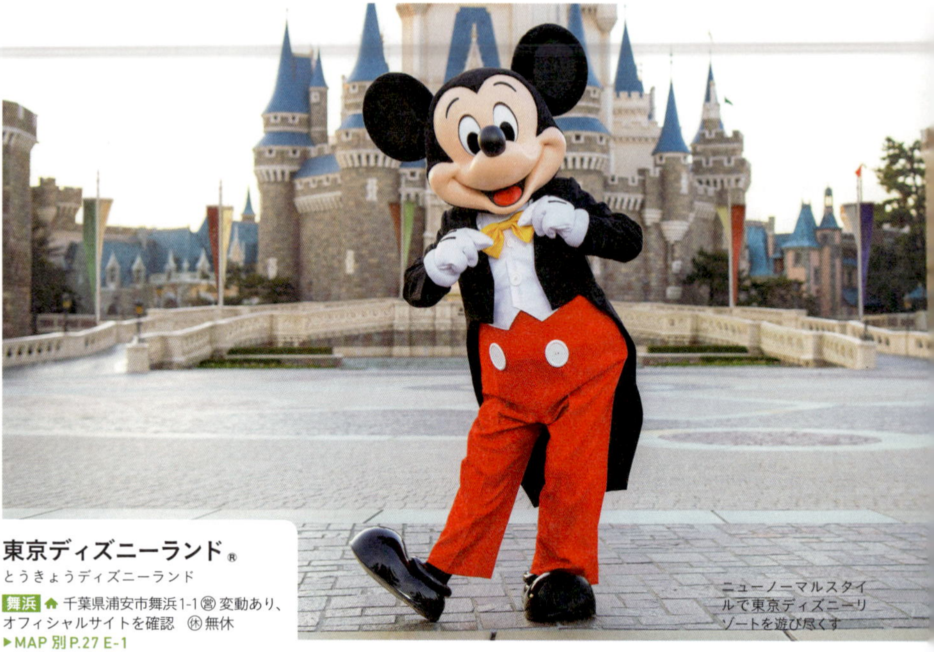

ニューノーマルスタイルで東京ディズニーリゾートを遊び尽くす

東京ディズニーランド®

とうきょうディズニーランド

舞浜 千葉県浦安市舞浜1-1 営 変動あり、オフィシャルサイトを確認 休 無休

▶MAP 別P.27 E-1

東京ディズニーシー®

とうきょうディズニーシー

舞浜 千葉県浦安市舞浜1-13 営 変動あり、オフィシャルサイトを確認 休 無休

▶MAP 別P.27E-2

東京ディズニーリゾート インフォメーションセンター

☎ 0570-00-8632（7:00～19:00）

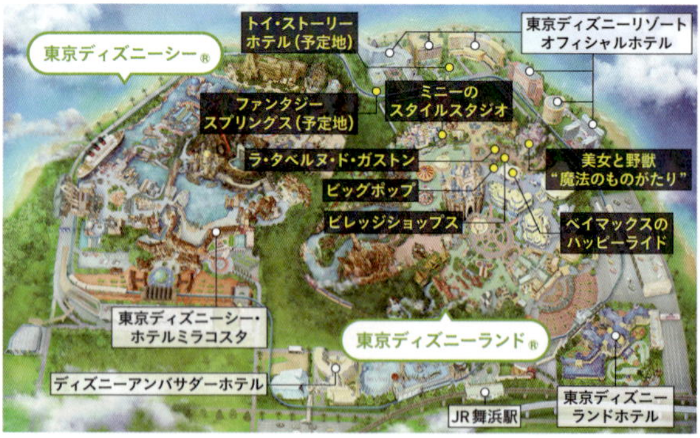

東京ディズニーシー®
トイ・ストーリー ホテル（予定地）
東京ディズニーリゾート オフィシャルホテル
ファンタジー スプリングス（予定地）
ミニーの スタイルスタジオ
ラ・タベルヌ・ド・ガストン
美女と野獣 "魔法のものがたり"
ビッグポップ
ビレッジショップス
ベイマックスの ハッピーライド
東京ディズニーシー・ ホテルミラコスタ
東京ディズニーランド®
ディズニーアンバサダーホテル
JR舞浜駅
東京ディズニー ランドホテル

移動 ディズニーリゾートライン

東京ディズニーリゾート内の移動はディズニーリゾートラインが便利。普通乗車券260円

ベイサイド・ステーション
→ 約4分 → 東京ディズニーシー・ステーション
→ 約3分 → リゾートゲートウェイ・ステーション
→ 約2分 → 東京ディズニーランド・ステーション
→ 約3分 → ベイサイド・ステーション

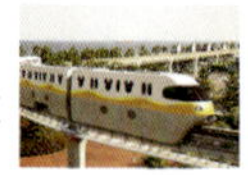

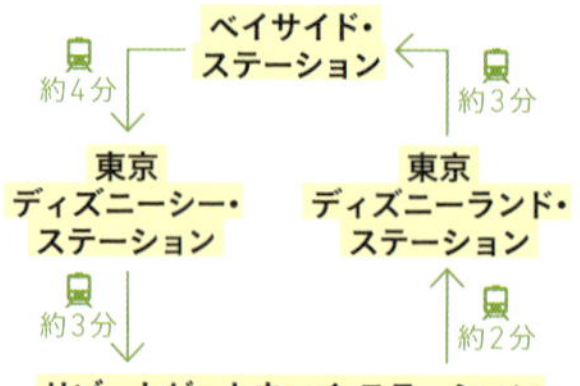

チケット 変動価格制チケット

チケットの価格は時間や時期、曜日により変動する。価格は公式サイトでチェック。

名称	大人	中人	小人
1デーパスポート	8200～8700円(※1)	6900～7300円	4900～5200円
入園時間指定パスポート（午前10時30分～）	7700～8200円	6500～6900円	4600～4900円
入園時間指定パスポート（正午12時～）	7300～7700円	6100～6500円	4300～4600円

※1：平日は平日用料金、土日・祝日やゴールデンウイーク期間などは休日用料金。

※2021年6月29日時点の情報。内容が変更になる場合があります。また、画像は過去に撮影したものです。現在の運営ガイドラインや安全衛生対策と異なる場合があります。詳細は東京ディズニーリゾート・オフィシャルウェブサイトを確認。

最新ニュースをチェック！

東京ディズニーランド史上最大規模の新エリアが誕生しホテルもオープン予定。2023年は東京ディズニーシーに新テーマポートも登場。

2020年 OPEN！

東京ディズニーランドに"新エリア"が誕生！

映画『美女の野獣』の世界を体感できる待望の新エリア。お城を中心に、大型アトラクション「美女の野獣"魔法のものがたり"」やショップ、レストランがそろい、映画の世界を存分に楽しめる。

新施設

アトラクション

- 「美女と野獣"魔法のものがたり"」 →P.096
- 「ベイマックスのハッピーライド」 →P.096

グリーティング

- 「ミニーのスタイルスタジオ」

ショップ

- 「ビレッジショップス」
- 「ビッグポップ」

レストラン

- 「ラ・タベルヌ・ド・ガストン」

2100円 ヘアバンド

2600円 ポシェット

2000円 ランタン

映画の世界感そのままで没入感たっぷり

ディズニー＆ピクサー映画「トイ・ストーリーホテル」

2021年 OPEN予定！

映画『トイ・ストーリー』シリーズをテーマにしたホテルが誕生する

東京ディズニーシーに8番目のテーマポート「ファンタジースプリングス」誕生！

2023年 OPEN予定！

東京ディズニーシーにホテルを備えた新エリアがオープン予定

パークを楽しむテクニック

東京ディズニーリゾートで遊ぶためのニューノーマルなテクニックを紹介。事前チェックをして思う存分にパークを楽しもう！

テク_01 東京ディズニーリゾート公式アプリをDL！

Google play　App store　無料

無料でダウンロードできる東京ディズニーリゾート公式アプリには役立つ機能や情報が満載。事前DLは必須だ。

アプリでできるコト！

- パークチケットの購入・入園
- エントリー受付の申込み
- アトラクション待ち時間の表示
- レストラン事前予約
- パークグッズの購入

テク_02 新アトラクション＆グリーティングはエントリー受付必須！

新アトラクションやキャラクターグリーティングを体験するためにはアプリで事前エントリーが必要。新エリアを楽しむために忘れずに登録しよう。

① 希望のアトラクションやグリーティングを選択

エントリーは入園後から可能。エントリーできる施設一覧が表示されたら希望の施設を選択。

② 入力内容の確認とエントリー

希望のアトラクションの時間、人数を確認して申し込む。アプリに時間が表示されたら当選。

テク_03 レストランの事前予約！

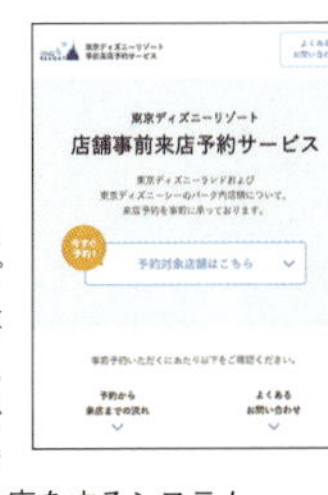

新エリアのレストランとショップは一部を除き事前予約が必須。公式アプリや公式HPから予約をし、予定時刻に入店をするシステム。

対象レストラン

東京ディズニーランド

- センターストリート・コーヒーハウス
- クリスタルパレス・レストラン
- イースト・サイドカフェ
- ブルーバイユー・レストラン
- れすとらん北斎
- ポリネシアンテラス・レストラン
- ザ・ダイヤモンドホースシュー

東京ディズニーシー

- マゼランズ
- リストランテ・ディ・カナレット
- S.S.コロンビア・ダイニングルーム
- テディ・ルーズヴェルト・ラウンジ
- レストラン櫻
- ホライズンベイ・レストラン

新エリアの中心に立つ野獣の城は夜になるとライトアップして幻想的な景色が楽しめる。

TOURISM 15

新アトラクションも要チェック

東京ディズニーランドを攻略！

最新＆定番人気アトラクションをピックアップ。キャラクターグリーティングでミッキーやミニーと出会い、夜のパレードまで鑑賞してパークを満喫しよう。

©Disney

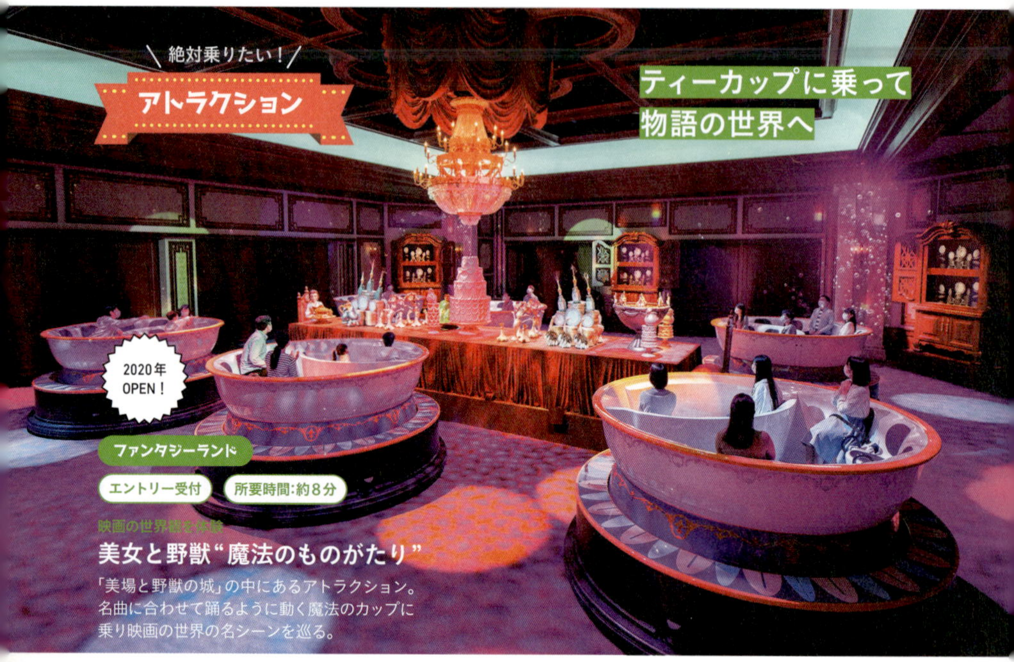

＼絶対乗りたい！／

アトラクション

ティーカップに乗って物語の世界へ

2020年OPEN！

ファンタジーランド

エントリー受付　所要時間：約8分

映画の世界観を体験

美女と野獣“魔法のものがたり”

「美女と野獣の城」の中にあるアトラクション。名曲に合わせて踊るように動く魔法のカップに乗り映画の世界の名シーンを巡る。

2020年OPEN！

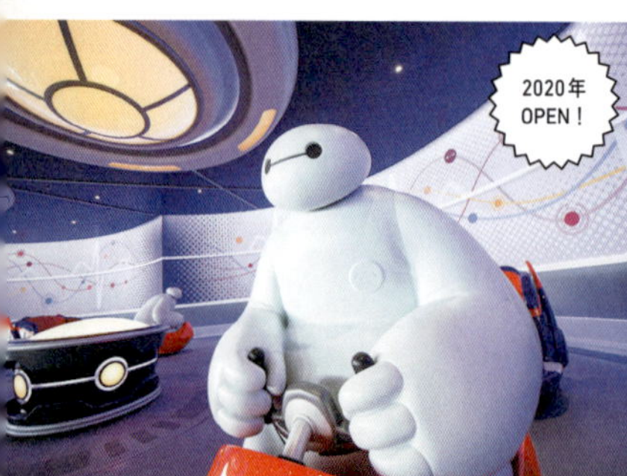

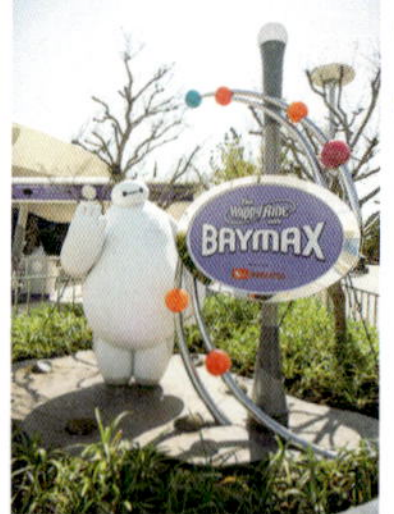

ライドで流れるノリノリのオリジナル曲にも注目

トゥモローランド

エントリー受付　所要時間：約1分30秒

予測不能な動きにハラハラ！

ベイマックスのハッピーライド

映画「ベイマックス」をテーマにした世界初のライドアトラクション。ケア・ロボットが運転するライドに乗ってエンジョイ。

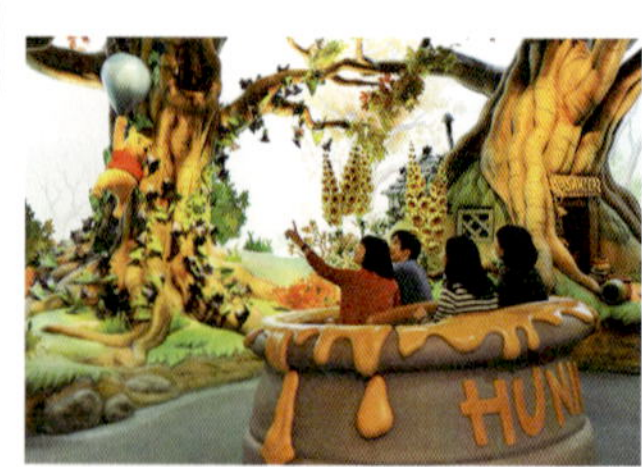

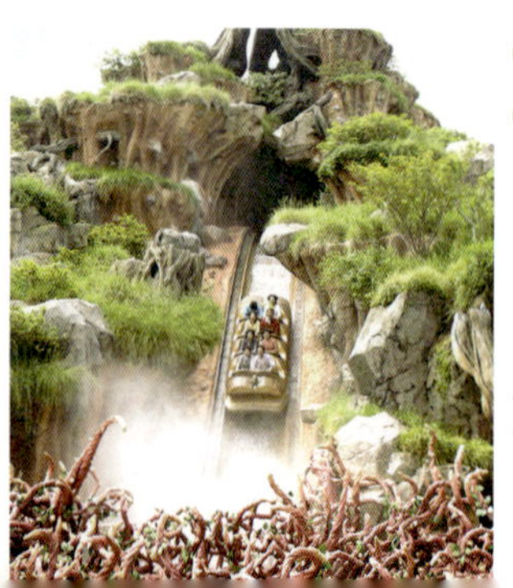

クリッターカントリー

所要時間：約10分

愉快な冒険の旅へ出発！

スプラッシュ・マウンテン

丸太のボートに乗って“笑いの国”へ冒険。クライマックスは最大斜度45度、落差16mの急降下。水しぶきが上がり抜群の爽快感。

※身長90cm未満は利用不可

ファンタジーランド　所要時間：約4分30秒

キュートなプーさんに癒される

プーさんのハニーハント

ハニーポットに乗ってプーさんと仲間たちが暮らす森で大冒険。はちみつを探しに夢の世界を巡る旅でプーさんに癒されよう。

\大好きなキャラクターに会える！/

グリーティング

トゥーンタウン　エントリー受付

ミッキーマウスとご対面！

ミッキーの家とミート・ミッキー

裏庭のスタジオで撮影中のミッキーに会える。どんなコスチュームのミッキーに会えるかは当日のお楽しみ。

ドナルドたちと2ショット！

ウエスタンランド　エントリー受付

ウッドチャック・グリーティングトレイル

野外活動がテーマのエリア「キャンプ・ウッドチャック」で元気いっぱいのドナルド&デイジーと記念撮影を。

\ディズニーキャラクターが大集合！/

パレード

ミッキーや仲間たちがパークに集合

公演回数：1日1回／約40分

ドリーミング・アップ！

ディズニー映画のイマジネーションにあふれた夢の世界をテーマにミッキーと仲間たちが登場する色鮮やかなパレード。

幻想的な光のナイトパレード

公演回数：1日1回／夜間

ナイトフォール・グロウ

ディズニーの仲間たちがカラフルにライトアップされたフロートに乗って登場するファンタジックな光のモーメント。

\キャラクターモチーフがCUTE!/

フード

グローブシェイプ・チキンパオ 600円

プラズマ・レイズ・ダイナー／トゥモローランド

骨付きソーセージ 350円

ヒューイ・デューイ・ルーイのグッドタイムカフェ／トゥーンタウン

ミッキーアイスバー（トロピカルフルーツ） 300円

アイスクリームワゴン

スウィート・ガストン 450円

ラ・タベルヌ・ド・ガストン／ファンタジーランド

\大好きなキャラクターの！/

グッズ&お菓子

ポーチ 3000円

ギャグファクトリー、ファイブ・アンド・ダイム／ファンタジーランド

クッション 2300円

ギャグファクトリー、ファイブ・アンド・ダイム／ファンタジーランド

ぬいぐるみ 各2500円

トイ・ステーション／ワールドバザール

ボールペンセット 1100円

ハウス・オブ・グリーティング／ワールドバザール

おせんべい 1400円

ワールドバザール・コンフェクショナリー／ワールドバザール

チョコレートクランチ 2600円

ギャグファクトリー、ファイブ・アンド・ダイム／ファンタジーランド

※商品や紹介しているメニューは、価格や内容の変更、品切れや販売終了になる場合があります。

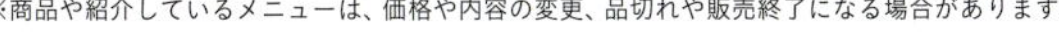

美女と野獣"魔法のものがたり"やベイマックスのハッピーライドは乗車中の撮影がOK！

TOURISM 16

アトラクション＆グリーティングも充実

東京ディズニーシーを攻略！

絶叫系からほのぼの系のアトラクションまで充実の東京ディズニーシー。
ダッフィー＆フレンズに会えるキャラクターグリーティングやグッズも要チェック。

日本オリジナルのフィナーレは必見！

メディテレーニアンハーバー　所要時間：約5分

ライドに乗って世界中を旅する

ソアリン：ファンタスティック・フライト

空を飛ぶ乗物「ドリームフライヤー」に乗って世界の名所や大自然を巡り、臨場感あふれるフライト体験ができるアトラクション。
※身長102cm未満は利用不可

＼並んででも乗りたい！／

アトラクション

アメリカンウォーターフロント　所要時間：約7分

おもちゃの世界でゲーム体験！

トイ・ストーリー・マニア！

映画「トイ・ストーリー」の世界で体験するシューティングアトラクション。ドラムに乗りながら 3Dシューティングゲームに挑戦！

新入りおもちゃになってドラムに乗りトイ・ストーリーの世界を体験

ポートディスカバリー　所要時間：約5分

ニモたちの世界を大冒険

ニモ＆フレンズ・シーライダー

潜水艇「シーライダー」でニモやドリーたちと広い海の世界へ。映画「ファインディング・ドリー」の仲間に会えるかも。
※身長90cm未満は利用不可

マーメイドラグーン　所要時間：約1分30秒

音楽に合わせてくるくる回転

スカットルのスクーター

「リトル・マーメイド」のキャラクター・カモメのスカットルのまわりをヤドカリの背中に乗って楽しくドライブ。

アラビアンコースト　所要時間：約10分

最高の宝物を探す冒険の旅

シンドバッド・ストーリーブック・ヴォヤッジ

名作「アラビアンナイト」に登場するシンドバッドと一緒に船に乗り冒険へ出かけよう。迫力の音楽にも注目。

＼大好きなキャラクターに会える！／

グリーティング

ロストリバーデルタ　エントリー受付

ミッキー＆ミニーにごあいさつ♪

ミッキー＆フレンズ・グリーティングトレイル

ロストリバーデルタのジャングルで探検家のコスチュームを着たミッキーをはじめミニーやディズニーの仲間たちと写真撮影が楽しめる。

アメリカンウォーターフロント　エントリー受付

もふもふキュートなダッフィー♡

“サルードス・アミーゴス！”グリーティングドック

ラテンアメリカの伝統衣装を身に着けたダッフィーがお出迎え。ふわふわで愛くるしいかわいさに胸キュン！

＼大迫力のパフォーマンス！／

ショー

アメリカンウォーターフロント　エントリー受付

公演回数：1日3～5回／約25分

ミッキーのタップダンスにも注目！

ビッグバンドビート～ア・スペシャルトリート～

スウィングジャズの名曲をミッキーと仲間たちが生演奏するレビューショー。圧倒的な演奏とミッキーのドラムにも大注目。

＼東京ディズニーシー限定！／

フード

ミッキーチュロス（シナモン） 400円

オープンセサミ／アラビアンコースト

ギョウザドッグ 500円

ノーチラスギャレー／ミステリアスアイランド

チキンカリーまん 500円

サルタンズ・オアシス／アラビアンコースト

うきわまん（エビ） 500円

シーサイドスナック／ポートディスカバリー

＼心トキメクかわいさ♡／

ダッフィー＆フレンズグッズ

購入場所　マクダックス・デパートメントストア／アメリカンウォーターフロント

パスケース 各1800円

ステラ・ルー

クッキー・アン

ダッフィー　シェリーメイ　ジェラトーニ　オル・メル

ぬいぐるみ（S） 各4000円

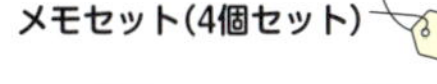

メモセット（4個セット） 1200円

アソーテッドクッキー 1000円

カチューシャ 各1500円

ステラ・ルー　ジェラトーニ

※商品や紹介しているメニューは、価格や内容の変更、品切れや販売終了になる場合があります。

ダッフィー＆フレンズに音楽が大好きなカメの男の子・「オル・メル」が仲間入り。

TOURISM 17

非日常感を体験

ハイセンスなホテルに泊まる！

最新デザインホテルから日本初上陸で話題のホテルまで、ラグジュアリー気分が味わえる憧れのホテルをご紹介。ここでしかできないホテルステイをエンジョイ！

ザ・ジョーンズ カフェ&バー
㊎6:30～23:00
㊡無休

3 ※写真はイメージです

アート×マンハッタンステイを楽しむ

ココがLike It♡

NYスタイルのカフェ&バー

朝6時30分からオープンしブレックファストから夜のバータイムまで楽しめるカフェ&バー

1 インテリアやBGMがまるでニューヨークの人気カフェのような雰囲気 2「ありがとう」や「おかえり」など世界の言葉のアートが壁を飾る 3 NY初、日本初上陸の「バーチコーヒー」が味わえるのは日本ではココだけ

アメリカ発のラグジュアリーホテル

キンプトン新宿東京

キンプトンしんじゅくとうきょう

米・サンフランシスコ発、日本初上陸となる「キンプトン新宿東京」。地上17階、全151室の施設全体の随所にこだわりが光り、館内はアート作品が点在する洗練されたデザインホテル。

🏠新宿区西新宿3丁目4-7 ☎03-6258-1111 ㊋各線新宿駅8番出口から徒歩10分

新宿

▶MAP 別P.18 A-3

料金 5万円～ IN 15:00 OUT 11:00

＼おしゃれな店内♪／

1「かんざし」をモチーフにデザインされたランプなど和モダンテイストの客室 2「ディストリクト ブラッスリー・バー・ラウンジ」にはペット同伴可能なテラス席もある 3 厳選された食材から生み出される、アートのようなメニューの数々

癒しの空間で
身も心もリラックス

自然あふれる都市型リゾート

SORANO HOTEL

ソラノホテル

最上階にあるインフィニティプールと52㎡の広さを基本としたゆとりある客室で心地よい滞在ができるホテル。温浴施設や食材を生かしたメニューが味わえるレストランなど魅力満載。

立川市緑町3-1 W1
☎042-540-7777 ⓧ JR立川駅北口から徒歩8分
立川 ▶MAP 別P.29㉖
料金 4万3428円～
IN OUT ※部屋により異なる

国営昭和記念公園を見渡せる全長60mのインフィニティプール

ココが Like It♡
最上階にある
絶景インフィニティプール

公園の緑を望む最上階のインフィニティプールや独自に掘削した温泉水のインドアスパなどで癒しの体験ができる。

1 客室は布団やアメニティにもこだわり快適なステイを実現 2 緑を眺められる温浴施設。ナノミストサウナにも注目 3 全国各地の食材を使用したメニューが味わえるレストラン

都会の喧噪を忘れて
くつろぎのひとときを

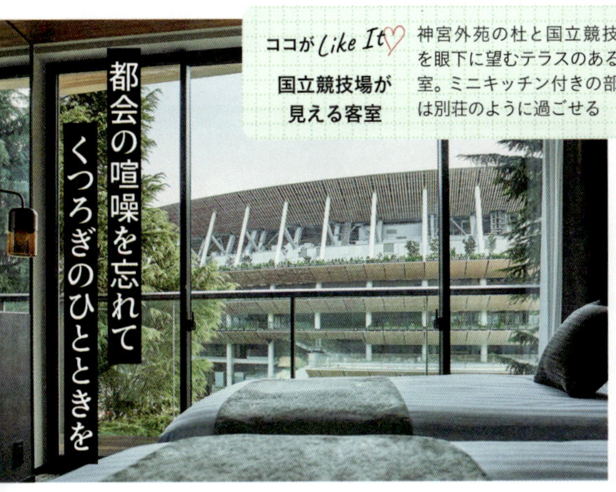

ココが Like It♡
国立競技場が
見える客室

神宮外苑の杜と国立競技場を眼下に望むテラスのある客室。ミニキッチン付きの部屋は別荘のように過ごせる

1 緑豊かな景色を眺めることができ、開放的なテラス席もあるレストラン 2 3 客室やルーフトップからは国立競技場を眺めることができる

緑に囲まれた都心の別荘地

三井ガーデンホテル 神宮外苑の杜プレミア

みついガーデンホテル じんぐうがいえんのもりプレミア

都内のオアシス、緑豊かな明治神宮外苑の杜と調和するデザインホテル。国立競技場を眼下に望む屋上テラスを備える客室や疲れを癒す大浴場などワンランク上の滞在ができる。

新宿区霞ヶ丘町11-3 ☎03-5786-1531 ⓧ 地下鉄国立競技場駅から徒歩1分
千駄ヶ谷 ▶MAP 別P.28⑰
料金 1万4500円～
IN 15:00 OUT 11:00

SORANO HOTELの最上階にあるインフィニティプールからは富士山が見えることも。

TOURISM 18

プライベートな時間を過ごす
最旬おしゃれステイを叶える！

こだわりのデザインで個性豊かなホテルが続々と誕生。慌ただしい日常を忘れ、おこもりステイを満喫したり、カフェやバーでは旅先での出会いも期待できそう。

公園からシームレスにつながる

広い芝生ひろばや多目的運動場、カフェを備える渋谷区立宮下公園

ココに注目！

スムーズなセルフチェックイン

顔認証でスムーズにチェックイン＆客室でセルフチェックアウトができるタブレットを導入

1 こだわり抜いた上質な家具や備品が配されたシンプルな客室 2 産地にこだわった食材を使用する朝食にも注目

次世代型ライフスタイルホテル

sequence MIYASHITA PARK

シークエンス ミヤシタパーク

心地よい空間が広がる全240室の客室を備える次世代型ライフスタイルホテル。ロビーラウンジからは同じフロアから渋谷区立宮下公園へつながる。最上階のレストラン＆バーも人気。

渋谷区神宮前6-20-10 MIYASHITA PARK North ☎ 03-5468-6131 ㊋ 各線渋谷駅ハチ公口から徒歩7分

渋谷 ▶MAP 別P.12 A-3

料金 1万5900円～
IN 17:00 OUT 14:00

Photo：Hajime Kato 写真：加藤甫

1 好きな食材をトッピングする世界に一つだけのオリジナル朝ごはん 2 ホテル1階の「LANDABOUT Table」はフォトジェニックなカフェ＆バー 3 1人からグループまでさまざまなシーンで利用できる客室のタイプを用意

地域や人とのつながりを生み出す

全国の農家からの野菜が並ぶマーケットを毎月第4日曜日に開催

ココに注目！

人や街とつながるホテル

ホテルだけにとどまらず、国内外の人々の交流の場として「まちと旅人の交差点」をコンセプトに誕生

鶯谷の新ランドマーク

LANDABOUT TOKYO

ランダバウト トウキョウ

上野、浅草、谷根千エリアへのアクセスが便利なホテル。1階のカフェ・ダイニングバーではイベントを通し江戸・東京の古き良き風情や地元の新しい魅力を発信する。

台東区根岸3-4-5 ☎ 03-6802-4431 ㊋ JR鶯谷駅南口から徒歩4分

鶯谷 ▶MAP 別P.23 F-1

料金 5285円～
IN 15:00 OUT 11:00

エシカルなデザインホテル

hotel Siro

ホテル シロ

３フロアずつ異なる３組のデザイナーが手掛け全室が異なる味わいの客室を持つホテル。屋上では池袋の夜景を楽しみつつ、手ぶらで気軽にグランピング体験ができるのも特徴。

♠ 豊島区池袋2-12-12 ☎ 03-5985-4686 ⊗ 各線池袋駅C５・C６出口から徒歩３分 池袋 ▶MAP 別P.26 A-1

料金 9980円～
IN 15:00 OUT 11:00

「hotel Siro」は爽やかで清潔感に満ちた抜けのよい空間をイメージ

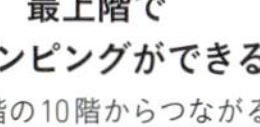

ココに注目！

最上階でグランピングができる

最上階の10階からつながるグランピングエリアでは、都会の真ん中での非日常的なキャンプ体験ができる

1 「hotel Siro」のオリジナルロゴが壁に飾られた1階カフェスペース 2 「街」そのものに泊まるホテルをコンセプトに西池袋に誕生

1 新橋の繁華街を抜けるとまるで茶室のようなホテルが出現 2 緑茶成分入りのシャンプー＆ボディソープ

縁側がテーマの客室ではタブレットを活用しサービスも充実

お茶をテーマにしたホテル

ホテル1899東京

ホテル 1899 とうきょう

お茶×ホテルの新スタイルホテル。お茶を連想させるデザインの全4タイプのゲストルームやお茶を使ったお茶料理などが楽しめる朝食ブッフェも要チェック。

♠ 港区新橋6-4-1 ☎ 03-3432-1899 ⊗ 地下鉄御成門駅A3b出口から徒歩6分 御成門 ▶MAP 別P.28 ⑨

料金 2万3000円～ IN 15:00 OUT 12:00

ココに注目！

日本茶専門店カフェ

“街の茶屋で、ゆるやかな時間を日常に。”をコンセプトに誕生した日本茶専門カフェ「CHAYA 1899 TOKYO」

1899日本茶ラテ500円～

進化を続けるトレンドタウン

渋谷（しぶや）

SHIBUYA

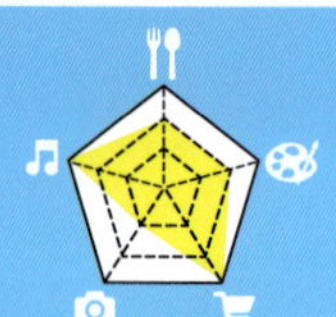

変わり続ける若者の街として知られ、渋谷ヒカリエから始まった渋谷駅の再開発は現在も進行中。ちょっと歩けば通好みの奥渋谷もあり、懐の深い街でもある。

このエリアの利用駅
JR山手線、埼京線 渋谷駅
東京メトロ 渋谷駅
東急東横線、田園都市線 渋谷駅 ほか

昼：◎ 夜：◎
日中は新しい複合施設で過ごす。夜はカジュアルからシックまで対応可。

SHIBUYA 01

MIYASHITA PARKで屋上へTO GO！

公園×商業施設×ホテルが一体化した渋谷の新ランドマーク。館内の飲食店でテイクアウトして屋上の公園で食べるのもおすすめ。緑に囲まれ、のんびりとグルメを楽しもう。

→P.19

屋上に再整備された公園エリアには芝生ひろばやスケート場などがある

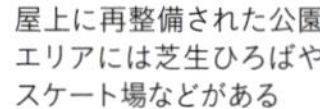

商業施設エリアには、ファッションやグルメなど訳90の店舗が並ぶ

台湾カステラのふわふわサンド 生クリームいちご 583円

クリームソーダ（ブルーハワイ・メロン・いちご）

とってもカワイイ絶品ソフト♪

MIYASHITA CAFE

ミヤシタカフェ

福岡発、ソフトクリーム専門店の新業態。驚くほどなめらかなソフトクリームは、濃厚だけど後味すっきり。コーヒーメニューやスイーツも充実している。

香り高いコーヒーはソフトクリームと相性よし

☎03-6712-5650 営11:00 ～ 21:00（LO21:00）休施設に準ずる
渋谷 ▶MAP 別P.12 A-3

人気ベーカリーが手掛けるカフェ

パンとエスプレッソとまちあわせ

こだわりの卵を使った料理を提供するベーカリーカフェ。オムレツやクロックマダム、キューブ型食パン"ムー"のフレンチトーストなど、できたてアツアツの卵メニューを堪能できる。

☎03-6805-0830 営8:00 ～ 23:00（LO22:30）休施設に準ずる
渋谷 ▶MAP 別P.12 A-3

ACCESS

東京駅 → JR山手線 → 渋谷駅
料金 200円
所要時間 約25分

羽田空港 → 東京モノレール → 浜松町駅 → JR山手線 → 渋谷駅
料金 700円
所要時間 約45分

MUST SPOT

スクランブル交差点
スクランブルこうさてん
1日50万人以上の歩行者が通過すると言われる交差点。渋谷のシンボル

SHIBUYA 02

渋谷PARCOで最新カルチャーを攻める！

東京の旬が感じられるファッションをはじめ、レストラン、ギャラリーなど多種多様な約190店舗がそろい、劇場やミニシアターも入る。最先端の文化に触れられる人気のスポット。

渋谷PARCO
しぶやパルコ

渋谷区宇田川町15-1 ☎03-3464-5111（代表）㊎店舗により異なる ㊋各線渋谷駅ハチ公口から徒歩5分

渋谷 ▶MAP 別P.14 C-2

マスコット スーパーマリオ パワーアップ 各1650円

4F

ほぼ日のアースボール 3960円

ニンテンドープリペイドカード（Nintendo TOKYO） 3000円

©Nintendo

アートとカルチャーの情報発信の場！

PARCO MUSEUM TOKYO
パルコミュージアムトーキョー

アートやデザイン、ファッション、サブカルなど、独自目線で新しいコトやモノの魅力あふれる企画展を開催。日本国内、そして世界へ向けたカルチャー情報発信地となっている。

☎03-6455-2697 ㊎10:00～21:00（入場は閉場の30分前まで）㊡不定休 ㊕展覧会により異なる

4F

東京の最新イベントがわかる

ほぼ日カルチャん
ほぼにちカルチャん

「ほぼ日刊イトイ新聞」が運営する文化案内所。展覧会、映画、演劇、音楽など東京で開催される催しものを厳選して紹介している。開催中のイベントグッズも購入することができる。

☎03-5422-3963 ㊎10:00～21:00 ※当面の間短縮（2021年7月現在）㊡施設に準ずる

6F

ここでしか手に入らないグッズも！

Nintendo TOKYO
ニンテンドートウキョウ

国内初の直営オフィシャルストア。ゲーム機、ソフト、豊富なキャラクターグッズなどを販売している。ここでしか買えないオリジナルグッズも目白押し。Nintendoファン必見の店。

☎03-6712-7155 ㊎10:00～21:00 ※当面の間短縮（2021年7月現在）㊡施設に準ずる

渋谷みやげなら、渋谷ヒカリエの東横のれん街と渋谷マーケシティの東急フードショーのハチ公をモチーフにしたおいしいものがおすすめ。

SHIBUYA 03

カオスキッチンのユニークグルメをいただきます！

渋谷PARCO地下は、食・音楽・カルチャーをコンセプトにしたレストラン＆カフェとショップが混在した空間。フロアの一角に展示された旧渋谷PARCOのネオンサインも必見。

渋谷PARCO →P.105

しぶやパルコ

YUMMY

いずみ鶏の熟成柿酢仕立て550円。鹿児島産のいずみ鶏を使った一品

お気に入りの日本酒が見つかる

未来日本酒店＆SAKE BAR

みらいにほんしゅてんアンド サケ バー

希少な日本酒とペアリングフードが楽しめる。120種類以上の日本酒やリキュールを60分利き酒し放題できるコースも人気。

☎03-6455-3975
営13:00～23:00(土・日曜・祝日11:30～)
※LO各22:30
休施設に準ずる

塩らぁめん750円
優しい味わいのスープが評判の一杯。豚バラチャーシューも魅力的

醤油らぁめん750円
コシのあるちぢれ麺にあっさり味のスープがよく絡んで美味

ミシュラン獲得店の創作ラーメン

Jikasei MENSHO

ジカセイ メンショウ

サンフランシスコで連日大行列ができる人気グループが日本に初上陸。ワンハンドスタイルの器もオシャレ。

☎03-5489-3880
営11:00～22:30(LO22:00)
休無休

獣肉盛り7種3280円。鹿やウサギ、猪、鴨、熊など7種類の肉が楽しめる

話題騒然！超個性派の注目居酒屋

米とサーカス

こめとサーカス

"おいしく楽しく"をコンセプトにジビエと昆虫料理を提供。驚きの食材を使ったグルメの数々を、ぜひ体験してみては。

☎03-6416-5850
営11:00～23:00(施設に準ずる)
休無休

1 NYの地下鉄をイメージした1Fフロア 2 ラジオ局をイメージした「ASスタジオ」からはライブ配信を展開 3 ひときわ目立つガラス張りの外観

あれも、これも、欲しくなる！

AWESOME STORE TOKYO

オーサムストア トーキョー

リーズナブルで魅力的なアイテムがずらりと並ぶ人気の雑貨店。内装もおしゃれで、見ているだけでもワクワクしてくる。

渋谷区宇田川町32-7 HULIC &New UDAGAWA 1・2F ☎03-6277-5843 営10:00～21:00 休無休 交各線渋谷駅ハチ公口から徒歩8分 渋谷 ▶MAP 付録P.14 B-2 →P.10

SHIBUYA 04

雑貨店でプチプラな掘り出し物を探す♡

お手頃な値段だけれど、とってもハイセンス！ 渋谷には、そんなアイテムがあふれた注目の雑貨店が集まっている。トレジャーハンターの気分で、素敵な掘り出し物を探しに行こう。

165円

レモン柄がかわいいマイクロファイバーキッチンスポンジ5P

各107円

長男ジューソーと次男セスキは掃除に大活躍する兄弟

奥渋谷をとことこ歩いて おしゃカフェめぐり♪

奥渋谷は、おしゃれでフォトジェニックなカフェの宝庫。素敵な空間で過ごす時間は格別。お気に入りの店を見つけたら、"#おしゃカフェ"でインスタにシェアしよう。

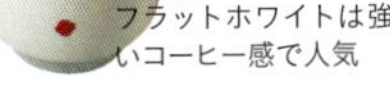

500円
フラットホワイトは強いコーヒー感で人気

誰もが気軽にコーヒーを楽しめる独自のホスピタリティカルチャーを提案している

目印の看板には洗練されたデザインのアイコンが

店内ではラテアートも楽しめる

Coffee Supreme

コーヒー スプリーム

ニュージーランド生まれのスペシャルティコーヒーロースターの国内初店舗。日本では珍しいフラットホワイトが味わえる。

渋谷区神山町42-3 1F ☎03-5738-7246 営8:00～17:00(土・日曜・祝日9:00～) ※状況により変更あり 休無休 交地下鉄代々木公園駅2番出口から徒歩6分

奥渋谷 ▶MAP 付録P.14 A-1

スタイリッシュな店内。店内でのイートイン、カフェ利用もできる

454円
北海道×食パン。北海道の食材を使い焼き上げた一品

270円
リンゴとブランデー、バニラが香る。奥深い味のカヌレ

毎日の食を幸せにするおいしさ

365日

さんびゃくろくじゅうごにち

オーガニックにこだわった約60種類のオリジナリティあふれるパンのほか、全国各地から厳選した食材も並ぶ。

渋谷区富ヶ谷1-6-12 ☎03-6804-7357 営7:00～19:00 休2月29日 交地下鉄代々木公園駅1番出口から徒歩2分

奥渋谷 ▶MAP 付録P.28-18

1 できたてのフレッシュチーズは感動のおいしさ 2 モッツァレラバーガー660円 3 チーズに合うワインや蜂蜜などの食材も扱う

添加物不使用の手作りチーズ

& CHEESE STAND

アンド チーズ スタンド

毎日届く新鮮なミルクから手作りしているフレッシュチーズのテイクアウト専門店。自家製チーズを使ったバーガーやサンドもそろう。

☎080-9446-8411 渋谷区富ヶ谷1-43-7 営11:00～20:00(土・日曜～18:00) 休月曜(祝日の場合翌平日休み) 交地下鉄代々木公園駅2番出口から徒歩4分

奥渋谷 ▶MAP 付録P.28-18

おしゃれなカフェだけでなく、昔ながらの商店が残るのも奥渋谷の魅力。交通量も少なく散歩に絶好。

ハイセンスとKAWAIIどちらも楽しめる

原宿・表参道

はらじゅく おもてさんどう

HARAJUKU OMOTESANDO

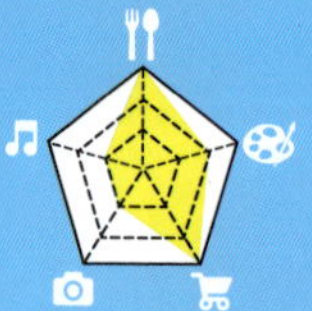

都内でも屈指の流行発信地。ハイセンスなブランド店が並ぶ表参道や"KAWAII"の聖地、竹下通り、裏原のショップも魅力的。若者から大人まで満足度が高いエリア。

このエリアの利用駅
JR山手線 原宿駅
東京メトロ 表参道駅、
東京メトロ 明治神宮前〈原宿〉駅

昼：◎ 夜：○
昼は多くの若者で混み合う。深夜まで利用できるカフェもある。

HARAJUKU OMOTESANDO 01

新しくなったJR原宿駅でゆったりカフェタイム

これまで木造だった駅舎は、ガラス張りになってとても開放的に。表参道口改札前には23区初の猿田彦珈琲の旗艦店もオープン。新たな原宿駅をゆっくり楽しもう。

2020年3月にリニューアル！

JR東日本原宿駅

ジェイアールひがしにほんはらじゅくえき

広さが3倍になった原宿駅は、今までの竹下口に加え、明治神宮方面の西口と表参道方面の東口が新設されてさらに便利になった。

所渋谷区神宮前1-18-20 原宿 ▶MAP 別P.12 A-1

店内は日本の路地をイメージ

猿田彦珈琲 The Bridge 原宿駅店

さるたひここーひー ザ ブリッジ はらじゅくえきてん

既存メニューに加え、猿田彦珈琲が独自の視点でセレクトする最高品質のコーヒーラインナップが味わえる。限定グッズも販売。

渋谷区神宮前1-18-20 原宿駅2F ☎03-6721-1908 営8:00～21:00※変更の場合あり。詳細は公式HPで確認 休不定休 交JR原宿駅直結(改札外) 原宿 ▶MAP 別P.12 A-1

580円

528円

1 厳選したスペシャルティコーヒー豆を使用した濃厚リッチラテ 2 食べごたえあるローストハムサンド 3 和×モダンな落ち着ける空間

HARAJUKU OMOTESANDO 02

イッタラで北欧雑貨＆世界初カフェもハズせない！

北欧・フィンランドの人気ブランドが日本初上陸。併設されたカフェで北欧料理を味わえるほか、隈研吾氏が手掛けた北欧をイメージした内装など話題がいっぱい。

北欧発のインテリアブランド

イッタラ表参道 ストア＆カフェ

イッタラおもてさんどう ストアアンドカフェ

シンプルで使いやすい食器や雑貨など幅広いアイテムがそろう。センスが光るデザインは食卓や部屋をグレードアップさせる。

渋谷区神宮前5-46-7GEMS 青山クロス 1F ☎03-5774-0051(カフェ 03-5774-0052) 営11:00～20:00 休不定休 交地下鉄表参道駅B2出口から徒歩4分 表参道 ▶MAP 別P.12 C-3

Cafe

本場そのもののフィンランドの味を楽しめる

ティーマプレート 21CM

カステヘルミ ユニバーサルグラス ペア クリア

Goods

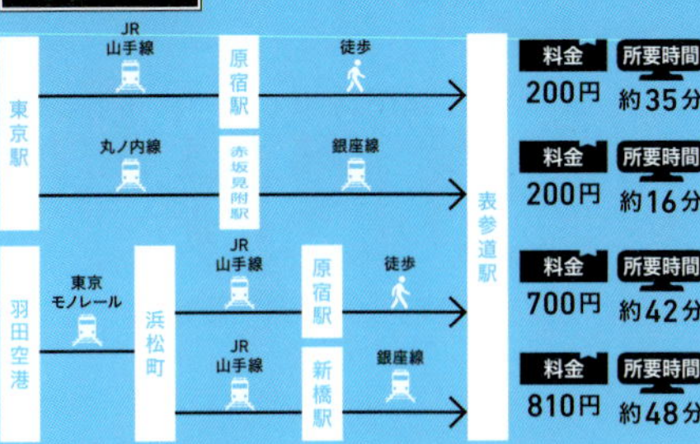

WITH HARAJUKU
ウィズハラジュク

JR原宿駅前に誕生した大型複合施設。IKEAなど話題の14店舗が入る

→P.55

HARAJUKU OMOTESANDO 03

韓国っぽカフェでエアトリップしちゃう♪

さまざまなブームを生み出している韓国カルチャー。センスのいいおしゃれな韓国風カフェでのんびりブレイクすれば、韓国旅行している気分になれるかも！？

日本では2店目となるSalon de Louis南青山店。席が広くゆったりできる

ベリークロワッフル 1540円
サクサクした食感のワッフル

1:抹茶イチゴラテ935円
抹茶の緑といちごの赤の組み合わせがきれいな映える一品

2:黒砂糖クリームラテ825円
黒砂糖のコクが美味。奥深い味わいのラテは飲みごたえあり

アフタヌーンティーも楽しめる

Salon de Louis 南青山店

サロンドルイ みなみあおやまてん

韓国のジュエリーブランドが手掛けるカフェ。華やかでフォトジェニックなメニューが大人気。おしゃれな韓国のインテリアにも注目。

港区南青山3-15-15 ☎03-6812-9161 営11:00～20:00(LO19:00) 休無休 交地下鉄表参道駅A4出口から徒歩3分 表参道 ▶MAP 別P.13 E-2

COOING

クイン

ポップなデザインでボリューミーなマカロン、トゥンカロンが日替わりで約12種類楽しめる。食べるのが惜しくなるほどキュート！

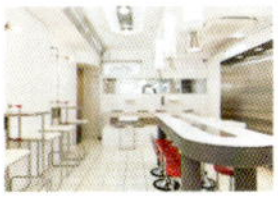

渋谷区神宮前4-25-35 2F ☎03-6434-9984 営10:00～20:00(LO19:00) 休無休 交地下鉄明治神宮前〈原宿〉駅5番出口から徒歩5分 原宿 ▶MAP 別P.12 C-1

もこもこサンダーなど、カラフルでかわいいデザインが目を引く

クッキーモンスター473円はストロベリークリーム入り

歴史的な木造駅舎である旧原宿駅は解体されたが、新駅舎の隣にその特徴的な尖塔デザインの建物を再現予定。

HARAJUKU OMOTESANDO 04

ファッションの聖地 裏原宿でカワイイコーデ♡

「裏原系」と呼ばれるストリート系ブランドや人気古着店が集まる裏原宿は、ファッションに敏感な人たちで賑わうエリア。原宿に来たら、ぜひ足をのばして路地裏へ！

K-POPスターとお揃いも！

NERDY HARAJUKU FLAGSHIP STORE

ノルディ ハラジュク フラッグシップストア

韓国アイドルやモデルたちの御用達ブランドが日本初上陸。1階にはカフェも併設され、韓国気分を存分に味わうことができる。

🏠渋谷区神宮前3-20-6 ☎03-6384-5892 営11:00～20:00 休月曜 ⊗地下鉄明治神宮前〈原宿〉駅5番出口から徒歩8分

原宿

▶MAP 別P.12 C-1

コリアンブランド

韓国らしいビビッドなカラーが人気♪

POPな雰囲気のカフェは、ブロックチェックの床がおしゃれ

各600円

ボトルドリンクはいちごラテなど全4種。写真映えばっちり！

原宿発ブランド

続々登場する新作アイテムは要チェック

乙女ゴコロをくすぐるアイテム満載

Candy Stripper Harajuku

キャンディストリッパー ハラジュク

「NO RULE,NO GENRE, NO AGE」がコンセプトの人気ブランド。遊び心あふれるデザインが個性派女子から支持を集めている。

🏠渋谷区神宮前4-26-27 ☎03-5770-2200 営11:00～20:00 休不定休 ⊗地下鉄明治神宮前〈原宿〉駅5番出口から徒歩4分

表参道

▶MAP 別P.12 C-1

1万8700円

70'S MOODデザインがおしゃれなTIE DYE SHIRT

8800円

ギンガムチェック柄のSHOULDER BAG

ユーズドファッション

流行にとらわれないラインナップが魅力

カラフル＆ポップな古着がいっぱい

サントニブンノイチ 原宿店

サントニブンノイチ はらじゅくてん

独自のセレクトセンスでファッショニスタから注目を集める古着店。個性的なアイテムが揃う。スタッフの親身な接客も人気の秘密。

🏠渋谷区神宮前4-26-28 ☎なし 営13:00～20:00 休不定休 ⊗地下鉄明治神宮前〈原宿〉駅5番出口から徒歩4分

表参道

▶MAP 別P.12 C-1

9504円 1

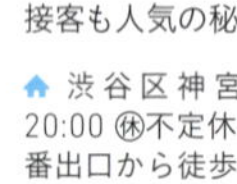

7344円 2

1 時代を超えて愛されるUSEDスカジャン 2 PINK HOUSEのUSEDスウェット

歩くだけでも超楽しい!!

HARAJUKU OMOTESANDO 05

キャットストリートの人気ショップをチェック！

キャットストリートは、原宿から渋谷をつなぐ約1kmの通り。ハイブランドを扱うショップから古着屋まで個性的な店が連なる、昔も今も変わらない旬のスポット。

ラブリー＆キュートな世界観が広がる

PAUL & JOE キャットストリート

ポール & ジョー キャットストリート

ブランドおなじみの猫をモチーフにしたコスメや雑貨アイテムなどが揃う。ショップコンセプトである"LOVE"が詰まった店内も楽しい。

渋谷区神宮前6-7-8 ネスト原宿VI 1-B ☎03-6427-7401 ㊠11:00～20:00 ㊡不定休 ㊋地下鉄明治神宮前〈原宿〉駅7番出口から徒歩4分 原宿 ▶MAP 別P.12 B-2

猫好きにはたまらない♪

LIPSTICK N 215・LIPSTICK CASE N 02

3300円

3850円

MOISTURIZING FOUNDATION PRIMER 01（2021/9/1発売）

見て、食べて、笑顔になれるキャンディ

CANDY SHOW TIME Cat street

キャンディー・ショータイム キャットストリート

カラフルなキャンディが目を引く専門店。キャンディ作りの実演も行われ、試食も可能。季節限定商品もあり、おみやげにもぴったり。

渋谷区神宮前6-7-9 ネスト原宿Ⅰ 1F ☎03-6418-8222 ㊠12:00～19:00（土・日曜・祝日11:00～）㊡月曜 ㊋地下鉄明治神宮前〈原宿〉駅7番出口から徒歩3分 原宿 ▶MAP 別P.12 B-2

コンプレット1500円
ハム、チーズ、卵を包んだ定番ガレットは本場の味わい。フランスワインとガレットのペアリングも楽しめる

本場仕込みのガレットに舌鼓

La Fee Delice

ラ フェデリース

オープン21年目のガレットクレープリーレストラン。店内は異国情緒にあふれ、メニューは気軽なランチからコースまで楽しめる。

渋谷区神宮前5-11-13 ☎03-5766-4084 ㊠12:00～21:00（LO20:00）㊡月曜（祝日の場合は火曜）㊋地下鉄明治神宮前〈原宿〉駅7番出口から徒歩3分 原宿 ▶MAP 別P.12 B-2

カラス族やロリータ、森ガールにネオコス。時代と共に変遷を遂げる原宿系ファッションの始まりは、1980年代の竹の子族との説も。

進化を続けるトレンドタウン

東京スカイツリータウン®

TOKYO SKYTREE TOWN®

東京スカイツリータウンとは、東京スカイツリーと東京ソラマチ®、水族館やプラネタリウムなどからなる大型複合施設。1日中たっぷり遊べる定番スポットだ。

東京スカイツリータウン
山手線
新宿
東京
品川

このエリアの利用駅
東京メトロほか 押上（スカイツリー前）駅
東武スカイツリーライン とうきょうスカイツリー駅

日本一の高さを体感！

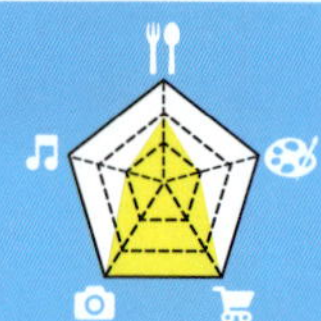

昼：◎ 夜：○
東京らしさ全開の景色やグルメ、ショッピングが楽しめる。

TOKYO SKYTREE TOWN 01

東京スカイツリーからの絶景ビューに感動！

地上350mの東京スカイツリー天望デッキ、さらに上の地上450mの東京スカイツリー天望回廊から望む景色は、思わず息をのむほどの迫力。まるで空中散歩をしているかのような感覚に。

東京スカイツリー® →P.70

高さ約5mの開放感あふれる窓から眺める東京の景色は迫力満点！

高精細望遠鏡。フロア350にある3台中1台は大型モニター付き

絶景を眺めつつひと休みしよう

SKYTREE CAFE

スカイツリーカフェ

天望デッキ フロア340と350にある。フロア350のカフェは日本の建造物で最も高いところにあり、晴れた日には関東平野が一望できる。

㊜10:00～20:45（LO20:15）
※変更または休業になる場合あり
㊡無休

星形ライスがかわいい

カレー1000円は甘口と辛口が選べる（フロア340）

ソラカラちゃんパフェ850円はソーダ風味（フロア340）

TOKYO SKYTREE TOWN 02

東京スカイツリー®限定みやげをコレクション♪

公式キャラクターのソラカラちゃんグッズやスカイツリーをイメージしたユニークなスイーツ、職人技が光る江戸切子など、豊富なラインナップの限定みやげ。東京スカイツリーを訪れたら絶対に手に入れたい。

990円

各605円

1 ソラカラちゃん3連キーリング 2 ハンドクリームはラベンダーローズ、アップル、ハニーレモンの3種の香り

フロア345限定

1万4300円

伝統美が漂う江戸切子 脚付グラス「市松模様」（雅）

5F

1F

ここでしか買えないグッズをゲット

THE SKYTREE SHOP

ザ・スカイツリー ショップ

タワーヤードの1階と5階、天望デッキ フロア345の3カ所にあるオフィシャルショップ。スカイツリー限定みやげが多数そろう。

☎0570-55-0634（東京スカイツリーコールセンター）㊜1F10:00～19:30、5F10:30～20:45、フロア345 10:00～20:30
※変更または休業になる場合あり

東京スカイツリーロングロール

880円

1512円

フロア345限定

上野風月堂スカイツリーアソート14

ACCESS

東京駅 → JR総武線快速 → 錦糸町駅 → 半蔵門線 → 押上駅　料金 330円　所要時間 約17分

羽田空港 → 京急空港線快特（京急本線快特／浅草線直通） → 押上駅　料金 560円　所要時間 約50分

東京スカイツリー®
とうきょうスカイツリー
街を見下ろすような構造になっているスカイツリーの天望回廊はスリル満点！

TOKYO SKYTREE TOWN 03

スカイツリービューのレストランで特別ランチ

スカイツリー足元にある東京ソラマチ®には、絶景と絶品料理を同時に楽しめるレストランが目白押し。広い窓の開放的な空間で、ゆったりと過ごせるのがうれしい。夜景が美しいディナー利用もおすすめだ。

話題の新店も続々登場！

東京ソラマチ®

とうきょうソラマチ

ショッピングからグルメまで、多彩なショップが300店以上並ぶ大型商業施設。ウエストヤードとタワーヤード、イーストヤードの3エリアからなる。

墨田区押上1-1-2　☎0570-55-0102（東京ソラマチコールセンター／11:00～19:00）㊖10:00～21:00（6・7・30・31Fレストランフロア11:00～23:00）※店舗により異なる ※最新情報はHPを確認　㊡不定休　㊋東武スカイツリーラインとうきょうスカイツリー駅／各線押上（スカイツリー前）駅からすぐ　押上 ▶MAP 別P.11 F-2

31F

迫力の大パノラマに感激！

天空ラウンジ TOP of TREE

てんくうラウンジ トップオブツリー

東京ソラマチ最上階にある、地上から約150mの一面ガラス張りのレストラン。すべての席からスカイツリーの姿を見ることができる。

☎03-5809-7377　㊖11:00～16:00、17:00～23:00

スペシャル超天丼（ツリー丼）4290円（約2人前）。お椀・茶碗蒸し・お新香付き

江戸前職人の熟練技が光る

江戸 東京 寿し常

えど とうきょう すしつね

創業72年の老舗寿司店。鮮度抜群の魚介を使った、江戸前職人の熟練技による、江戸前にぎりや和食を堪能できる。

☎03-5809-7083　㊖11:00～23:00

スカイツリー®スペシャル2020は720円の限定メニュー

CUTE!

TOKYO SKYTREE TOWN 04

超豪快！ユニークグルメをいただきます

ここにきたら、東京スカイツリーをイメージしたメニューをチェックしよう。ゴージャスに盛られた海鮮丼やロングクレープなど、映えるグルメでテンションもアップするはず。

原宿発人気クレープ店がソラマチに

マリオンクレープ

注文を受けてから焼くクレープは常時60種以上と豊富なメニューが自慢。甘くない惣菜系も充実。

☎03-3499-2496（マリオン営業本部）㊖10:00～21:00

東京スカイツリーは間近から見上げると、遠くからとはまた違う表情に出合える。柱の太さや造形の美しさを感じよう。

TOKYO SKYTREE TOWN 05

人気スイーツ＆カフェでひと休み♡

ご当地のフレッシュ食材を用いたり、
キャラクターの世界観を追求したり。
東京ソラマチ®はカフェも充実。
ここだけのメニューに出合えるお店も！

3F

北海道産乳製品のスイーツを堪能

ミルク＆パフェ よつ葉 ホワイトコージ

ミルクアンドパフェ よつば ホワイトコージ

北海道のよつ葉乳業の直営カフェ。北海道産の乳原料を使用したスイーツやドリンクが揃う。人気の白いパフェは東京ソラマチ店限定。

☎03-5809-7055
営10:00～21:00（LO20:50）

690円

ミルクプリンやソフトクリームを使った「よつ葉の白いパフェ」

フルーツサンド
1000円

フレッシュなフルーツ6種類とクリームをサンド。フルーツの種類は季節で異なる

CUTE!

1F

老舗果実園が運営するパーラー

堀内果実園

ほりうちかじつえん

奈良県の老舗果実園直送のフルーツをふんだんに使ったスムージーやパフェ、サンドイッチが楽しめる。スタンド形式でカジュアルに利用可。

☎03-6658-8588
営10:00～21:00（LO20:30）

カービィバーガー＆ミートパスタ温野菜のせ スーベニアプレート（大）東京限定Ver.付

ボリュームも満足な1皿

2838円

2178円

スーベニアマグカップとコースター付のドリンク。味は3種類

キュートなカービィをグルメで

カービィカフェ TOKYO

4F

カービィカフェトーキョー

人気ゲーム「星のカービィ」がテーマのカフェ。キャラクターがモチーフのメニューはプレートやカップのおみやげ付きが人気。

☎03-3622-5577
営10:00～22:00（LO21:00）
※予約優先制

1F

ムーミンの世界観をカフェで満喫

ムーミンカフェ

ムーミンカフェ

フィンランドの童話『ムーミン』がテーマのカフェ。北欧のパンや季節の料理、キャラクターがモチーフのメニューなどが楽しめる。

☎03-5610-3063
営10:00～20:00（LO19:30）
※予約制

「北欧風タルタルたっぷりサーモンフィッシュバーガー」1550円

TOKYO SKYTREE TOWN 06

スイーツみやげはマストでGET！

おみやげにゲットしたいのがスイーツの逸品。老舗菓子店や人気店同士のコラボだからおいしさもお墨付き。ソラマチ訪問の甘い余韻に浸ろう。

350円

相性抜群!!「とろ～りバナナのスイーツバーガー（チョコ）」

350円

パッケージも魅力。「まるごとイチゴを使ったスイーツバーガー」

名店とコラボしたスイーツ

サマンサタバサアニバーサリー

1F

女子御用達のバッグ＆スイーツの店。くりーむパンで有名な八天堂とコラボしたサマンサタバサ限定スイーツバーガー、数量限定発売中！

☎03-5610-2711
㊖9:00～22:00（イートインはLO21:30）

1/6600サイズのタワー型お菓子

2F

ソラマチを象徴するスイーツ

モロゾフ

プリンやチーズケーキが有名な老舗。東京スカイツリー®をかたどったショコラは、ホワイトチョコの風味とサクサクの食感が絶妙！

☎078-822-5533（モロゾフお客様サービスセンター）㊖10:00～21:00

540円

タワーがお菓子に。「東京スカイツリー®クリスピーショコラ8個入り」

©TOKYO-SKYTREE

TOKYO SKYTREE TOWN 07

かわいい雑貨を大人買い！

実用性に優れているのはもちろん、大人かわいいデザインだから持っているだけでうれしい。プチギフトにもおすすめのコスメや雑貨をご紹介。

©TOKYO-SKYTREETOWN

あぶらを吸うと絵柄が変化する。からくりあぶらとり紙3冊セット

自然由来成分の和コスメ

まかないこすめ

4F

金沢の金箔老舗屋のまかない（現場）で働く女性の知恵から生まれたコスメ。ソラマチ限定あぶらとり紙は買い！

1188円

☎03-6456-1552 ㊖10:00～21:00

1430円

1430円

江戸情緒あふれる風物を刺繍したフェイスタオル。1「江戸12月」雪の浅草寺 2「江戸5月」堀切の花菖蒲

京都発の刺繍ブランド

京東都

きょうとうと

4F

日本の伝統＝「京都」と今＝「東京」がブランド名の由来。タオルをはじめ雑貨や小物などに日本らしい刺繍を施したアイテムがそろう。

☎03-6274-6840 ㊖10:00～21:00

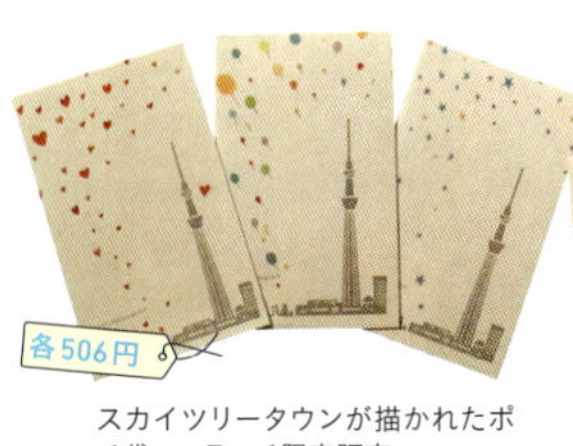

各506円

スカイツリータウンが描かれたポチ袋。ソラマチ限定販売

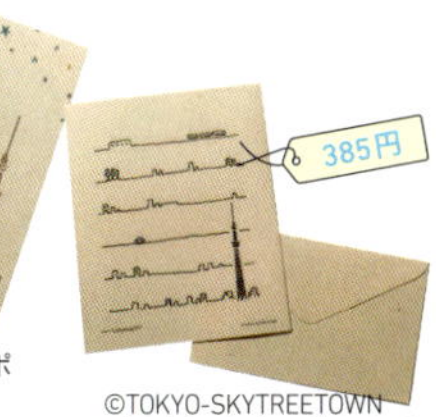

385円

©TOKYO-SKYTREETOWN

プレゼントカードにもできるおしゃれなデザイン。限定の遊び箋

神戸発のステーショナリー店

ノイエ

4F

デザイン性や機能性にすぐれた文房具を国内外からセレクト。アート感覚あふれる店内でお気に入りのアイテムを見つけよう。

☎03-5809-7124 ㊖10:00～21:00

おみやげをはじめ、グルメやスイーツなどスカイツリーモチーフの商品が多数。ここだけで手に入る限定品をチェックしよう。

レトロムードいっぱい！ 東京観光の定番

浅草・蔵前（あさくさ・くらまえ）

ASAKUSA KURAMAE

江戸の香りが漂う浅草。都内最古の寺院、浅草寺を参拝したら下町歩きを楽しんで。その後は蔵前まで足をのばして、隅田川沿いの景色を眺めながら散策を。

このエリアの利用駅
東京メトロ 浅草駅
都営地下鉄 浅草駅
東武スカイツリーライン 浅草駅
つくばエクスプレス 浅草駅

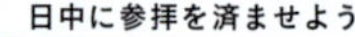

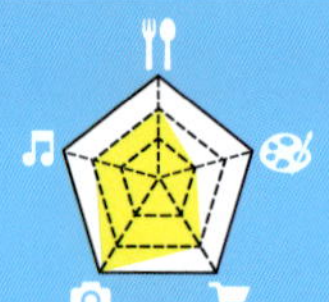

昼：◎ 夜：△

仲見世の店じまいは早め。ライトアップされた夜の浅草寺もおすすめ。

名店が連なる仲見世通りはいつもにぎやか。歩くだけでも楽しい

ASAKUSA KURAMAE 01

雷門を抜けて仲見世で“江戸”を買う！

日本で最も古い商店街の一つに数えられる仲見世は、全長約250mの石畳の通りに計89店舗が連なり、昔懐かしい味や江戸を感じる雑貨などが並ぶ。独特の風情を楽しみながら歩こう。

きびだんご

江戸時代のお店を再現

浅草きびだんご あづま

あさくさきびだんご あづま

店頭でできたてのきびだんごを販売する。夏季は冷し抹茶、冬季は甘酒(各150円)をおともにいただきたい。

台東区浅草1-18-1 ☎03-3843-0190 営9:30～19:00(売り切れ次第終了) 休無休 交地下鉄浅草駅1番出口から徒歩1分

浅草 ▶MAP 別P.10 B-2

350円

ほんのり甘いきなこのきびだんご

江戸小玩具

3900円

笊かぶり犬。「竹かんむりに犬」で「笑」の字を表している

4300円

赤ふくろう。赤は病気を防ぐ色と信じられていた

江戸の粋を感じる玩具

江戸趣味小玩具 仲見世 助六

えどしゅみこがんぐ なかみせ すけろく

1866年創業。日本唯一の江戸江戸豆おもちゃの店で、浅草の職人による伝統工芸品が並ぶ。どれも非常に精巧な造り。

台東区浅草2-3-1 ☎03-3844-0577 営10:00～18:00 休不定休 交地下鉄浅草駅1番出口から徒歩5分

浅草 ▶MAP 別P.10 B-2

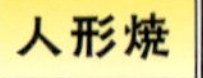

元祖人形焼の店

木村家人形焼本舗

きむらやにんぎょうやきほんぽ

1868(明治元)年の創業以来、伝統の製法と味を守り続ける人形焼専門店。できたてアツアツを味わえる。初代が考案したという形もかわいい。

台東区浅草2-3-1 ☎03-3844-9754 営9:30～18:30(金～日曜・祝日～19:00) 休無休 交地下鉄浅草駅1番出口から徒歩5分

浅草 ▶MAP 別P.10 B-2

五重塔

ちょうちん

8個入り600円

ハト

手ぬぐい

2310円

大胆な椿の柄

1650円

桜柄の定番デザイン

熟練の職人が染める手ぬぐい

染絵てぬぐい ふじ屋

そめえてぬぐい ふじや

1946(昭和21)年創業、表裏が同様に染まる「注染」という技法にこだわる。季節感がある、粋でかわいい柄が充実。

台東区浅草2-2-15 ☎03-3841-2283 営10:00～18:00 休木曜 交地下鉄浅草駅1番出口から徒歩5分

浅草 ▶MAP 別P.10 C-2

ACCESS

東京駅 — JR山手線 — 浜松町駅 — 東京メトロ銀座線 → 浅草駅
料金 310円
所要時間 約17分

羽田空港 — 京急線・都営浅草線直通 → 浅草駅
料金 660円
所要時間 約45分

MUST SPOT

浅草寺
せんそうじ

本尊は聖観音菩薩。昔から「浅草の観音様」と呼ばれ親しまれてきた寺 →P.68

ASAKUSA KURAMAE 02

浅草名物グルメをとことん堪能する

憧れの名店がいっぱい

歴史ある繁華街の浅草には、多くの老舗飲食店がある。長きにわたり人々から愛されてきた味を今に伝える名店の数々。和食から洋食まで、思う存分浅草グルメを楽しもう。

ビーフシチュー 2600円

大きな肉の塊と、手間暇かけて作ったデミグラスソースが贅沢

洋食といえばココ

ヨシカミ

素材にこだわり、ご飯にもパンにも合う料理を一から手作りしている。

台東区浅草1-41-4 ☎03-3841-1802 営11:30〜22:00(LO21:30) 休木曜 交東武スカイツリーライン浅草駅東口浅草寺側出口から徒歩5分 浅草 ▶MAP 別P.10 B-2

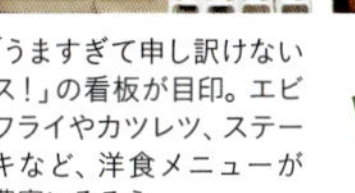

「うますぎて申し訳ないス!」の看板が目印。エビフライやカツレツ、ステーキなど、洋食メニューが豊富にそろう

YUMMY

どぜうなべ 2050円

炭火の上でこまめに割下をさしながらたっぷりのネギと一緒に

1801年創業のどじょう専門店

駒形どぜう

こまかたどぜう

江戸時代から続く調理法で食べる「どぜうなべ」は店一番のおすすめ。

台東区駒形1-7-12 ☎03-3842-4001 営11:00〜21:00 休無休 交地下鉄浅草駅A1番出口から徒歩2分 浅草 ▶MAP 別P.10 B-3

特上天丼 3300円

鰹だしをふんだん使った甘辛の丼つゆに天ぷらをくぐらせる昔ながらのスタイル

1946(昭和21)年創業の天ぷら屋

葵丸進

あおいまるしん

天ぷらと天丼が自慢。1階から7階まであり、全てテーブル席。個室の予約可。

台東区浅草1-4-4 ☎03-3841-0110 営11:00〜21:00(LO20:00) 休無休 交地下鉄浅草駅1番出口から徒歩3分 浅草 ▶MAP 別P.10 B-2

あわぜんざい 720円

あんこの下には餅きびのお餅が。シソの実の漬け物もいい箸休め

浅草散策のひと休みに

浅草 梅園

あさくさ うめぞの

元祖「あわぜんざい」で知られる甘味処。おみやげ用和菓子も扱っている。

台東区浅草1-31-12 ☎03-3841-7580 営10:00〜20:00 休水曜(月2回) 交地下鉄浅草駅6番出口から徒歩3分 浅草 ▶MAP 別P.10 B-2

仲見世には食べ物を売る店がたくさんあるが、基本的に食べ歩きが推奨されていない。マナーを守って行動しよう。

ASAKUSA KURAMAE 03

最旬和スイーツでほっこりひと休み♡

和の素材を使った和スイーツがどんどん進化している。
新しい感覚の中に、どこか懐かしさも残る
和と洋のコラボスイーツの最新情報をチェック！

酒蔵とコラボした新フレーバーも続々登場。シングル540円

和栗のおいしさを堪能できる

和栗モンブラン専門店 -栗歩-浅草本店

わぐりモンブランせんもんてん -くりほ-あさくさほんてん

目の前で作られるできたてモンブランを楽しめる、人気の和栗モンブラン専門店。1mm単位の細いクリームが絶妙な味を生み出す。

台東区浅草3-24-8 クレスト浅草1F ☎03-5824-2855 営11:00～17:00（土・日曜・祝日～18:00）※LO各30分前 休無休 交地下鉄浅草駅6番出口から徒歩7分
浅草 ▶MAP 別P.10 C-1

1 国産和栗のモンブラン1980円は中にメレンゲやチョコクランチが入っている **2** 言問通り沿いの路地に佇む店 **3** 濃厚抹茶のモンブラン2420円は浅草本店名物メニュー

新感覚！
大人な味の日本酒アイス

SAKEICE Asakusa Shop

サケアイス アサクサショップ

日本初の日本酒アイスクリーム専門店。日本酒をたっぷり使用したアイスは、アルコール度数約4％と大人な味わいでほろ酔いに！

台東区浅草1-7-5 ☎なし 営11:00～17:00（土・日曜・祝日10:00～18:00） 休月曜 交地下鉄浅草駅1番出口から徒歩5分
浅草 ▶MAP 別P.10 B-2

日本酒アイス540円は日本酒の香りと旨みがいきた人気No1の定番アイス

ASAKUSA KURAMAE 04

粋な職人技を体験

飴の塊を手とハサミを使って
素早くウサギに成形していく飴細工は、
つい夢中になるほどの楽しさ。
同時に伝統技術の奥深さも体感できる。

体験教室は予約制で3100円。予約状況は公式サイトで確認を。

憧れの飴細工に挑戦してみよう

浅草 飴細工 アメシン花川戸店

あさくさ あめざいく アメシンはなかわどてん

国内屈指の技術を誇る飴細工専門店。随時体験教室を開催しているほか、職人技が光る飴細工の展示や飴製品の販売も行っている。

台東区花川戸2-9-1 堀ビル1F ☎080-9373-0644（予約専用） 営10:30～18:00 休木曜 交地下鉄浅草駅6番出口から徒歩7分
浅草 ▶MAP 別P.10 C-1

本殿横にある招き猫像は、待ち受け画面にすると運気アップするという噂が

700円

ASAKUSA KURAMAE 05

招き猫に見守られて良縁祈願！

日本で初めて夫婦になったイザナギ・イザナミが御祭神であることから、縁結びスポットとして知られている今戸神社。境内にたくさんいる愛らしい招き猫たちも必見だ。

良縁・恋愛成就・夫婦円満を願おう！

今戸神社

いまどじんじゃ

1063年創建の神社。イザナギ・イザナミの両神のほか福禄寿が祀られており、浅草名所七福神の九社のうちの一つにも数えられている。

台東区今戸1-5-22 ☎03-3872-2703 営9:00～17:00 休無休 交地下鉄浅草駅7番出口から徒歩15分 浅草 ▶MAP 別P.11 D-1

各1500円

1 招き猫が描かれた円形の絵馬は「縁」と「円」がかけられている **2** 絵馬がところ狭しと掛けられている **3** 御朱印帳のイラストは招き猫と福禄寿の2種がある

浅草からひと足のばして蔵前でおさんぽ！

浅草からほど近い蔵前には、おしゃれな店や居心地のよいカフェが点在する。ものづくりの街としても知られるこのエリアをゆっくり散策してみよう。

川の向こうにはスカイツリーが♪

美しいネオンに彩られた夜景も見もの。ロマンチックな雰囲気に

テラス席から絶景が楽しめる

Riverside Cafe Cielo y Rio

リバーサイドカフェ シエロイリオ

シエロイリオ平日日替わりランチ1000円。ドリンクは別途

抜群の眺望で人気の隅田川沿いにあるカフェレストラン。開放的な空間でカジュアルビストロメニューや自家製スイーツを堪能できる。

台東区蔵前2-15-5 MIRROR 1F ☎03-5820-8121 ㊖ランチ11:30～15:00（土・日曜・祝日11:00～）、ディナー17:30～22:00（日曜・祝日～21:00）、カフェ11:30～22:30（土曜11:00～、日曜・祝日11:00～21:00） ㊡無休 ㊋地下鉄蔵前駅A7出口から徒歩2分

蔵前 ▶MAP 別P.10 B-3

スモア550円はガナッシュと炙ったマシュマロのハーモニーが絶妙

フローズンチョコレート750円はひんやり濃厚なおいしさ

カカオ本来のおいしさを味わう

ダンデライオン・チョコレートファクトリー＆カフェ蔵前

ダンデライオン・チョコレートファクトリーアンドカフェくらまえ

サンフランシスコ発Bean to Barチョコレート専門店。メニューはその時々に使うカカオ豆により変わる。間近で製造工程が見られるのも楽しい。

台東区蔵前4-14-6
☎03-5833-7270
㊖11:00～18:00 ㊡不定休
㊋地下鉄蔵前駅A3出口から徒歩2分

蔵前 ▶MAP 別P.26 B-2

世界にひとつだけのノートは大切な人へのプレゼントにもぴったり

2階にオリジナルインクが作れる「inkstand」がある

自分だけの素敵なノートを作ろう

カキモリ

「書くこと」をメインにした文具専門店。表紙・中紙・リング・留め具などを自由に組み合わせてオリジナルノートを作ることができる。

台東区三筋1-6-2 ☎050-1744-8546 ㊖11:00～18:00 ㊡月曜（祝日は営業） ㊋地下鉄蔵前駅A1出口から徒歩8分

蔵前 ▶MAP 別P.26 A-2

蔵前という地名は、江戸幕府の備蓄米を貯蔵しておく「御米蔵」があったからだとされている。

駅がすでに一つのタウン

東京・丸の内

とうきょう まるのうち

TOKYO MARUNOUCHI

山手線
新宿
東京・丸の内
品川

駅ナカ＆駅前が充実

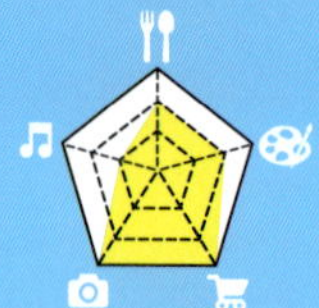

昼：◎ 夜：○
平日だけでなく休日も混み合うエリア。おしゃれなランチ、夕食に便利。

東京駅は通り過ぎるだけではもったいない。駅舎自体も重要な観光スポットで、さらに駅ナカも必見。駅を出たら、話題のスポットが集まる丸の内もすぐそこだ。

このエリアの利用駅
JR山手線・中央線・東海道線ほか 東京駅
東京メトロ 東京駅、大手町駅、日本橋駅、有楽町駅、二重橋前駅

TOKYO MARUNOUCHI 01

駅チカカフェでゆったり過ごす♪

待ち合わせに、お出かけ前のリラックスに。カフェ需要の高い丸の内口駅前エリアには、おしゃれで機能性の高いカフェが充実。NY発の贅沢な朝食が楽しめる店も。

出発前のお食事に。食べるミネストローネスープのプレート1150円

各1463円

茨城・能登半島・東京をイメージした、オリジナルてぬぐい

旅をテーマとしたカフェ兼雑貨店

ROUTE CAFE AND THINGS

ルート カフェ アンド シングス

旅行関連のグッズや書籍も手に入るカフェ。丸の内駅舎を一望する特等席が人気。こだわり素材のサンドイッチなどフードも充実。

千代田区丸の内2-4-1 丸ビル4F ☎03-6268-0160 営11:00～20:00 休施設に準ずる 交JR東京駅丸の内南口から徒歩1分

丸の内 ▶MAP 別P.6 B-2

NYで人気の朝食を試してみて

サラベス 東京店

サラベス とうきょうてん

ニューヨークで「朝食の女王」の異名をとるレストランが日本に出店。絶品エッグベネディクトやトーストに魅了されてしまいそう。

ほんのり甘い、レモンリコッタパンケーキ1680円

千代田区丸の内1-8-2 鉄鋼ビルディング南館2・3F ☎03-6206-3551 営8:00～23:00（土曜9:00～、日曜・祝日9:00～22:00）、ランチLO16:30、ディナーLO22:00（日曜・祝日21:00）※3F Roof Top Terraceの営業時間はHPを確認 休無休 交JR東京駅八重洲北口から徒歩2分

丸の内 ▶MAP 別P.6 C-2

定番のクラシックエッグベネディクト1630円、フラッフィーフレンチトースト1410円

ACCESS

羽田空港 → 東京モノレール → 浜松町 → JR山手線 → 東京駅

料金 660円
所要時間 約33分

MUST SPOT

東京駅 とうきょうえき
赤レンガでおなじみの丸の内駅舎。駅前は記念撮影する人々の姿が見られる。
→P.72

TOKYO MARUNOUCHI 02

出発前に駅ナカでサクッとごはん or テイクアウト！

TAKE OUT!

あわただしい出発前に腹ごしらえ。
そんな時の強い味方、東京駅の構内に揃ってます。
サクッと食べられる朝ごはんと、
テイクアウトできるお店をチェック。

朝にトクする限定メニュー

築地寿司清

つきじすしせい

駅ナカでありながら落ち着いて食事のできる寿司店。早朝から午前10時までは限定定食も。写真の「鯛胡麻だれ」850円もおすすめ。

JR東京駅構内 グランスタ東京内（丸の内地下中央口改札）☎03-5220-6865 ㊢7:00～22:30（日曜・連休最終日の祝日～21:30）㊡無休
東京駅 ▶MAP 別P.31

ザクザク！

揚げたてザクザクを召し上がれ

Zopf カレーパン専門店

ツオップ カレーパンせんもんてん

千葉の人気ベーカリーのカレーパン専門店。1日に出る品数はなんと2000を超えるとか。牛肉と野菜の具材たっぷりで満足できる。

JR東京駅構内 グランスタ東京内（グランスタ地下北口改札）☎03-5220-5950 ㊢8:00～22:00（日曜・連休最終日の祝日～21:00）㊡無休
東京駅 ▶MAP 別P.31

1850円

東京の老舗8店の味を詰め合わせた贅沢な「東京弁当」

1250円

秘伝のタレと牛肉でご飯がとにかく進む「牛肉どまん中」

日本各地の人気駅弁が勢揃い

駅弁屋 祭

えきべんや まつり

200種以上の各地の駅弁が一堂に会すのは東京駅ならでは。種類が多いので時間をかけてじっくり選び、旅気分を高めよう。

JR東京駅構内 グランスタ東京内（八重洲中央口改札）☎03-3213-4353 ㊢5:30～23:00 ㊡無休
東京駅 ▶MAP 別P.30

駅ナカで東京駅限定みやげもGET！

駅ナカには東京駅ならではの限定みやげがいっぱい。各店をめぐって探してみてはいかが。

グミッツェルBOX（6個入）
外はパリッ、中はしっとり食感の次世代食感グミ。カラフルでポップな見た目もキュート。

800円

ヒトツブ カンロ

グランスタ東京（丸の内地下中央口改札）
☎03-5220-5288

東京駅限定 ワッフル（10個セット）
1728円
ふわっふわのワッフル生地とクリームの相性が抜群。東京駅限定フレーバー5種入り。

ワッフル・ケーキの店 R.L（エール・エル）

ワッフル・ケーキのみせ エール・エル

グランスタ東京（丸の内地下中央口改札）
☎03-3287-1234

▶定番みやげはP.58もCHECK!

駅ソトのショッピングエリアはほかに、多彩な飲食店がそろうGRANROOFと酒場としても便利な黒塀横丁などがある。

TOKYO MARUNOUCHI 03

丸の内4大ビルを制覇する！

丸の内エリアの都会的で洗練されたビル群は、
まさに駅前にそびえる東京の摩天楼。
この地が紡いできた歴史と伝統、
そして現代が混じり合うビルを訪ね歩こう。

①丸ビルでインテリア小物にうっとり

世界中の厳選したインテリアグッズを集めたライフスタイルショップ。

2・3F

英国インテリアで生活に華を

ザ・コンランショップ 丸の内店

ザ コンラン ショップ まるのうちてん

オシャレな家具やアイテムが並ぶ空間は、気のきいたおみやげ探しにも最適。

☎03-5288-6600 ㊊11:00～20:00 ㊡無休

商品ディスプレイは自分の空間づくりに参考にしたい。

②新丸ビル7階のビュースポットへ

東京駅丸の内駅舎を見下ろす気持ちのいいテラス。

③東京駅を眺めつつ新丸ビルでゆったりランチ

東京駅全体が見渡せるラグジュアリーな店内で本格タイ料理を楽しむ。

6F

2900円

マッサマンカレー

辛さを抑えたタイ南部のマイルドカレー

リゾート気分を味わえる

サイアム ヘリテイジ 東京

サイアム ヘリテイジ とうきょう

オープンキッチンからの音とにおいが食欲を刺激。ランチビュッフェも人気。

☎03-5224-8050 ㊊11:00～14:30、17:00～22:00（土曜16:00～、日曜・祝日16:00～21:00） ㊡施設に準ずる

4大ビルPROFILE

丸の内不動のランドマーク

丸ビル

まるビル

地上36階地下4階で高さ約180m

オフィスと店舗の複合施設として先駆的なビル。約140もの多彩なショップなどが集う。

千代田区丸の内2-4-1
㊋JR東京駅丸の内南口から徒歩すぐ

丸の内 ▶MAP 別P.6 B-2

飲食店と隣接するテラスも

新丸ビル

しんまるビル

丸ビルよりちょっと高い約198m

個性豊かなショップやレストラン、東京駅丸の内駅舎を眺めるのに絶好のテラスがある。

千代田区丸の内1-5-1
㊋JR東京駅丸の内中央口から徒歩すぐ

丸の内 ▶MAP 別P.6 B-2

What is 丸の内

日本の城郭では区画ごとに、本丸や二の丸と呼ばれていた。「丸の内」の名前の由来は、江戸城が拡張された際に城の内側となったため。明治に入り三菱財閥の二代目総帥岩崎弥之助がこの一帯の土地を政府から払い下げられ開発に注力。現在も三菱グループの主要企業の本社が集まる。

⑥上陸系スイーツをゲット！

ヨーロッパのオシャレなスイーツを落ち着いた空間でのんびり味わう。

世界的に有名な発酵バター 1F

ÉCHIRÉ MAISON DU BEURRE

エシレ・メゾン デュ ブール

フランス産A.O.P.認定発酵バター「エシレ」世界初の専門店。エシレ バターを使った焼菓子やパンなどが人気。

☎非公開 営10:00～20:00 休不定休

1個324円

フィナンシェ・エシレ、マドレーヌ・エシレ10個入り(パニエ)3456円

ジャラッツ カカオ

カカオのソフトクリーム

540円

スペイン発の高級ショコラ 1F

CACAO SAMPAKA

カカオ サンパカ

カカオを知り尽くしたスペイン王室御用達のショコラテリアの日本1号店。

☎03-3283-2238 営11:00～20:00 休不定休

④KITTEでハイセンスな雑貨を手に入れる

大きな吹き抜けの空間に面してセンスのいい雑貨店やレストランが並ぶ。

300年の歴史と伝統を現代に 4F

中川政七商店 東京本店

なかがわまさしちしょうてん とうきょうほんてん

日本の工芸をベースにした生活雑貨を数多くそろえる。

☎03-3217-2010

1430円 ポストハンカチ

お手紙GOODS!

1485円 マグネット(3つセット)

木製デザインブランド直営店 4F

Hacoa DIRECT STORE

ハコア ダイレクト ストア

木の素材にこだわった木製雑貨を販売している。

☎03-6256-0867

9900円 PhotoStand Clock

⑤丸の内ブリックスクエア界隈で明治の洋館の雰囲気を楽しむ

レンガ造りのレトロな建物内部で明治時代にタイムスリップ。

格式高い内装を忠実に復元 1F

Café 1894

カフェ イチハチキュウヨン

美術館に併設されたクラシカルな雰囲気のカフェ・バー。ランチだけでなくディナーも楽しめる。

☎03-3212-7156 営11:00～23:00(LO22:00) 休不定休

930円 アップルパイ

自家製クラシックアップルパイはティータイムの人気メニュー

レトロ郵便局が生まれ変わった

KITTE

キッテ

6階のKITTEガーデンからは東京駅丸の内駅舎が

旧東京中央郵便局舎を一部保存・再生し建築された商業施設。全国各地の選りすぐりのショップやレストランが多数。

千代田区丸の内2-7-2
JR東京駅丸の内南口から徒歩すぐ

丸の内 ▶MAP 別P.6 B-2

新旧が融合する都会の癒し空間

丸の内ブリックスクエア

まるのうちブリックスクエア

四季折々の花が楽しめる広場も訪れたい

高感度なショップやレストランが勢ぞろい。1894(明治27)年建設の三菱一号館を復元した美術館も隣接。

千代田区丸の内2-6-1
JR東京駅丸の内南口から徒歩5分

丸の内 ▶MAP 別P.6 B-2

KITTE4階の「旧東京中央郵便局長室」には1931(昭和6)年当時の丸の内周辺の古い写真が。ビルが林立する今と比べてみよう。

東京の地名の由来を知る

普段何気なく口にする東京の地名。その多くが地形に由来している

「もっと平らな土地だと思っていたのに、坂が多くてビックリ！」

初めて東京を訪れた人が、こう言うのを聞いたことがないだろうか。建物がびっしりと並んでいるので地形を意識することはあまりないが、東京の区部は武蔵野台地の東端に位置しており、平均で20mの標高差がある。そこには、主に河川による浸食でいたる所に切れ込んだ部分があって、台地と低地が複雑に入り組んでいる。江戸時代、そのような所に街をつくったので、坂が多くなってしまったのだ。

現在「山の手」といえば、「垢抜けて、ちょっとおしゃれなエリア」で、「下町」といえば「気さくで庶民的なエリア」というイメージだが、かつては読んで字のごとく、「山の手」は台地の上で、「下町」といえば台地の下に広がる土地のことを指した。江戸時代に名付けられた土地は、単純に山の上（標高が高い所）にあった場所に「台」とか「丘」などが付けられ、「坂」を挟んで山の下（標高の低い所）に「谷」が付けられた。また、平らな下町から見て盛り上がった場所に「山」が付けられた。その他「池」「沼」「洲」など、地名の一部から、かつての地形が想像できる場所も多い。

「坂」が付く地名

現在のような住居表示のない江戸時代、「○○＋坂」である程度場所を示すことができた。ただ坂の途中から富士山が見える「富士見坂」のように「同名異坂」も多かった。

●代表的な地名

赤坂

この付近が「赤土」の土地だった、茜（アカネ）の群生があったなどが由来といわれている。江戸時代は旗本の屋敷が並んでいた。

神楽坂

重くて坂を上れなかった祭礼の神輿（みこし）が、神楽を奏したら簡単に上ることができたのが地名の由来（諸説あり）。

道玄坂

鎌倉時代、幕府と戦い敗れた御家人の残党、大和田太郎道玄が、山賊になってこのあたりに出没したのが由来とされる。

九段坂

将軍の警護にあたる大番組が住む「番町」に至る斜面にあった、9層の石段と「九段屋敷」という幕府の施設に由来する。

東京に多い坂の名前

上で触れた「富士見坂」のほか、夜になると真っ暗になる「暗闇坂」、神社が近くにある「稲荷坂」などは都内に10カ所以上ある。

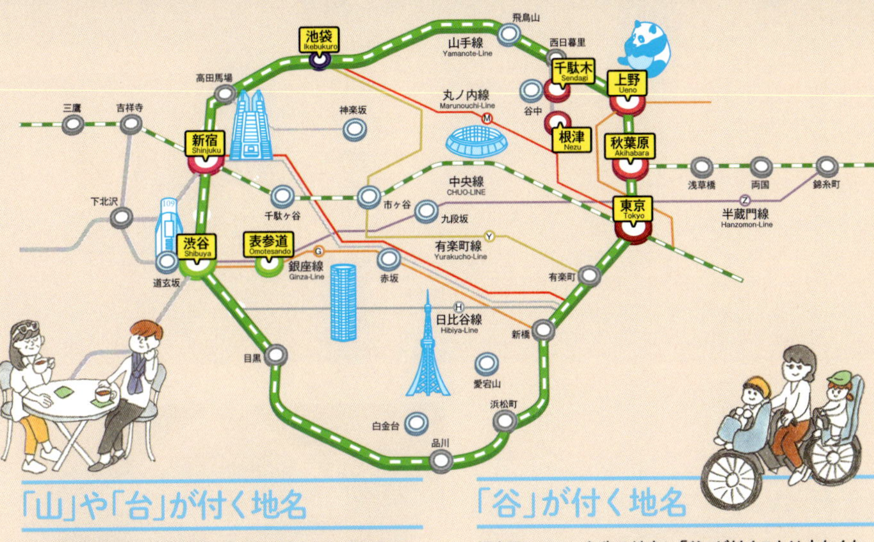

「山」や「台」が付く地名

低い土地を見晴らせる場所にあるのが「台」で、低地から見て高い所にあるのが「山」。ただ山より高い建物が多いので意識しないと土地の高さはわかりにくい。

●代表的な地名

駿河台

武蔵野台地の南端にあたる土地。ここに立つニコライ堂からは、竣工時(1891年)は東京一円が見渡せた。

白金台

江戸城の南側に点在する標高が高い土地。室町時代にこの付近を開墾した「白金長者」と呼ばれた柳下上総介に由来する。

愛宕山

周辺には100m以上の建物が並んでいるが、ここの標高25.7mは23区で最も高い。江戸時代は素晴らしい眺望が楽しめた。

飛鳥山

JR王子駅付近の風景。線路の右に見えるこんもりした森が飛鳥山。8代将軍吉宗が植林した桜があり、花見スポットとして有名。

青山（港区）の由来は人の名前

東京のおしゃれスポットの代表である青山。ここの地名は地形ではなく、徳川家康の重臣であった青山家の屋敷があったのが由来。

「谷」が付く地名

坂を下っていった先の地名に「谷」が付くことは少なくない。坂の底辺や2つの台地の間にある。地形が由来なので必ずしも川が流れていたわけではない。

●代表的な地名

谷中

2つの台地、本郷台と上野台の間に位置する。徳川将軍家の菩提寺である寛永寺が建立され、にぎわいをみせるようになった。

市ヶ谷

お堀を挟んで南側が千代田区、北側が新宿区。どちら側も土地が高くなっていて、間に挟まれた土地であることがよくわかる。

千駄ヶ谷

千駄ケ谷駅前にある東京体育館。JRの線路を挟んで南北では標高差があり、高くなっている北側の土地に新宿御苑が広がる。

東京体育館は平成30年7月1日から休館。写真は休館前のもの

おなじみの渋谷も坂の下にある

東京のアイコンである渋谷駅前のスクランブル交差点。この場所の地形を考えると、東から宮益坂、西から道玄坂の底辺にある。

その他、かつての地形に由来する

貯水池があった「溜池」や海水が外堀に流れ込まないように堰が造られた場所「汐留」など、江戸以降の土木工事によって作り変えられた土地に由来する地名もある。

明治以降、鉄道に沿って開発された住宅地にはイメージで「丘」や「台」が付けられたことが多く、地形とは関係ないことがほとんど。

老舗からハイブランドまでそろう大人の街

銀座（ぎんざ）

GINZA

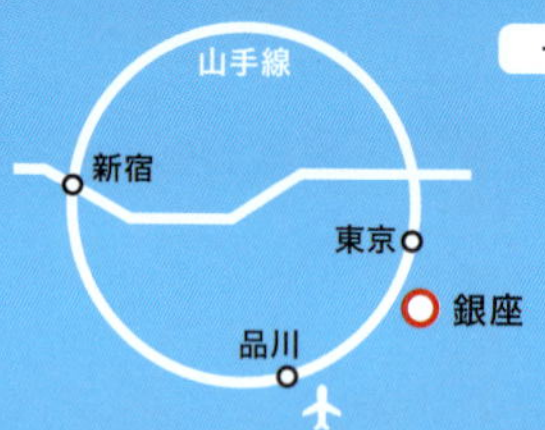

一流の店でショッピング

「銀ブラ」と言われるように、歩いて楽しい銀座。歴史と先進性の両方をあわせ持つ魅力はいつの世も変わらない。ハイセンスな逸品を探すならやっぱりココへ。

このエリアの利用駅
JR山手線・京浜東北線 有楽町駅・新橋駅
東京メトロ◯◯◯銀座駅◯銀座一丁目駅
都営地下鉄◯東銀座駅

昼：◎ 夜：◯
一流の店やレストランが軒を連ねる大人の街。映画館や劇場もある。

GINZA 01

フルーツパフェを憧れのパーラーで♡

西洋文化をいち早く取り入れてきた銀座。そんな街の人気老舗パーラーのパフェは、味も見た目もひときわ優雅に感じられる。お店の雰囲気もゆっくり楽しんで。

銀座のシンボル的老舗カフェ

資生堂パーラー 銀座本店サロン・ド・カフェ

しせいどうパーラー ぎんざほんてんサロン・ド・カフェ

創業100年以上の名店。旬のフルーツを使ったパフェやデザートで優雅な時間を。伝統のバニラアイスは創業から変わらぬ味わい。

中央区銀座8-8-3 東京銀座資生堂ビル3F
☎03-5537-6231（予約不可） 営11:00～21:00（LO20:30）、日曜・祝日～20:00（LO19:30） 休月曜（祝日は営業） 交地下鉄銀座駅A2出口から徒歩7分
銀座 ▶MAP 別P.8 C-3

2160円
プティフール セックは1階本店ショップの限定商品。贈り物に

ストロベリーパフェ1800円～。厳選されたいちごがとても美味♪

銀座パフェ1760円。季節のフルーツがたっぷりのった贅沢な一品

1296円
フルーツサンドは色鮮やかで、おみやげにも喜ばれることうけあい

フルーツパーラーの元祖

銀座千疋屋 銀座本店 フルーツパーラー

ぎんざせんびきや ぎんざほんてん フルーツパーラー

1894年創業の高級果物専門店が営むパーラー。みずみずしいメロンパフェなど、フルーツのおいしさを存分に楽しむことができる。

中央区銀座5-5-1 2F ☎03-3572-0101（予約不可） 営11:00～20:00（日曜・祝日～19:00）※LO各30分前 休無休 交地下鉄銀座駅B5出口から徒歩1分
銀座 ▶MAP 別P.8 C-2

ACCESS

東京駅 —丸ノ内線→ 銀座駅 料金 170円 所要時間 約3分

羽田空港 —東京モノレール→ 浜松町駅 —JR山手線→ 新橋駅 —銀座線→ 銀座駅 料金 810円 所要時間 約38分

MUST SPOT

歌舞伎座
かぶきざ

明治22年に造られた日本を代表する劇場。平成25年に新開場した →P.90

GINZA 02

ツウが通う名店で愛されランチに舌鼓

時代を越えて人気を得てきた、銀座の老舗飲食店。一見ハードルが高そうでも、実は気軽に行ける店が多い。銀座のランチタイムは憧れの名店でグルメを満喫しよう。

歴史と伝統を感じる洋食店

煉瓦亭
れんがてい

1895年創業、日本の洋食のパイオニアとされる名店。元祖ポークカツレツなど昔から変わらぬ味が多くの人々から愛され続けている。

中央区銀座3-5-16 ☎03-3561-3882 ㈮11:15～15:00(LO14:30)、16:40～21:00(LO20:30) ㈺日曜 ㊋地下鉄銀座駅A10出口から徒歩3分
銀座 ▶MAP 別P.9 D-1

ここがカフェ文化の発祥地！

カフェーパウリスタ 銀座店
カフェーパウリスタぎんざてん

1911年創業。当時高嶺の花だったコーヒーを1杯5銭で提供し、全国の喫茶店の原型に。多くの文化人も通ったというカフェの名店。

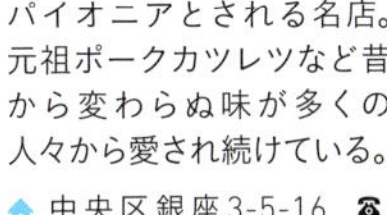

中央区銀座8-9-16 長崎センタービル1F ☎03-3572-6160 ㈮9:00～19:30(LO)、日曜・祝日11:30～18:30(LO) ㈺無休 ㊋JR新橋駅銀座口から徒歩6分
銀座 ▶MAP 別P.8 C-3

GINZA 03

ちょっぴり大人！カウンターで本格江戸前寿司

熟練職人の技が生きる絶品の寿司を憧れのカウンターで味わいたい。そんな夢を銀座で叶えよう。お腹も気持ちも満たされる至福の時間になること間違いなしだ。

❶昔ながらのカウンターは雰囲気抜群 ❷特選にぎり2000円は旬のネタを贅沢に使った一皿 ❸づけあなちらし1800円は具沢山で食べごたえあり

行列必至の名店の味を堪能

銀座寿司処 まる伊 総本店
ぎんざすしどころ まるい そうほんてん

繊細な仕事が光る握りや海鮮丼を味わえる名店で、足しげく通う芸能人も多い。ランチタイムはリーズナブルに寿司を楽しめる。

中央区銀座3-8-15 銀座中央ビル1F ☎03-3564-8601 ㈮11:30～14:30(LO)、17:00～22:00(LO)、土・日曜・祝日15:00～20:00(LO) ㈺ランチ無休、ディナー月曜 ㊋地下鉄銀座駅A13出口から徒歩3分
銀座 ▶MAP 別P.9 E-2

銀座の夜は意外に早く、デパートやカフェは20:00頃には閉まってしまうところが多い。銀座8丁目界隈は夜遅くでも比較的にぎやか。

GINZA 04

GINZA SIXでセンスのいいおみやげ探し！

こだわりの店が集まる地下2階には、おいしさはもちろん、包装も素敵な商品がいっぱい。おみやげに迷ったらまずここへ。きっと喜ばれる一品が見つかるはず。

撮影：繁田諭

中央の吹き抜け空間では、アーティストの作品も展示される

2021年待望のリニューアル！

GINZA SIX

ギンザ シックス

銀座エリア最大の商業施設。伝統を踏まえ流行をとらえたファッション＆ライフスタイルブランドや高級フードショップなどがそろう。

住 中央区銀座6-10-1 ☎03-6891-3390 営 ショップ・カフェ10:30〜20:30、レストラン11:00〜23:00 休 不定休 交 地下鉄銀座駅地下通路直結 銀座 ▶MAP 別P.8 C-2

とびきりのサクサク食感！

30枚入り 3456円

サク アソートは6種のチョコレートをラング・ド・シャでサンド

北海道を感じられる洋菓子店

ISHIYA GINZA

イシヤ ギンザ

銘菓「白い恋人」でおなじみのISHIYAによる、北海道外限定商品をラインナップ。

☎03-3572-8148

お麩のおいしさを世界に発信

ふふふあん by 半兵衛麸

ふふふあん バイ はんべえふ

京都老舗お麩専門店がプロデュース。スイーツをはじめ、お麩の新たな魅力と出合える。

☎03-6280-6922

5個入り 1620円

玉-TAMA-はお麩から生まれたサクサクほろほろ食感のクッキー

ワインにもよく合う♪

各450円

小紋は変わり種のフレーバーがクセになる一口サイズの煎餅

1907年創業の老舗煎餅店

甚五郎

じんごろう

吟味した素材と匠の技で焼き上げた珠玉の煎餅。手間暇かけたこだわりの商品が並ぶ。

☎03-6280-6131

GINZA 05

無印良品 銀座で泊まる＆食べる！

簡素で気持ちのいい商品が人気の無印良品。直営のホテルやレストランがある銀座店なら無印良品の世界を存分に体感できる。その新たな魅力を発見しよう。

MUJI HOTEL

内装は木、石、土などの自然素材をメインに使用している

眠りと姿勢の研究に基づくマットレスを使用したベッドは好評

人気のアイテムが豊富にそろう

無印良品 銀座

むじるしりょうひん ぎんざ

レストランやアトリエ、ホテルも備えた、銀座並木通りにある世界旗艦店。産地直送の野菜売場、ベーカリーなども要チェック。

住 中央区銀座3-3-5 ☎03-3538-1311 営 10:00〜21:00（B1F7:30〜22:00、1Fベーカリー7:30〜21:00） 休 不定休 交 地下鉄銀座駅B4出口または銀座一丁目駅5番出口から徒歩3分 銀座 ▶MAP 別P.9 D-1

MUJI Diner

素材本来のおいしさを味わえる、体に優しい食事を提供している

1 ゆったりとした空間 2 シェフ考案の週替り魚定食1250円 3 本和香糖の焼きプリン400円

GINZA 06

伝統の品を求めて老舗店巡り

目の肥えた人々が集まる銀座。
それだけに、上質なアイテムを扱う老舗の数は都内随一だ。
伝統の品々に触れて、古くから伝わる高度な技術や、
日本ならではの繊細な感性を再確認しよう。

創業寛文3年

お香・和紙製品

色や柄の種類も豊富で目移りしてしまう

一等地にあります

四季を感じさせる雅なアイテム

東京鳩居堂 銀座本店

とうきょうきゅうきょどう ぎんざほんてん

1663(寛文3)年創業。お香や書画用品、和紙製品などを扱う専門店。華やかな和の伝統模様や優しい色味を用いた粋なデザインのアイテムがそろう。オリジナルの香りの商品も充実しており、白檀など品のある香りが人気だ。

中央区銀座5-7-4 ☎03-3571-4429 営11:00～19:00(日曜・祝日11:00～) 休不定休 交地下鉄銀座駅A2番出口から徒歩1分 銀座 ▶MAP 別P.9 D-2

6種類の香りが楽しめる香セット「六種の薫物(むくさのたきもの)」 2750円

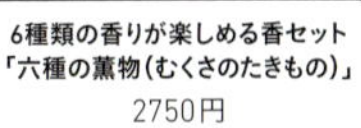

巾着形がかわいいにほひ袋 各660円

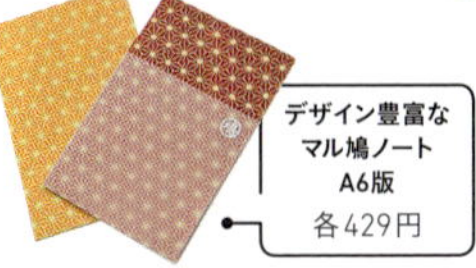

デザイン豊富なマル鳩ノート A6版 各429円

HISTORY

1880(明治13)年、宮中の御用を務めるため、遷都に合わせて東京出張所を開設したのが東京鳩居堂の始まり。その高い品質から、宮内庁御用達ブランドとしても選定された。

創業明治37年

文房具

手紙が書けるコーナーWrite & Post

文房具のことならおまかせ!

銀座 伊東屋 本店

ぎんざ いとうや ほんてん

文房具専門店。オリジナル商品を中心に国内外から選りすぐりの品々がそろう。オフィスやペーパークラフトなどテーマ別のフロア構成。2階には手紙を書いてその場で本物のポストに投函できるコーナーも。

中央区銀座2-7-15 ☎03-3561-8311 営10:00～18:00(12Fのカフェ10:30～) 休無休 交地下鉄銀座駅A13番出口から徒歩2分 銀座 ▶MAP 別P.9 E-1

伊藤屋オリジナル おいしい魚ノート A5スリム 各495円

カラーチャートバンド付きペンケース(A5) 2200円

紙の上をすべるように書けるカラーチャートペーパースケーター 各880円

HISTORY

1904(明治37)年に「和漢洋文房具・STATIONERY」として創業。震災や戦火に見舞われながらも営業を続ける。看板上のレッド・クリップは、銀座のシンボルとしても知られている。

GINZA SIX1階のツーリストサービスセンター「TERMINAL GINZA」は手荷物預かりなどさまざまなサービスを行っている。

東京屈指のエンタメアイランド

お台場

ODAIBA

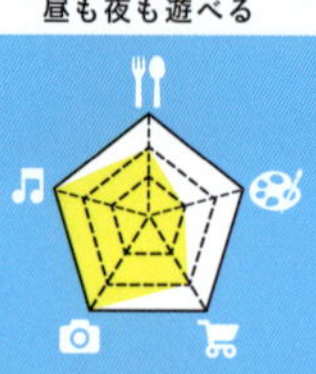

山手線
新宿
東京
品川
お台場

東京湾に浮かぶ要塞であったお台場。今は見る、遊ぶ、買う、食べるがすべてそろった一大アミューズメントエリアに。ウォーターフロントの抜群の眺めも楽しもう。

このエリアの利用駅
ゆりかもめ お台場海浜公園駅、台場駅、船の科学館駅、青海駅、テレコムセンター駅
東京臨海高速鉄道りんかい線 東京テレポート駅

昼：◎ 夜：○
子どもから大人まで楽しめる施設が多い。夜はデート向き。

ODAIBA 01

エンタメスポットを遊び倒す！！

いつも新しいエンタメスポットが集まるお台場。最先端のアートを体験して、各国セレブに出会った後は日帰り温泉でゆったり過ごす、なんて遊びかたはいかが。

アートの一部になって楽しもう

チームラボボーダレス

国内外で人気のアート集団・チームラボのアートによる「地図のないミュージアム」。インタラクティブな体験型アートが多数。

→P.016

ハリウッドスターたちも間近に見られる

衣装、ポーズもいろいろ

あの有名人に会える!?

マダム・タッソー東京

マダム・タッソーとうきょう

世界のセレブ、歴史上の人物、話題のスターなどそうそうたるメンバーが集結したアトラクション。フィギュアは精巧で、本物と見間違えるような出来ばえ。

港区台場1-6-1デックス東京ビーチ内アイランドモール3F ☎0800-100-5346(11時～14時) 営10:00～16:00 ※当面の間短縮(2021年7月現在) 休火・水曜 料当日オンラインチケット大人2300円、子ども1800円 交ゆりかもめお台場海浜公園駅北口から徒歩3分

お台場 ▶MAP 別P.20 B-2

Universe of Water Particles on a Rock where People Gather
©teamLab

ACCESS

東京駅 → JR山手線 → 新橋駅 → ゆりかもめ → 台場駅
料金 470円
所要時間 23分

羽田空港 → 東京モノレール → 浜松町駅 → JR京浜東北線 → 大井町駅 → りんかい線 → 東京テレポート駅
料金 950円
所要時間 約48分

フジテレビ本社ビル
お台場の象徴ともいえる球形の展望台が目印。撮影の見学も可能 →P.82

ミニュチュアで旅する世界

SMALL WORLDS TOKYO

スモールワールズ トーキョー

世界最大規模を誇る屋内型ミニチュアテーマパーク。精巧に作られた「もうひとつの世界」は没入感バツグン。目を凝らして覗いてみよう。

🏠江東区有明1-3-33 有明物流センター ☎03-6402-4102 営11:00〜20:00 休無休（HPを確認） 料2700円 交ゆりかもめ有明テニスの森駅から徒歩3分、りんかい線国際展示場駅から徒歩9分
有明 ▶MAP 別P.21 E-2

思わず目を奪われる完成度の『世界の街』エリアで小さな旅行へ

まるで本物!? 緻密さに息をのむ『関西国際空港』エリア

総面積は8000㎡だって。見応えもたっぷりだよ♪

楽しみながら学べる

日本科学未来館

にっぽんかがくみらいかん

世界で起きていることを科学の視点から理解し、未来について学ぶことができる。展示やイベントを通して最新の科学技術が体験できる。

🏠江東区青海2-3-6 ☎03-3570-9151 営10:00〜16:30 休火曜（火曜が祝日の場合は開館）※臨時休館日あり。春・夏・冬休み期間等は火曜開館もあり 料大人630円、18歳以下210円 交ゆりかもめテレコムセンター駅北口から徒歩4分 お台場 ▶MAP 別P.20 A〜B-3

1 AR（拡張現実感）技術を用いた最新技術をタッチスクリーン端末で体験。このほかにも体験プログラムやイベントが盛りだくさん
2 宇宙空間に輝く地球の姿をリアルに映し出す、球体ディスプレイの展示も

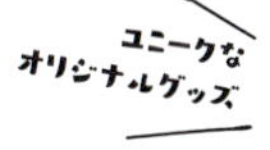

Tシャツやサイエンスグッズを販売

人間とロボットの違いってなんだろう？

エンタメスポットの中には事前予約ができる施設もある。優先的に入場できるので、訪れる前にウェブでチェックしよう。

ODAIBA 02

ショッピングモールでお買い物♪

テーマ性のあるショッピングモールが点在。アニメあればファッションもあり、様々なカルチャーがお台場に集結する。記念撮影にぴったりなフォトスポットもたくさん！

実物大ユニコーンガンダム立像は19.7mの大迫力。2階のフェスティバル広場に設置されている

お台場のランドマークでおなじみ

ダイバーシティ東京 プラザ

ダイバーシティとうきょう プラザ

エンターテインメント施設も揃った複合商業施設。各所で遊んで、ショッピングパークで買い物やグルメを楽しみ、丸一日過ごせる。

住 江東区青海1-1-10 ☎ 03-6380-7800 営 10:00～21:00、レストラン街11:00～23:00 休 不定休 交 りんかい線東京テレポート駅B出口から徒歩3分、ゆりかもめ台場駅から徒歩5分 お台場 ▶MAP 別P.20 B-2

7F 豊富な品ぞろえのショップゾーンは圧巻。まさに「ガンプラ」の聖地。

ガンダムファンは必ず訪れたい

THE GUNDAM BASE TOKYO

ガンダムベーストウキョー

『機動戦士ガンダム』シリーズのプラモデルの公式施設。世代を問わず夢中になれる。

☎ 03-6426-0780 営 10:00～21:00

ドラちゃんとのび太くんの部屋で遊べる

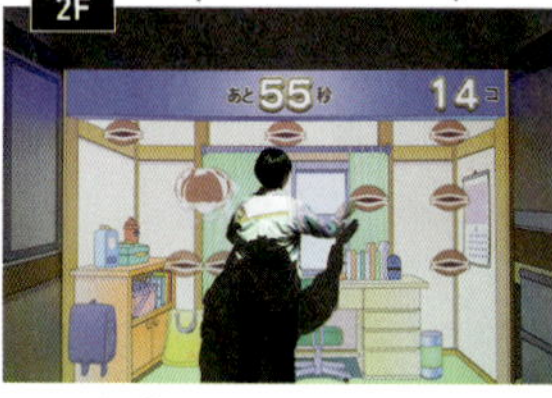

2F ひみつ道具「バイバイン」を体験。上から降るどら焼きにタッチして数を増やそう

1 ドラ文字マグカップ1320円。裏面には文字に対応したひみつ道具の絵が 2 文明堂どら焼き5個入り1080円。ドラえもんの焼印入り。おみやげにオススメ

誰もが憧れた22世紀のデパート

ドラえもん未来デパート

ドラえもんみらいデパート

ドラえもんの公式ショップ。ひみつ道具の体験アトラクションは、大人にも子どもにも大人気！

☎ 03-6380-7272 営 11:00～20:00（土・日曜・祝日 10:00～）

中世ヨーロッパの街並みを再現

ヴィーナスフォート

お台場パレットタウン内にある屋内型ショッピングモール。約130のショップが軒を連ねる。買い物のほかアミューズメントも多数。

住 江東区青海1-3-15 ☎ 03-3599-0700 営 11:00～21:00、レストラン～23:00（店舗・期間により異なる）※変更の場合あり。詳細は公式HPで確認を 休 不定休 交 ゆりかもめ青海駅直結 お台場 ▶MAP 別P.20 C-3

お得なアウトレット商品が揃う

ヴィーナスアウトレット

ヴィーナスフォート3Fのアウトレットモール。有名ブランド商品がお手頃価格で手に入っちゃう。

自由の女神レプリカが目印

アクアシティお台場

アクアシティおだいば

フジテレビ本社ビル向かいに位置する商業施設。レインボーブリッジを間近にお買い物やグルメを満喫しよう。

住 港区台場1-7-1
☎ 03-3599-4700
営 11:00～21:00、レストラン11:00～23:00（一部店舗は異なる） 休 不定休 交 ゆりかもめ台場駅から徒歩1分 お台場 ▶MAP 別P.20 B-2

3F

プチプラな北欧雑貨といえば

Flying Tiger Copenhagen アクアシティお台場ストア

フライングタイガーコペンハーゲン アクアシティおだいばストア

デンマーク発の人気雑貨店。大人かわいい日用雑貨や文具が揃う。お手頃価格も魅力的。

☎ 03-6457-1300 営 11:00～21:00

5F

ラーメンの大一番が始まる

東京ラーメン国技館 舞

とうきょうラーメンこくぎかんまい

各地の有名店の味が食べ比べられる。写真は「金澤濃厚豚骨ラーメン 神仙」の誇る一杯。

☎ 03-3599-4700 営 11:00～23:00（LO22:30）

ODAIBA 03

景色＆グルメで胸もお腹もいっぱいに

日中はカジュアルに遊べるお台場も、夜は大人のラグジュアリー空間に変身。お台場の象徴ともいえるベイエリアの夜景と絶品グルメで乾杯！ 時の経つのを忘れそう。

レインボーブリッジを眺めながらの食事。大切な人とゆったり贅沢な時間を過ごそう

スタイルにとらわれないイタリアン

カフェ ラ・ボエム お台場

カフェ ラ・ボエム おだいば

パスタやピザだけでなく肉料理も堪能できるカジュアルダイニング。活気あふれるメインダイニングなど3つのフロアがある。

港区台場1-7-1 アクアシティお台場4F　☎ 03-3599-4801　営 11:30～24:00(LO23:30)　休 無休　交 ゆりかもめ台場駅北口から徒歩約3分

お台場 ▶MAP 別P.20 B-1

夜景が見えるオーシャンビューダイニング

980円

元祖辛子明太子

中世ヨーロッパ風のインテリア

1 コース料理も多数そろえている 2 海賊の一員になった気分で非日常を楽しもう

まるで海賊船に乗っているよう

KING OF THE PIRATES

キング・オブ・ザ・パイレーツ

数々の伝説を打ち立てた海賊王が演出するテーマレストラン。窓側の席なら、きれいな夜景も店内のインテリアのように楽しめる。

港区台場1-7-1アクアシティお台場5F　☎ 03-3599-1225　営 11:30～14:30(LO)、17:00～23:00、土・日曜・祝日11:00～23:00※各ディナーLO22:00、ドリンクLO22:30　休 施設に準ずる　交 ゆりかもめ台場駅北口から徒歩1分

お台場 ▶MAP 別P.20 B-2

ホテルのゴージャスなブッフェレストラン

シースケープ テラス・ダイニング

ヒルトン東京お台場内にあり、レインボーブリッジや東京タワーなどの絶景を望む。時間帯ごとにさまざまなブッフェが楽しめる。

港区台場1-9-1 ヒルトン東京お台場2F
☎ 03-5500-5580(レストラン総合案内)
営 6:30～23:30　休 無休　交 ゆりかもめ台場駅直結

お台場 ▶MAP 別P.20 A-2

パノラマ・オーシャンビューを一望

テラス席は春から秋にかけてオープン

料理長こだわりのメニューが並ぶ

幕末、江戸防備のために造られたお台場。かつては7カ所あり、今残るのは第三と第六台場。それ以外は埋め立てられたか撤去された。

ファミリーで楽しめるアミューズメントタウン

池袋（いけぶくろ）

IKEBUKURO

日本が世界に誇るポップカルチャーの聖地として幅広い年齢層、国籍の人々に愛される街。乗降者数も新宿に次ぐ2位で駅ナカやデパ地下も充実している。

このエリアの利用駅
JR山手線 池袋駅
東京メトロ 池袋駅、東池袋駅
東武東上線 池袋駅
西武池袋線 池袋駅

東口で観光＆ショッピング

昼：◎ 夜：◎
昼は名所めぐりで夜は各国グルメに舌鼓。ディープな西口も魅力的

IKEBUKURO 01

新2大ランドマークでサブカル＆グルメを満喫！

「国際アート・カルチャー都市」をテーマに再開発が進む池袋。その象徴ともいえるのが2つのビル。漫画・アニメなど世界で人気の文化のアンテナ基地として注目を浴びている。劇場体験に力を入れているのも特色。

最先端の体験型エンタメビル

キュープラザ 池袋

キュープラザいけぶくろ

映画館、アミューズメント施設、バッティングセンターが集結。グルメも充実した池袋の新たなランドマーク。

豊島区東池袋1-30-1 営店舗により異なる 休無休 交各線池袋駅東口から徒歩4分

池袋 ▶MAP 別P.26 B-1

都内最大級の最先端シアター

4F

グランドシネマサンシャイン 池袋

12スクリーン2443席もの規模を誇るシネマコンプレックス。4DX等の最先端の映画体験やフードメニューも充実。未知のシネマ体験が待っている。

☎03-6915-2722 営上映スケジュールに準ずる 休施設に準ずる

高さ18.9m×幅25.8m！

国内最大の「IMAX®レーザー/GTテクノロジー」シアター

NYスタイルの雑貨店＆カフェ

1F

AWESOME STORE & CAFE IKEBUKURO

オーサムストア アンド カフェ イケブクロ

まるでニューヨークの町並みが再現されたかのよう。手頃でグッドデザインな雑貨が揃い、最新カフェグルメも楽しめる。

☎03-5944-9754
営10:00～21:00 休施設に準ずる

ふわとろベーコンオム396円
もちもち食感のベーグルを試してみよう

劇場都市池袋のアート発信拠点

Hareza池袋

ハレザいけぶくろ

2020年にOPEN。公園と一体となった3棟の施設と、シネコンや舞台、コンサートホールなど8つの劇場空間で、多様な文化を発信する。

池袋のハレの舞台！

豊島区東池袋1-19-1他 営店舗により異なる 休無休 交各線池袋駅東口から徒歩4分 池袋 ▶MAP 別P.26 B-1

4種穀物とたまごのボタニカルサラダ1540円
こだわり食材がたっぷり。チキンかサーモンを選択

NY式朝ゴハンを池袋で味わう

egg 東京

エッグとうきょう

ニューヨーク・ブルックリンで人気のお店が海外初進出。ブリオッシュから卵があふれるエッグロスコ1738円も食べておきたい。

☎03-5957-7115
営10:00～22:00（LO21:00）休施設に準ずる

ACCESS

東京駅 — 丸ノ内線 → 池袋駅
料金 200円
所要時間 約17分

羽田空港 — 東京モノレール → 浜松町駅 — JR山手線 → 池袋駅
料金 770円
所要時間 約56分

MUST SPOT

サンシャイン水族館
さんしゃいんすいぞくかん
屋外で見られるペンギンやアシカが人気の都市型水族館
→P.17・85

IKEBUKURO 02

リピーター続出の本格グルメを食す！

国際色豊かな食文化でグルメをうならせる池袋。最先端アジアングルメを味わった後は、遅くまで賑わうスイーツ店はいかが。多種多様なニーズに応えてくれるのも魅力だ。

大人のシメにパフェはいかが？

夜パフェ専門店 モモブクロ

よるパフェせんもんてん モモブクロ

すっかり定着した夜パフェ。旬のフルーツで装飾したパフェはもはや芸術品。味や食感の変化を楽しみながら、盛り上がりたい。

豊島区西池袋1-40-5 名取ビルB1F ☎03-6914-1839 営17:00～24:00、金曜・祝前日17:00～翌1:00、土曜15:00～翌1:00、日曜・祝日15:00～24:00（LO各30分前） 休不定休 交各線池袋駅12番出口から徒歩3分
池袋 ▶MAP 別P.26 A-1

1600円

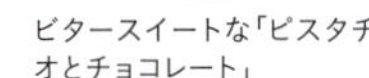

ビタースイートな「ピスタチオとチョコレート」

最後の一滴まで飲みたくなるスープ「牛肉のフォー」

890円

本場のフォーはコク深い旨み

PHO THIN TOKYO

フォーティントーキョー

ベトナムはハノイから人気のお店が日本初上陸。フォー専門店のメニューは1種類のみ！　じっくり煮込んだ絶品スープで勝負。

豊島区東池袋1-12-14 ハヤカワビルB1F ☎03-5927-1115 営11:00～21:00 休無休 交各線池袋駅35番出口から徒歩2分
池袋 ▶MAP 別P.26 B-1

1個85円

たらこの風味と食感がマッチした「明太子クロワッサン」

焼きたてのミニクロワッサン

MIGNON JR東日本池袋南改札横店

ミニヨン ジェイアールひがしにほん いけぶくろみなみかいさつよこてん

博多からやってきた行列必至の人気店。ミニクロワッサンはプレーンが65円とお手頃なサイズと価格で色々試してみたくなる。

豊島区南池袋1-28 JR池袋駅構内 ☎03-5960-2564 営7:00～21:00（土曜8:00～、日曜・祝日8:00～20:00） 休施設に準ずる 交JR池袋駅構内
池袋 ▶MAP 別P.26 A-1

IKEBUKURO 03

各地から集結！話題の品をおみやげに

全国2位の乗降者数を誇る池袋駅。広い駅構内や直通のデパ地下には話題のお持ち帰りグルメのお店が勢揃い。ターミナル駅でちょっとした手みやげを選ぶのにとっても便利。

810円

バニラビーンズが香る人気No.1の「北海道フレッシュクリームプリン」

ビーカーに入ったなめらかプリン

マーロウ 西武池袋本店

マーロウ せいぶいけぶくろほんてん

横須賀発、新鮮な北海道産の卵をはじめとしたこだわり食材の手作りビーカープリン。タフなオトナの優しさがつまった丁寧な味わい。

豊島区南池袋1-28-1 西武池袋本店B1F ☎03-3981-0111(代) 営10:00～21:00（日曜・祝日～20:00） 休施設に準ずる 交各線池袋駅東口から徒歩1分
池袋 ▶MAP 別P.26 B-1

元々劇場が多く、古くからカルチャーの発信基地だった池袋。現在も名画座などが存在し、独特の文化が息づいている。

西洋と下町文化が混在する

上野（うえの）

UENO

観光のあとでアメ横を散策

上野の森（上野恩賜公園）と不忍池が広がるエリア。上野動物園をはじめ、美術館や博物館が点在する。散策後は人々でにぎわうアメ横で激安ショッピングを。

このエリアの利用駅
JR山手線・京浜東北線ほか 上野駅・御徒町駅
東京メトロ 上野駅、上野広小路駅、湯島駅ほか
都営地下鉄 上野御徒町駅

昼：◎ 夜：○
観光のメインは昼。美術館・博物館は月曜が休みなので注意。

UENO 01

上野の森をぐるっと歩いてヒーリング♪

上野の山と呼ばれる台地に位置し、地形を生かした敷地に文化施設や江戸・東京の歴史を伝える建造物など見どころが満載。四季折々の自然に癒されながら散策できる。

自然と文化、芸術が集まる都市公園

上野恩賜公園

うえのおんしこうえん

1873年に開園した日本を代表する公園。約53万㎡の敷地に博物館や美術館、動物園などがあり、文化や芸術の集合地域としても知られる。

台東区上野公園 ☎03-3828-5644 営5:00～23:00 交JR上野公園口から徒歩1分
上野 ▶MAP 別P.23 D-1

大噴水
パターンの変化が楽しめ、夜はライトアップも見どころ

上野東照宮
1627年建立、徳川家を祀る神社。強運のご利益がある

西郷隆盛像
高さ3.7mの堂々たる姿が目を引く

UENO 02

キュートすぎる★パンダみやげをお持ち帰り！

上野のアイドルといえばパンダ。
その愛くるしい姿はお菓子のモチーフとしても大人気。
味よし、姿よし。とっておきのおみやげスイーツをご紹介！

パンダの型抜きが楽しめる「上野パンダファミリーギフトバウム」

594円

パッケージにパンダをデザイン。素朴なおいしさの「パンダ豆板（16枚入）」

900円

パンダがモチーフのプチケーキ

DOLCE FELICE

ドルチェフェリーチェ

東京・神奈川・埼玉に12店舗ある人気パティスリー。パンダのパウンドケーキ「プティパウンド・パンダ」はエキュート上野店限定。

台東区上野7-1-1 JR上野駅構内3F ☎03-5826-5640 営8:00～22:00（金曜～22:30、土・日曜・祝日～21:00）休無休 交JR上野駅構内3F
上野 ▶MAP 別P.23 E-2

CUTE!

2200円

上質なチョコレートを使用したプチケーキ9個セット

150種類のパンダアイテムが集合

上野案内所

うえのあんないじょ

ショッピングが楽しめる上野の観光インフォメーション。パンダのアイテムはグッズ・スイーツともに豊富で、ここでしか買えないものも。

台東区上野3-29-5 松坂屋上野店地下1F(PARCO_ya側) ☎03-3832-1111 営10:00～20:00 休施設に準ずる 交地下鉄上野広小路駅直結
上野 ▶MAP 別P.23 D-3

ACCESS

東京駅 → JR山手線 → 上野駅　料金 160円　所要時間 約8分

羽田空港 → 東京モノレール → 浜松町駅 → JR山手線 → 上野駅　料金 670円　所要時間 約35分

MUST SPOT

国立科学博物館
こくりつかがくはくぶつかん
日本最大級の科学博物館。恐竜の骨格標本は圧巻！ →P.78

写真提供:国立科学博物館

UENO 03

居心地のいいレトロ喫茶へ

歴史ある繁華街の上野には昭和の面影を伝える純喫茶が健在。レトロな内装や調度品に囲まれて喫茶店メニューを味わい、散策の合間にほっとするひとときを楽しもう。

照明からソファまでレトロで統一

インスタ映えするレトロ喫茶

ギャラン

1977年に開店し、オーダーメイドの内装は創業当時のまま。ご飯ものやパフェなど定番メニューが豊富で、純喫茶の魅力を満喫できる。

台東区上野6-14-4 ☎03-3836-2756 営8:00～23:00 休無休 交JR上野駅広小路口から徒歩1分
上野 ▶MAP 別P.23 E-2

オムライス950円
変わらぬ味とビジュアルが人気のオムライス。クリームソーダ850円

UENO 04

ディープな世界！アメ横をウロウロ

JR上野駅から御徒町駅までの高架下周辺に400もの店舗がひしめく。乾物やお菓子、衣料品、エスニックフード……カオスな雰囲気を楽しみながら掘り出しものを見つけよう。

活気は随一！チョコの叩き売り

アメ横 志村商店

アメよこ しむらしょうてん

メーカー菓子のアウトレット店。名物はチョコレートの叩き売りで、名調子のかけ声のもと2000円分以上の商品が半額の1000円に！

☎03-3831-2454 営10:00～18:00 休無休
上野 ▶MAP 別P.23 E-2

ピタパンに肉と野菜たっぷりのケバブサンド。ソースは辛さ4段階

スパイスにこだわった本場の味

オスカーケバブ

10数種のスパイスを使用したケバブはビーフとチキン、ミックスの3種類。女性に人気のアボカド入りやマイルドなチーズ入りも。

☎非公開 営9:00～22:00 休無休
上野 ▶MAP 別P.23 E-3

アメ横は年末になると買い出し客で非常に混雑する。買い物もままならないのでこの時期に訪れるなら覚悟して。

注目の店が点在する、おいしくておしゃれなエリア

代官山(だいかんやま)・恵比寿(えびす)

Daikanyama·Ebisu

個性的なショップやカフェが多い洗練された大人の街。
時間と心にゆとりを持って歩きたい。

街行く人たちも
おしゃれ!

1

緑豊かな代官山を散策して ショッピング&カフェタイム

穏やかな雰囲気が漂う代官山は、緑も多く街歩きが気持ちいい。裏路地にひっそりと佇むお店を見つけるのも楽しい。

代官山T-SITEにある

大人の好奇心を刺激する至福の空間

代官山 蔦屋書店 B

だいかんやま つたやしょてん

本や映画、音楽のコンシェルジュが常駐。併設のカフェでは試読もできる。

渋谷区猿楽町 17-5 ☎03-3770-2525 営公式HPで確認 休不定休 交東急東横線代官山駅正面口から徒歩5分

▶MAP 別P.16 B-2

野菜の力で体を内側からきれいに!

CLEANSING CAFE Daikanyama C

クレンジング カフェ ダイカンヤマ

専用のマシンで素材の栄養を丸ごと抽出

野菜や果物を搾って作るコールドプレスジュースの専門店。

渋谷区猿楽町9-8アーバンパーク代官山Ⅱ212 ☎03-6277-5336 営10:00〜17:00 休不定休 交東急東横線代官山駅北口から徒歩4分

▶MAP 別P.16 B-1

ジュースクレンズ
5本セット
8333円

アップルパイやチーズケーキが人気

Matsunosuke N.Y. D

マツノスケ ニューヨーク

お菓子研究家の平野顕子氏がプロデュースするパイとケーキの専門店。

渋谷区猿楽町29-9ヒルサイドテラスD棟11 ☎03-5728-3868 営9:00〜19:00 休月曜 交東急東横線代官山駅正面口から徒歩4分

▶MAP 別P.16 B-2

サワークリームアップルパイ
570円

フォトジェニックなカフェ

Teafanny 代官山店 A

ティファニー だいかんやまてん

真っ白な店内にはアートやオブジェがいっぱい。茶葉にこだわるティーメニューが人気。

ストレートティーの Tea Black
450円

渋谷区鉢山町13-16 ☎03-3464-1500 営11:30〜18:00(店内利用15:00〜17:00) 休不定休 交東急東横線代官山駅正面口から徒歩10分

▶MAP 別P.16 A-1

海外を思わせるルーフトップ

1階テラスはテイクアウトでも利用可

Ⓐ Teafanny 代官山店 P.138
P.138 CLEANSING CAFE Daikanyama Ⓒ
P.138 SPRING VALLEY BREWERY 東京 Ⓔ
ログロード代官山
代官山町
P.138 代官山 蔦屋書店 Ⓑ
代官山アドレス
猿楽町
旧山手通り
代官山プラザ
P.138 Matsunosuke N.Y. Ⓓ
代官山駅
旧朝倉家住宅
徒歩約3分
駒沢通り
中目黒駅
目黒川

話題の店が並ぶ
LOG ROAD

さまざまな種類のビールがそろう

SPRING VALLEY BREWERY 東京 E

スプリング バレー ブルワリー とうきょう

併設のブルワリーで造りたてクラフトビールを味わえる。

渋谷区代官山町13-1 ログロード代官山内 ☎03-6416-4960 営9:00〜23:00(日曜〜22:00) 休無休 交東急東横線代官山駅正面口から徒歩4分

▶MAP 別P.16 C-1

ビールに合うフードも充実している

豊潤496「至福のペアリングセット」(ハーフサイズ)
1200円

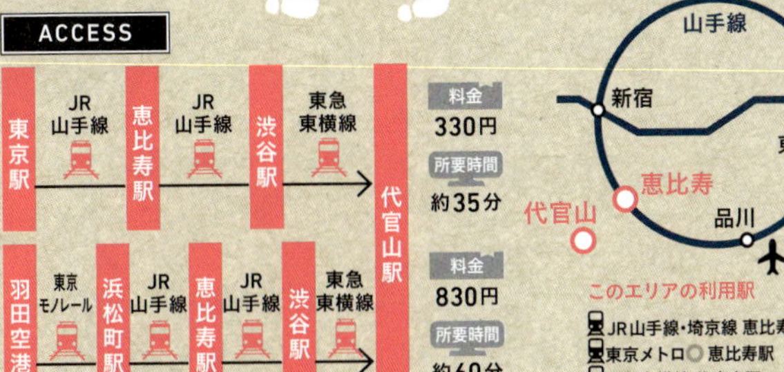

山手線
新宿
東京
恵比寿
代官山
品川

このエリアの利用駅
JR山手線・埼京線 恵比寿駅
東京メトロ◯ 恵比寿駅
東急東横線 代官山駅

洗練されたオトナの街

昼：◎ 夜：○
周囲の緑を生かした店が多いので、昼間の街歩きがおすすめ。

施設内のヱビスビール記念館ではテイスティングラウンジでビールを楽しめる

DAIKANYAMA・EBISU

大人のためのグルメな街 恵比寿でそぞろ歩き

2

味も雰囲気も抜群なお店が満載！高級レストランからカジュアルカフェまで多種多様なので、シチュエーションや気分に合わせて使い分けて。

オススメ！
代官山・恵比寿・渋谷を走る、便利なハチ公バス
>>>P.157

JR山手線
JR埼京線
明治通り
渋谷川
日比谷線
恵比寿プライムスクエア
恵比寿横丁
H JAPANESE ICE 櫻花 P.139
アトレ恵比寿
恵比寿駅
ヱビスビール記念館
P.139 インターナショナル レストラン「ザ・テラス」 G
P.139 恵比寿ガーデンプレイス F
東京都写真美術館
ウェスティンホテル東京
防衛省技術研究本部 艦艇装備研究所

広大なオープンスペースに四季折々の植栽が彩る

恵比寿ガーデンプレイス F

えびすガーデンプレイス

レストランやカフェ、ホテルに美術館などが集まる恵比寿のランドマーク。

渋谷区恵比寿4-20 ☎㊖㊡店舗により異なる ㊯JR恵比寿駅東口から徒歩5分（動く通路「恵比寿スカイウォークを使用）
▶MAP 別P.17 F-3

ウェスティンホテル東京内にあるダイニング

インターナショナル レストラン「ザ・テラス」 G

広々としたホールとオープンキッチンで開放感バツグン

季節に合わせたバラエティ豊かな料理が並ぶビュッフェが好評。

目黒区三田1-4-1 恵比寿ガーデンプレイス内 ウェスティンホテル東京1F ☎03-5423-7778 ㊖6:30～21:30 ㊡無休 ㊯JR恵比寿駅東口から徒歩7分
▶MAP 別P.17 F-3

和テイストの優しい味わい

JAPANESE ICE 櫻花 H

ジャパニーズ アイス おうか

旬の素材を使用した、常時12種類のアイスクリームが食べられる。

渋谷区恵比寿1-6-7 animo ebisu1F ☎03-5449-0037 ㊖11:00～20:00(LO19:30) ㊡無休 ㊯JR恵比寿駅西口から徒歩3分
▶MAP 別P.17 E-2

好みの3種類の味が楽しめる小盛

恵比寿の地名の由来は「ヱビスビール」。120年以上前にこの地にあったサッポロビール工場で、ヱビスビールは誕生した。

花街の面影とフランスの香りが融合した街

神楽坂（かぐらざか）

Kagurazaka

異国情緒があるのにどこか懐かしい不思議な街。
和と洋が自然に溶け合う、絶妙なバランスを楽しんで。

毘沙門天は神楽坂のランドマーク

石畳の裏路地がパリのような雰囲気を醸し出す

KAGURAZAKA 1

石畳の小道が続く情緒あふれる街をおさんぽ

かつて花街として栄えた面影を残す石畳の裏路地は、あえて迷い込むのが正しい歩き方。ひっそりと佇む小さな店に、うれしい発見があるかもしれない。

夜は控えめな明かりが灯され風情たっぷり。和服で歩く人の姿も見られる

味わい深い石畳のある風景

兵庫横丁 A

ひょうごよこちょう

神楽坂界隈で最も古く、鎌倉時代から続くといわれる石畳の路地。通りの名前は、戦国時代に牛込城の武器庫（兵庫）があったことが由来している。

左／この石像は狛犬でなく狛虎
右／開運・招福のひめ小判守 1000円（正月2回、5月と9月各1回の年4回寅の日のみ頒布）

徳川光圀もあつい信仰を寄せた

毘沙門天（善國寺） B

びしゃもんてん ぜんこくじ

「神楽坂の毘沙門さま」として、創建より約400年親しまれている古刹。

新宿区神楽坂5-36 ☎03-3269-0641 営9:00～17:00 休無休 料拝観無料 交地下鉄飯田橋駅B3出口から徒歩5分

▶MAP 別P.24 B-1

大久保通りから続く袖摺坂

不二家 飯田橋神楽坂店限定のペコちゃん焼

古い建物が数多く残っている

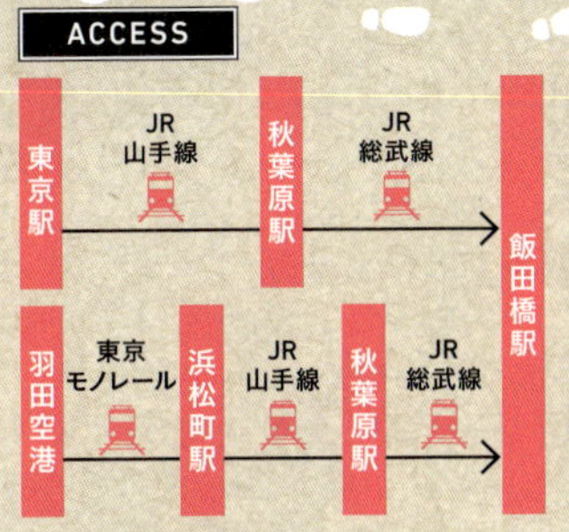

料金
160円
所要時間
約17分

料金
670円
所要時間
約43分

このエリアの利用駅
JR総武線 飯田橋駅
東京メトロ〇〇〇 飯田橋駅
都営地下鉄〇 飯田橋駅

ノスタルジックな雰囲気

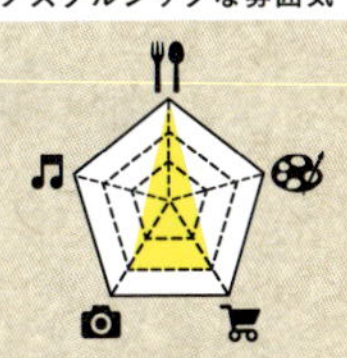

昼：〇 夜：◎
裏路地も積極的に散策したい。夜の街並みもロマンチック。

入りづらそうな店こそおもしろかったりする

KAGURAZAKA 2

個性的な店が集まる大人の街で和と洋のグルメを堪能

小さな店が多い神楽坂だが、どれもエッジの効いたこだわりの店ばかり。個性あふれる店主や常連客との会話も楽しい。

1540円
saryōパフェ日本のお茶セット

町家風の一軒家を利用したレトロなカフェ

神楽坂 茶寮 本店 C

かぐらざか さりょう ほんてん

抹茶や生麩使用の和スイーツが人気。おばんさいセットなど食事メニューも充実。

新宿区神楽坂5-9 ☎03-3266-0880 営11:30〜23:00(土曜11:00〜、日曜・祝日11:00〜22:00) 休不定休 交地下鉄飯田橋駅B2出口から徒歩4分

▶MAP 別P.24 B-1

1540円
具だくさんのうどんすき

「うどんすき」が名物

神楽坂 別亭 鳥茶屋 D

かぐらざか べってい とりぢゃや

うどんすきで有名。ランチ限定、ふわとろ卵の親子丼980円も人気。

新宿区神楽坂3-6 ☎03-3260-6661 営11:30〜14:00(土・日曜・祝日〜14:30)、17:00〜21:00(土曜16:30〜、日曜・祝日16:30〜21:00) 休無休 交地下鉄飯田橋B3出口から徒歩3分

▶MAP 別P.24 B-1

1182円
モンブランカシス

できたてのデザートを楽しめる

ATELIER KOHTA E

アトリエ コータ

パティシエが目の前でデザートプレートを作り上げる「カウンターデザート」の店。

新宿区神楽坂6-25 ☎03-5227-4037 営HP参照、テイクアウト9:00〜20:00 休無休 交地下鉄神楽坂駅1番出口から徒歩2分

▶MAP 別P.24 A-1

1350円〜
種類豊富なガレット

本場のガレットといえばココ

LE BRETAGNE F

ル ブルターニュ

フランス・ブルターニュ地方のガレット(そば粉のクレープ)とシードル(リンゴの微発泡酒)が楽しめる。

新宿区神楽坂4-2 ☎03-3235-3001 営11:30〜22:00(日曜・祝日11:00〜) 休無休 交地下鉄飯田橋駅B3出口から徒歩5分

▶MAP 別P.24 B-1

神楽坂付近にはフランス人たちが通う学校が多く、フランス人の姿をよく見かける。「日本のプチパリ」とも呼ばれる。

大名たちの屋敷跡

江戸時代のに建てられたお屋敷跡の今

日本一地価が高く、日本一人口が集中している東京の中心部には、広い敷地を必要とする公園や大学のキャンパスなどがいたる所に存在ある。その土地の多くは、もともと江戸時代の大名のお屋敷用の土地だった。3代将軍家光の時に制定された参勤交代制度のために、殿様は領国と江戸両方に屋敷を持つ必要があり、多くの場合それらの土地はそれぞれの大名家に幕府から与えられた。つまり殿様の私有地ではなく、江戸幕府から屋敷用に提供されたものだった。広さは基本的に経済規模である藩の石高に比例して決まり、さらに家格の高い者は江戸城の近くに屋敷を持つことができた。

明治維新の際、徳川家は江戸城を明け渡すだけでなく、大名屋敷に充てられていた土地も明治政府に返した。東京の中心部、江戸城（今の皇居）周辺に、意外なほど広い土地がいくつもあるのはそのため。その後それらの土地はさまざまな用途に使われ、中には細かく分割されたものもあるが、143ページのように広大なまま現代の東京に存在している敷地もある。

江戸藩邸の役割とは

多くの大名は江戸に複数の屋敷を持っていた。江戸滞在中の本拠地で、家族も住み、江戸における政治・外交・経済の拠点となる所は「上屋敷」と呼ばれ、江戸城に一番近い場所にあった。上屋敷の控えで、隠居した藩主などが住んでいた所が「中屋敷」。主に別邸として使われ、庭園が造られたこともあった「下屋敷」は、江戸城から離れた郊外にあった。ほとんどの家臣は中屋敷や下屋敷の中に造られた長屋で暮らしていた。「上屋敷」しか持たない大名もいたが、力のある大名の中には、幕府から提供された土地以外に、自前で購入した土地に屋敷を建てていた者もいる。

現在の皇居は元は江戸城。周辺には大名屋敷が点在していた

都内の旧藩邸一例

大名屋敷跡が活用されている土地は少なくない。以下はその一例。

新宿御苑
旧高遠藩下屋敷

花見の名所でもある新宿御苑には信州高遠藩主内藤家の屋敷があった。ちなみに御苑東に隣接する住所は内藤町。高遠藩の場所は長野県伊那市周辺。国元に帰る甲州街道の入口近くに屋敷があった。

新宿 MAP 別P.19 F-3

桜だけでなく季節の花が楽しめる庭園
©東京観光財団

小石川後楽園
旧水戸藩上屋敷

東京ドームに隣接する緑豊かな日本庭園がある公園は、徳川御三家の一つ、水戸藩の上屋敷だった。水戸徳川家の七男で、最後の将軍となった徳川慶喜は、水戸ではなくこの場所で生まれている。

後楽園 MAP 別P.27 ③

東京ドーム周辺の喧噪がうそのように静か

六義園
旧郡山藩下屋敷

JR駒込駅の近くにある六義園は、江戸時代の大名庭園の優雅な雰囲気を現在に伝えている。ここは5代将軍綱吉の側用人柳沢吉保が造った庭園。柳沢家はその後大和郡山藩に転封になり明治を迎えた。

駒込 MAP 別P.4 C-1

貴重な大名庭園が都心で見学できる

明治神宮
旧彦根藩下屋敷

「桜田門外の変」で知られる大老井伊直弼は彦根藩の殿様だった。井伊家は譜代大名筆頭家格だけあって江戸各所に屋敷があり、広大な下屋敷がここにあった。

原宿 MAP 別P.12 A-1

全国から取り寄せられたさまざまな木々が植林された。人工林と思えないほど緑が濃い

上智大学四谷キャンパス
旧名古屋藩屋敷

徳川御三家筆頭の家格にあった尾張藩。江戸城に隣接した現在の四谷から市ヶ谷周辺に広大な土地を所有していた。上智大のほか、現在の防衛省の敷地と陸上自衛隊市ヶ谷駐屯地もその一部だった。

四谷 MAP 別P.4 C-1

江戸城外堀のすぐ内側にあった土地

ホテルニューオータニ
旧彦根藩中屋敷

彦根藩は桜田門近くに上屋敷、明治神宮となった下屋敷、そしてここに中屋敷があった。この周辺は御三家の紀伊藩、尾張藩、井伊家の屋敷があったので、各頭文字をとって紀尾井町と名付けられた。

四谷 MAP 別P.4 C-1

左の上智大学キャンパスに隣接

東京大学本郷キャンパス　旧加賀藩上屋敷

「加賀百万石」と言われた外様藩で最大の石高を誇った加賀藩前田家の上屋敷があったのがここ。赤門は前田家当主が将軍家より正室を迎える際に門を朱に塗ったのが始まり。

本郷 MAP 別P.5 D-1

殿様しか通れない門は、今は学生たちが行き交う

東大の赤門は大名屋敷の貴重な遺構

明治政府は江戸にあった大名の3つの屋敷のうち2つを手放すように指示。今では考えられない広い土地が都心にたくさんあったのだ。

下町情緒あふれる人気のおさんぽスポット

谷根千（やねせん）

Yanesen

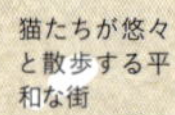

猫たちが悠々と散歩する平和な街

谷中、根津、千駄木の頭文字をとって"谷根千"。
人々の生活が息づくレトロな街並みに穏やかな時間が流れる。

YANESEN 1

どこか懐かしさを感じるカフェでまったり過ごす

クラシカルな建物がひしめく街なかには、古民家を利用したカフェも多い。一歩足を踏み入れればそこは異世界。時間を忘れてゆっくりしたい。

御殿坂と谷中銀座の間の階段は夕日の名所

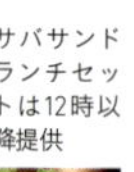

サバサンドランチセットは12時以降提供

1419円

黒い2階建ての建物が目印

アートな空間でひと息入れよう

HAGI CAFE A

ハギ カフェ

木造アパートを改装したカフェ。丁寧にドリップしたコーヒーは香り高い。

台東区谷中3-10-25 HAGISO
☎03-5832-9808 営8:00〜10:00、12:00〜20:00 休不定休 交地下鉄千駄木駅2番出口から徒歩5分

▶MAP 別P.24 A-2

重厚感のある建物

1000円

たまごサンド。スープ・サラダ付

名物のたまごサンドに癒される

カヤバ珈琲 B

カヤバこーひー

1938（昭和13）年から続く老舗の純喫茶をリニューアルしたカフェ。

台東区谷中6-1-29 ☎03-5832-9896 営8:00〜18:00（土・日曜・祝日〜19:00） 休無休 交JR日暮里駅南口から徒歩10分

▶MAP 別P.24 B-3

昔から変わらない優しい味

甘味処 芋甚 C

かんみどころ いもじん

大正から続く老舗。あんみつや卵不使用のアイスを味わえる。

文京区根津2-30-4 ☎03-3821-5530 営10:00〜19:00（LO18:40） 休月曜（10〜3月は月・火曜） 交地下鉄根津駅1番出口から徒歩5分

▶MAP 別P.24 A-3

優しい味のアイス

320円

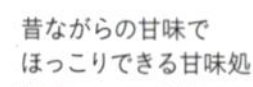

昔ながらの甘味でほっこりできる甘味処

430円

人気のあんみつ

ACCESS

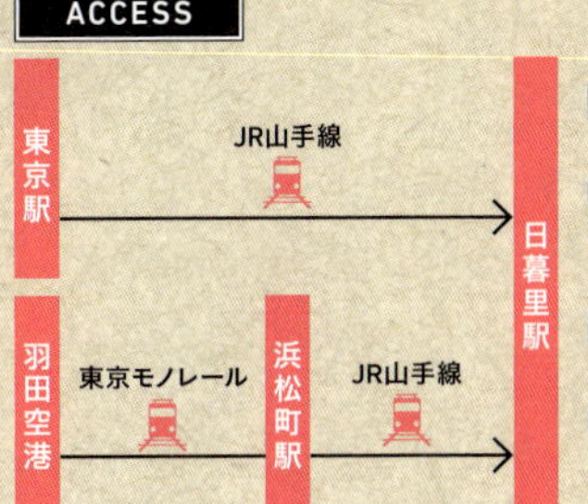

料金 160円
所要時間 約12分

料金 670円
所要時間 約38分

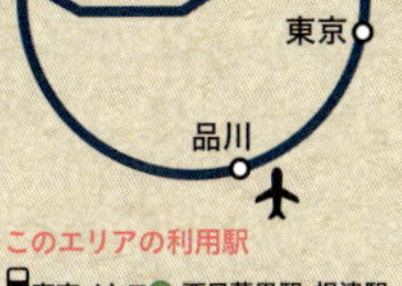

このエリアの利用駅

東京メトロ 西日暮里駅・根津駅・千駄木駅

JR山手線・京浜東北線など 西日暮里駅・日暮里駅

レトロな街並みと猫の街

昼：◎ 夜：△

どの年齢層も楽しめる街で、家族連れも多い。昼間に活気がある。

YANESEN

路地裏で素朴なおいしさに出合う

2

一口食べると笑顔がこぼれる、素朴な味わいの谷根千のパンや焼き菓子。手頃な値段のものも多いので、いろいろ買って食べ比べるのも楽しい。

窓枠のカウンターが目印

200円

220円

ねこ(さつまいも)とうさぎ(クリーム)

路地裏に潜むキュートな動物たち

Bonjour mojo2 D

ボンジュール モジョモジョ

動物をかたどったパンが並ぶ。さつまいもやクリームなど具もさまざま。

文京区根津2-33-2 七弥ハウス101 ☎非公開 営11:00～売り切れ次第閉店 休月・火曜、不定休 交地下鉄根津駅1番出口から徒歩約7分

▶MAP 別P.24 A-3

口当たりにこだわった一品

Succession E

サクセション

新鮮な食材の味を生かしたパンや焼き菓子を提供。季節ごとのメニューも。

台東区谷中2-5-19 ☎090-5793-1401 営10:00～18:00 休火・水曜 交地下鉄千駄木駅1番出口から徒歩7分

▶MAP 別P.24 A-3

パンや焼き菓子がずらりと並ぶ

756円

あんバタートースト(ドリンク付き)

YANESEN

お寺&お墓を巡って昔の東京に思いを馳せる

3

谷根千の寺の中には坐禅や写経の体験ができる所もある。名将や文豪の墓を訪れて歴史を肌で感じるのもいいだろう。

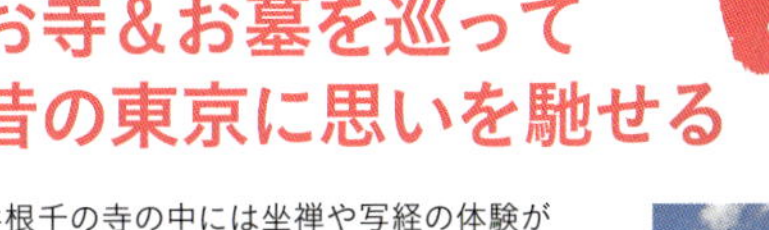

徳川家綱の霊廟である厳有院霊廟勅額門

静かな園内に多くの著名人が眠る

谷中霊園 F

やなかれいえん

大河ドラマや新1万円札で注目される、澁澤榮一の墓所がある。

台東区谷中7-5-24 ☎03-3821-4456 営8:30～17:15 休無休 料無料 交JR日暮里駅南口から徒歩5分

▶MAP 別P.24 B-3

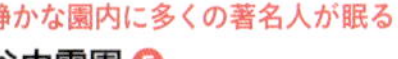

桜のシーズンにはソメイヨシノが一斉に咲き乱れる

緑が豊かで空も広いので街歩きが気持ちいい

徳川家ゆかりの由緒ある寺

寛永寺 G

かんえいじ

1625(寛永2)年に、江戸城の鬼門(東北)を守るため建立された。

台東区上野桜木1-14-11 ☎03-3821-4440 営9:00～16:00 休無休 料拝観無料 交JR鶯谷駅北口から徒歩6分

▶MAP 別P.24 B-3～C-3

谷根千は、夏目漱石や森鷗外、江戸川乱歩、川端康成など、名だたる顔ぶれの文豪たちが暮らしていたことでも知られている。

江戸時代から続く商業と文化の中心地

日本橋（にほんばし）
Nihombashi

歴史ある建造物にも注目！

日本の道路網の始点とされる日本橋。江戸時代から今も変わらず、多くの人や物がにぎやかに行き来している。

NIHOMBASHI 1

明治から昭和にかけてのレトロ建築巡り

日本橋の街を歩いていると目につく、ただならぬ存在感を放つ建造物。風情あふれる街並みを楽しみながら、日本橋の歴史に思いを馳せよう。

What is

日本橋

日本橋川に架かる100年以上の歴史を持つ石造りの橋。1911（明治44）年に開通した現在の橋は19代目で、国の重要文化財にも指定されている。

外観や店内の細かな装飾にも注目したい

店内壁面の大理石の中にアンモナイトの化石が！

入口ではシンボルの2頭のライオン像がお出迎え

本館1階中央ホールにある天女像

ルネサンス様式の本館は国の重要文化財

日本橋三越本店 A

にほんばしみつこしほんてん

1673（延宝元）年創業。建物は大正期に竣工、1935（昭和10）年に現在のもとの形に。

中央区日本橋室町1-4-1　☎03-3241-3311（大代表）　営10:00～19:00（本館・新館1F、地階、免税カウンター～19:30）　休不定休　交地下鉄三越前駅地下通路直結

▶MAP 別P.7 D-1

明かりが灯るコレド室町

乙姫像が置かれた日本橋魚河岸記念碑

上空を首都高が走る日本橋

1階にある洋画家・東郷青児デザインのエレベーター扉

手動式のクラシックなエレベーターはレトロな魅力がある

和洋折衷デザインが美しい

日本橋高島屋 S.C. 本館 B

にほんばしたかしまやショッピングセンターほんかん

日本で初めて百貨店建築として重要文化財に指定された建物。

中央区日本橋2-4-1
☎03-3211-4111　営10:30～19:30（レストラン11:00～21:30）
休不定休　交地下鉄日本橋駅B2出口直結

▶MAP 別P.7 D-2

1933（昭和8）年に竣工した重厚な建築物

ACCESS

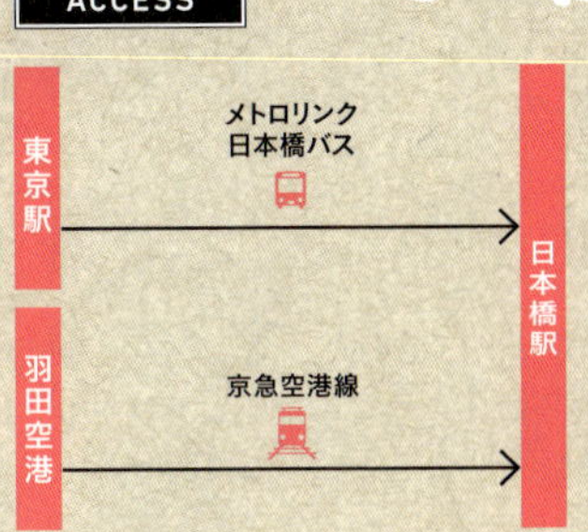

料金 無料
所要時間 10分

料金 500円
所要時間 約40分

山手線
新宿
東京
日本橋
品川

このエリアの利用駅
東京メトロ 日本橋駅
都営地下鉄 日本橋駅
東京メトロ 三越前駅

格式高い昭和レトロ

昼：◎ 夜：○
東京駅から日本橋へは徒歩約10分。無料巡回バスも上手に利用して。

WALK

代官山・恵比寿
神楽坂
谷根千
日本橋
築地

NIHOMBASHI 2

有名な老舗で古き良き時代に触れる

日本橋は多くの食通をうならせてきた老舗の宝庫。江戸時代から続くシンプルな和食から、文明開化の香り漂う洋食まで、バラエティも実に豊かだ。変わらぬ伝統の味を雰囲気と共に味わいたい。

1950円

半熟オムレツが豪快にのったタンポポオムライス

並んででも食べたいふわとろオムライス

たいめいけん C

1931（昭和6）年創業の日本を代表する洋食店。2階ではコースなど本格的な食事ができる。

中央区日本橋室町1-8-6 ☎03-3271-2463
㊔1F 11:00～20:30（日曜・祝日～20:00）、2F 11:00～14:00、17:00～20:00 ㊡1F月曜、2F日曜・祝日
㊋地下鉄三越前駅B6出口から徒歩1分
▶MAP 別P.7 E-1

ほのかに甘い香り高いそば

室町砂場 D

むろまちすなば

つけ汁にかき揚げを入れた、天ざる発祥の店。1869（明治2）年創業。

中央区日本橋室町4-1-13
☎03-3241-4038 ㊔11:30～20:30（土曜～15:30）
㊡日曜・祝日 ㊋地下鉄新日本橋駅1番出口から徒歩3分
▶MAP 別P.29 ㉓

趣は残しながらきれいに改装している

1760円

繊細な味わいの天ざる

JR総武快速線
新日本橋駅
三越前駅
本町出口
P.149 F 日本橋だし場 本店
P.149 E 中川政七商店 コレド室町店
P.149 コレド室町2
コレド室町1 P.149
P.149 コレド室町3
三井本館
スマイルホテル日本橋三越前
A 日本橋三越本店 P.146
半蔵門線
三越前駅
P.147 C たいめいけん
日本橋川
日本橋魚河岸記念碑
日本橋
榮太樓總本舗 日本橋本店
日本橋駅
コレド日本橋
榛原 P.66
東京日本橋タワー
P.146 B 日本橋高島屋S.C.本館
都営浅草線

NIHOMBASHI 3

江戸時代のにぎわいを再現したコレド室町へ

日本のよさを再発見できる粋な店が集結。江戸時代の日本橋の活気を現代によみがえらせた新名所。

館内の日本橋案内所で観光の情報収集もできる。建物は1、2、3、テラスに分かれている

☎03-3272-4801
㊔店舗により異なる
㊡不定休 ㊋地下鉄三越前駅直結
▶MAP 別P.7 E-1

日本の技術が光る暮らしの道具たち

中川政七商店 コレド室町店 E

なかがわまさしちしょうてんコレドむろまちてん

日本の工芸をベースにした、機能的で美しい雑貨がそろう。

中央区日本橋室町1-5-5 コレド室町3 2F ☎03-6262-3157 ㊔10:00～21:00 ㊡施設に準ずる ㊋地下鉄三越前駅A6出口直結
▶MAP 別P.7 E-1

東京タワーのモチーフ入りのアイテムもある

ひきたてのだしが愉しめる

日本橋だし場 本店 F

にほんばしだしば ほんてん

創業300余年の鰹節専門店にんべん 日本橋本店に併設されている。

100円

風味豊かな「かつお節だし」

中央区日本橋室町2-2-1 コレド室町1 1F
☎03-3241-0968 ㊔10:00～19:00 ㊡施設に準ずる ㊋地下鉄三越前駅A6出口から徒歩1分
▶MAP 別P.7 E-1

東京駅八重洲口から日本橋、京橋エリアを巡回する無料バス「メトロリンク日本橋」は、このエリアの見どころに行くのにとても便利。

豊洲移転後も新施設で営業！　海の幸を楽しむならやっぱりココ

築地（つきじ）
Tsukiji

中央卸売市場移転後も変わらず魚介を中心としたグルメが集う街。
めいっぱいお腹を空かせて早い時間から食べ歩きを楽しみたい。

海の幸の種類と質、鮮度は折り紙付き！

TSUKIJI 1
これだけはハズせない！ 築地といえば海鮮グルメ

これを食べなければ始まらない！　寿司や丼、定食、洋食などさまざまな料理に姿を変えているので、気分に合わせて旬の魚介を豪快にいただこう。

市場は移転したけれど

卸売市場の機能が豊洲へ移ってからも築地は変わらず活気づいている。場外には新たに動き出した築地魚河岸も。市場跡地の再開発も進行中で今後も目が離せない。

食べるペースに合わせて一貫ずつ握ってくれる

おまかせコースはランチで

裏路地に佇む隠れ家的名店
秀徳3号店 Ⓐ
しゅうとくさんごうてん

秘伝配合、赤酢のシャリは旨みが引き立つ本格江戸前鮨。築地の味を堪能できる。

中央区築地4-14-1 モンテベルデ ☎03-3542-1112 営11:00～14:30、17:00～21:30 休月曜 交地下鉄築地市場駅A1出口から徒歩7分

▶MAP 別P.25 F-1

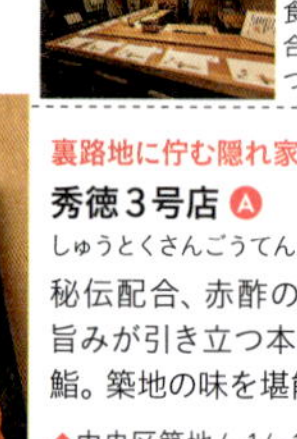

築地で初めてまぐろ丼を提供した老舗
瀬川 Ⓑ
せがわ

秘伝の漬け醤油で味付けされたマグロがのった、まぐろ丼が人気。

中央区築地4-9-12 ☎03-3542-8878 営8:15～売り切れ次第終了 休水・日曜・祝日・休市日 交地下鉄築地市場駅A1出口から徒歩3分

▶MAP 別P.25 F-1

まぐろ丼は10時30分頃には売り切れるので要注意

濃厚な旨みを生かした豪快イタリアン
トラットリア築地パラディーゾ Ⓒ
トラットリアつきじパラディーゾ

新鮮な魚介をたっぷり使った南イタリア料理が食べられる。ワインも豊富。

中央区築地6-27-3 ☎03-3545-5550 営11:00～15:00（LO14:00）、17:30～21:30（LO20:30）（土・日曜・祝日17:00～） 休月曜 交地下鉄築地市場駅A1出口から徒歩5分

▶MAP 別P.25 F-1

ランチの本日入荷の貝類とチェリートマトのリングイネ

京橋局
銀座出入口
新橋演舞場
都営大江戸線
徒歩約2分
首都高速都心環状線
築地市場駅
国立がんセンター中央病院
築地にっぽん漁港市場
東京国税局
朝日新聞社東京本社
浜離宮朝日ホール
パークサイドプレイス
N
0 50 100m

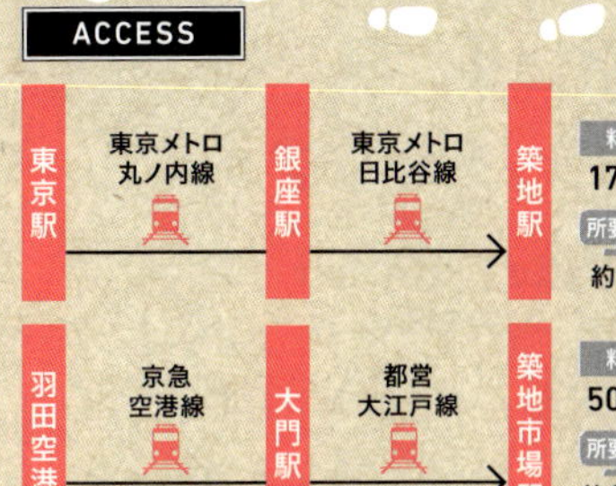

山手線
新宿
東京
築地
品川

このエリアの利用駅
都営地下鉄◯ 築地市場駅
東京メトロ◯ 築地駅

東京で魚を食べるならココ

昼：◎ 夜：△
場外市場なども朝から営業のお店は多い。早めの時間から動きたい。

TSUKIJI 2
まだまだある築地グルメ食べ歩きであれこれトライ

練り物屋や総菜屋がひしめく築地場外は、B級グルメの食べ歩き天国。バラエティは豊富で値段もリーズナブルなので、味見気分でいろいろと試してみよう。

タコ、エビ、キャベツ、ショウガと具材たっぷりで人気のお好み揚げ

定番のいか天。イカの上品な風味豊か
450円

揚げたてホクホクを召し上がれ
紀文 築地総本店 D
きぶん つきじそうほんてん

店内に揚げたての練り物が並ぶ。工夫を凝らしたユニークな練り物が充実している。

中央区築地4-13-18 ☎ 03-3541-3321 営 7:00～15:00頃 休 不定休 交 地下鉄築地市場駅A1番出口から徒歩5分
▶MAP 別P.25 F-1

たい焼きならぬまぐろやき!?
築地 さのきや E
つきじ さのきや

餡がぎっしり詰まったリアルな形のまぐろやきは、おやつにぴったり。

中央区築地4-11-9 ☎ 03-3543-3331 営 8:00～15:00(売り切れ次第終了) 休 日曜・祝日・休市日 交 地下鉄築地市場駅A1出口から徒歩3分
▶MAP 別P.25 F-1

小倉餡を詰めた本マグロ

昭和24年創業の玉子焼き専門店
築地山長 F
つきじやまちょう

だしが香る優しい甘さの玉子焼きは、さっぱりとした味わいの「甘さ控えめ」もある。

中央区築地4-10-10 ☎ 03-3248-6002 営 6:00～15:30 休 無休 交 地下鉄築地市場駅A1出口から徒歩4分
▶MAP 別P.25 F-1

創業以来変わらぬこだわりのおいしさ！

築地駅
日比谷線
新大橋通り
卍築地本願寺
E 築地 さのきや P.149
B 瀬川 P.148
・築地の鯨
D 紀文 築地総本店 P.149
A 秀徳3号店 P.148
F 築地山長 P.149
・ぷらっと築地
・築地魚河岸 P.148
C トラットリア 築地パラディーゾ P.148
⛩波除稲荷神社
東京都中央卸売市場 築地市場跡地

波除稲荷神社も参拝したい

足をのばして
もんじゃを食べに月島へ！

鉄板で焼いてワイワイ楽しい、東京が誇る粉ものグルメ。たっぷりの具材を豪快に焼こう。

ACCESS
築地から徒歩すぐの新富町駅から、東京メトロ◯有楽町線で月島駅まで1駅。歩いても20分程度だ。

エビ好きのためのもんじゃ
もんじゃ 来る実 G
もんじゃ くるみ

定番メニューが充実している。魚介たっぷりのもんじゃがおすすめ。

中央区月島3-8-5 ☎ 03-3531-5733 営 18:00～21:30(土・日曜・祝日17:00～) 休 月曜 交 地下鉄月島駅7番出口から徒歩4分
▶MAP 別P.25 D-3

迫力の甘えびもんじゃ

伝統の味を今に伝える
近どう 本店 H
こんどう ほんてん

昭和25年創業の月島一の老舗。作り方も教えてくれる。

中央区月島3-12-10 ☎ 03-3533-4555 営 17:00～22:00(土・日曜・祝日12:00～) 休 無休 交 地下鉄月島駅8番出口から徒歩8分
▶MAP 別P.25 D-3

自分で作りながら食べる楽しさももんじゃの魅力

月島もんじゃ振興会協同組合
西仲通り
もんじゃ近どう本店
都営大江戸線
有楽町線
月島駅
G もんじゃ 来る実 P.149
H 近どう 本店 P.149
清澄通り
N

築地市場の場内移転後も場外は築地に残る。一般客も利用できる新市場「築地魚河岸」もあり、活気は継続。

プランニングに役立つ！東京へのアクセス早わかりマップ

各地方から東京へ行く手段は飛行機、新幹線、高速バスなどさまざま。時間、便利さ、価格など、何を優先するかを明確にし、旅のスタイルにあわせて最適な交通手段を選ぼう。

大阪から

飛行機 関西国際空港 ➡ 羽田空港
1時間15分　2万3700円〜
JAL／ANA／SFJ

伊丹空港 ➡ 羽田空港
1時間10分　2万6150円〜
JAL／ANA

新幹線 新大阪駅 ➡ 東京駅
2時間27分〜　1万4520円〜
東海道新幹線「のぞみ」

バス 大阪 ➡東京
8時間〜　4000円〜

広島から

飛行機 広島空港 ➡ 羽田空港
1時間25分　3万4390円〜
JAL／ANA

新幹線 広島駅 ➡ 東京駅
3時間50分〜　1万9240円〜
東海道・山陽新幹線「のぞみ」

バス 広島 ➡ 東京
12時間〜　5000円〜

福岡から

飛行機 福岡空港 ➡ 羽田空港
1時間40分　3万4500円〜
JAL／ANA／SKY／SFJ

新幹線 博多駅 ➡ 東京駅
4時間57分〜　2万3390円〜
東海道・山陽新幹線「のぞみ」

バス 福岡 ➡ 東京
14時間20分〜　9000円〜

高松から

飛行機 高松空港 ➡ 羽田空港
1時間20分　3万3890円〜
JAL／ANA

新幹線 高松駅（JR快速）➡岡山駅➡東京駅
4時間26分〜　1万8660円〜
東海道・山陽新幹線「のぞみ」

バス 高松 ➡ 東京
11時間〜　7900円〜

高速バスの運行ルート

高速バスは本州・四国の各地、九州の福岡からの便がある。さまざまなルートがあり、新宿、東京、池袋、渋谷などに発着。P.153「便利なおすすめサイト」などを参考に、自分に合った運行ルートを探してみよう。

※交通アクセス情報は各社公式サイト及び乗り換えサイトにて、オフシーズンの平日利用を基準に算出したデータです（2021年6月現在）。

稚内
紋別
旭川
女満別
中標津
札幌
帯広
釧路
新千歳
新函館北斗
函館
新青森
三沢
青森
大館能代
秋田
盛岡
秋田
新庄
庄内
山形
仙台
山形
新潟
仙台
新潟
福島
長野
東京
成田
新横浜
羽田
静岡
大島（調布飛行場発着）
三宅島（調布飛行場発着）
八丈島
奄美
久米島
那覇
宮古
石垣

札幌・函館から

飛行機 新千歳空港 ➡ 羽田空港
1時間40分 3万3660円〜
JAL／ANA／SKY／ADO

新幹線 新函館北斗駅 ➡ 東京駅
3時間57分〜 2万3430円〜
北海道新幹線「はやぶさ」

仙台から

新幹線 仙台駅 ➡ 東京駅
1時間31分〜 1万890円〜
東北新幹線「はやぶさ」、「やまびこ」

バス 仙台 ➡ 東京
5時間25分〜 4000円〜

名古屋から

飛行機 中部国際空港 ➡ 羽田空港
1時間 2万1230円〜
JAL／ANA

新幹線 名古屋駅 ➡ 東京駅
1時間35分〜 1万1300円〜
東海道新幹線「のぞみ」

バス 名古屋 ➡東京
5時間30分〜 3000円〜

沖縄から

飛行機 那覇空港 ➡ 羽田空港
1時間25分 3万6610円〜
JAL／ANA／SKY

✈ 東京行きの国内線就航地
○ おもな新幹線停車駅
※掲載料金は普通運賃(割引運賃をのぞく)
※JAL=日本航空、ANA=全日空、SKY=スカイマーク、ADO=エアドゥ、SFJ=スターフライヤー
※LCC(格安航空会社)の成田空港発着便に関しては→P.152。

東京行きのチケットをお得に手配しよう！

いかにお得に東京行きのチケットを手に入れるか。それは誰もがまず考えることだろう。早めに予約する、パッケージを利用するなど、ここではチケットを格安で手配できる方法を紹介しよう。

飛行機

各航空会社が早期割引やパッケージなどさまざまなお得運賃を用意している。また、LCC（格安航空会社）の格安料金も魅力的だ。

1 早めに予約する

大手航空会社のJALやANAでは各種割引運賃を設定している。最大80%程度の割引が受けられる早期割引は、予約が早ければ早いほど安くなる。75日前までに予約するのが最もお得だ。また、出発の1週間前からでも70%程度割り引かれる特定便割引があるので安心。カードの会員であれば、会員限定のビジネスきっぷが利用可能だ。

お得度		航空会社	割引チケット名	割引率	予約期限
★★★	特定便割引 直前でもOKなので利用しやすい	JAL	特便割引	最大約72%	搭乗日の1、3、7、21日前まで
		ANA	ANA VALUE3	最大約78%	搭乗日の3日前まで（一部路線は前日まで）
			ANA VALUE PREMIUM3	最大約26%	搭乗日の3日前まで
★★★	早期割引購入 予定が決まれば早いほどお得	JAL	ウルトラ先得	最大約87%	搭乗日の75日前まで
		ANA	ANA SUPER VALUE75	最大約77%	搭乗日の75日前まで
★	ビジネス型割引 当日予約・変更可能なので急な予定に	JAL	ビジネスきっぷ（JALカード会員限定）	最大約47%	当日まで予約・変更可能
		ANA	ビジネスきっぷ（ANAカード会員限定）	最大約23%	当日まで予約・変更可能

JAL＝日本航空、ANA＝全日空　※2021年6月現在

3 LCC（格安航空会社）を利用

各種サービスの経費を削減し、格安運賃を設定しているLCC。そのほとんどが2015年4月に開業した成田空港の第3ターミナルに就航している。羽田に比べ、都心への所要時間は長くなるが、格安料金を求めて利用する旅行者も多い。

成田からは格安バスも

成田空港第3ターミナルからは東京への格安バスが運行している。詳しくは→P.155。

成田空港に就航しているLCC

キャリア	就航地	料金
ピーチ	関西	3590円～
	福岡	4790円～
スプリングジャパン	広島	6080円～
	佐賀	6590円～

※ピーチは成田空港第1ターミナルを利用

キャリア	就航地	料金
ジェットスタージャパン	新千歳	4190円～
	福岡	4290円～
	関西	3390円～
	高松	3490円～
	松山	3990円～
	大分	3990円～
	鹿児島	3990円～
	那覇	4990円～

2 パッケージを利用

すべて自分で手配する旅行者には、往復航空券にホテル、そのほかレンタカーや観光ツアーなども一緒に予約できてしまう便利なダイナミックパッケージがおすすめ。別々に購入するよりお得で、手間も省けて便利。

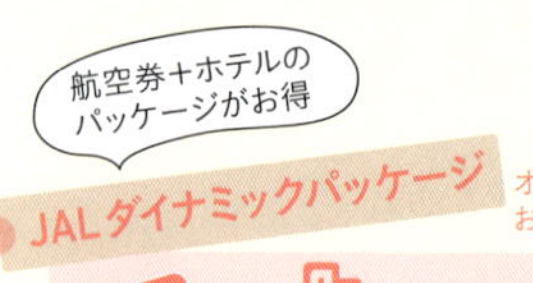

航空券＋ホテルのパッケージがお得

JALダイナミックパッケージ　オプションもお得に選べる！

往復航空券 ＋ ホテル ＝ 2万2900円～

■羽田⇔伊丹／関西
■相鉄フレッサイン泊の場合

※時期により料金が変動。
※インターネットで前日まで購入可能。
※オプションでレンタカー、バス、各種チケット等を組み合わせられる。

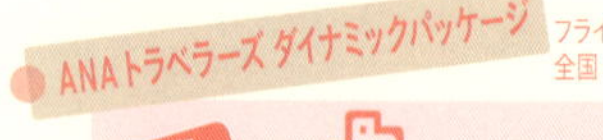

ANAトラベラーズ ダイナミックパッケージ　フライト900便×ホテル全国4000軒から組み合わせ

往復航空券 ＋ ホテル ＝ 2万100円～

■羽田⇔伊丹／関西／神戸
■東京ベイ舞浜ホテルクラブリゾート泊の場合

※時期により料金が変動。
※インターネットで前日まで購入可能。
※オプションでレンタカー、バスを組み合わせられる。

航空会社問い合わせ先

JAL（日本航空）	0570-025-071
ANA（全日空）	0570-029-222
SKY（スカイマーク）	0570-039-283
ADO（AIR DO）	0120-057-333
SFJ（スターフライヤー）	0570-07-3200
SNJ（ソラシドエア）	0570-037-283
JJP（ジェットスタージャパン）	0570-550-538
APJ（ピーチ）	0570-001-292
SJO（スプリングジャパン）	0570-666-118

新幹線

気軽に都心へとアクセスできる新幹線も、JRからさまざまな種類のお得なチケットが発売されているので要チェック！

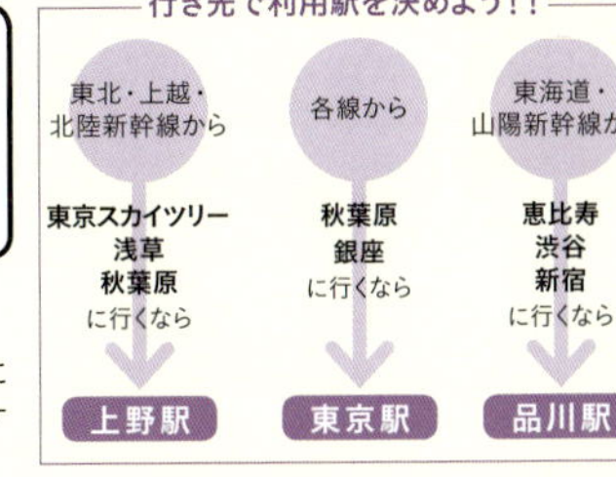

各種割引チケットを利用

飛行機と同様に、新幹線も早めに予約すれば割引になるし、宿泊がセットになった便利なパッケージも販売されている。けっこうな割引率なので、チケットの購入前にしっかり検討しよう。

お先にトクだ値

13日前までの申し込みでお得！

■はやぶさ 新青森⇒東京（通常期）

※出発地は東北、山形、秋田、上越、北海道、北陸新幹線と一部の特急列車
※JR東日本のWEB「えきねっと」に会員登録（無料）し、乗車日の13日前までに申し込み ※時期により料金が変動

050-2016-1600（JR東日本）

ぷらっとこだま

新大阪→東京間が片道3440円もお安く！

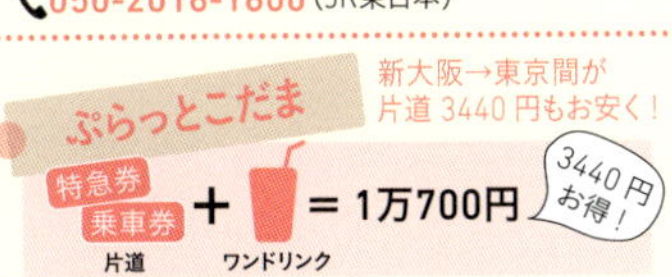

■こだま 新大阪⇒東京

※出発地はJR東海エリア内の主要駅 ※時期により料金が変動
※途中乗降は不可 ※前日まで発売（当日の予約不可）

03-6865-5255（JR東海ツアーズ）

ダイナミックTYO

往復新幹線＋宿のセットならお得で楽ちん！

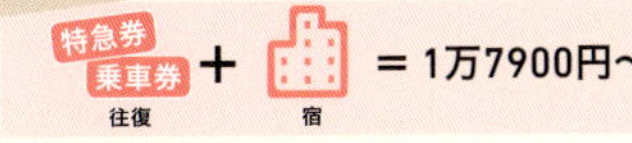

■やまびこ 仙台⇔東京

※出発日の5日前までに申し込み ※2名より申し込み可能
※発駅・着駅は同一駅

0570-04-8950（びゅう予約センター）

高速バス

東京へは日本全国から多くのバス会社のバスが運行している。予約は多くの会社を網羅した高速バスの予約ポータルサイトが便利。

快適バスでゆったり

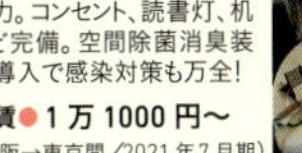

「ReBorn」

シェルで囲われ、気兼ねなくリクライニングできるシートが魅力。コンセント、読書灯、机など完備。空間除菌消臭装置導入で感染対策も万全！

運賃●1万1000円～
（大阪→東京間／2021年7月期）

0570-200-770（WILLER）

「プルメリア・グランデ」

3列独立シートで、プライベートカーテンも完備。到着後にパウダールームもあるVIPラウンジを無料で使用できるのもうれしい。

運賃●5300円～
（大阪→東京間／2020年4月期）

048-487-7343（VIPライナー予約センター）

便利なおすすめサイト

夜行バス比較なび

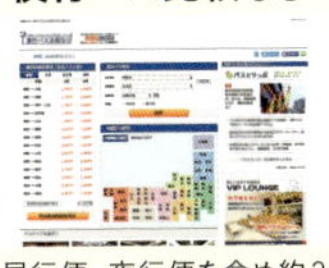

昼行便、夜行便を含め約2万のプランを比較検討できる日本最大級の比較サイト

バスラボ

高速バスをお得に予約するための方法やコラムなどが充実している情報サイト

高速バスドットコム

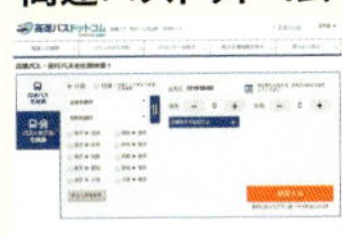

全国各地130社以上の高速バスを網羅し、比較検討できる予約サイト

各駅の主要バスターミナル

東京駅

●JR高速バスターミナル
●八重洲口鍛冶橋駐車場

JRのほか各社の高速バスも基本的に八重洲口に到着する。待合スペースやコインロッカーなどを完備している。

新宿駅

●バスタ新宿

駅周辺に19あった高速バス乗り場が、2016年4月に開業したバスタ新宿に集約され、より便利になった。JRとの乗り継ぎも楽々。

渋谷駅

●渋谷マークシティ高速バス乗り場

京王井の頭線乗り場のある渋谷マークシティの5階にバス乗り場がある。待合所やコインロッカーを完備している。

池袋駅

●サンシャインバスターミナル
●東口高速バス乗り場

多くのバス会社が、池袋駅から徒歩約12分の所にあるサンシャインシティの文化会館1階にあるターミナルに発着する。

近年、高速バスの低価格化やサービスの多様化が進み、旅行者にはうれしい限り。数あるバスから自分に合ったものを選んでみよう。

スマートに旅をしたい人のための空港・駅使いこなし術

東京の玄関口となる羽田、成田両空港や東京駅。毎日多くの人々が訪れるこれらの巨大なターミナルをスマートに使いこなして、旅行を有意義なものにしよう。

羽田空港

都心へのアクセスが便利な羽田空港には、カフェやレストランのほか、ショップやラウンジなど充実の設備が整っている。

空港からのアクセス

羽田空港から都心へは京急線か東京モノレールでアクセスできる。それぞれ JR 山手線の品川駅、浜松町駅に接続しているので、どこへ行くにも便利。新宿や渋谷方面に行くなら品川、東京や上野方面なら浜松町で乗り換えると所要時間を短縮できる。また、東京ディズニーリゾート®へはリムジンバスが出ている。

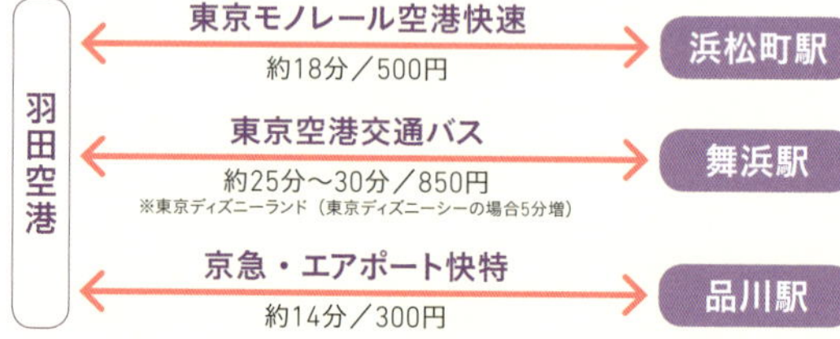

利用術①
羽田限定のおみやげ

第1、第2ターミナル共にショップが充実し、買い物も楽しめると評判。なかには羽田空港でしか購入できない限定商品を扱う店も多い。

カフェショコラウィッチ
1296円(6個入)
／三本珈琲×
ラ・メゾン白金

さっくりクッキーで粗挽きコーヒーを練りこんだベルギー産のショコラをサンド A

フルーツケーキ
3996円
／資生堂パーラー

国産バターを使用した生地と5種のドライフルーツのバランスが絶妙な大人のケーキ B

くるみのクッキー エアポートT1
1296円(2粒入)／西光亭

くるみがたっぷり入ったさっくりクッキー。可愛いりすの箱が贈り物にもぴったり A

羽雲
1080円(5個入)／叶 匠壽庵

"ふわふわ"と"もちもち"が同時に楽しめる、まるで雲のような新食感のどら焼き C

HNDキーリング
3190円／TOROIKA

HND（羽田）の文字と飛行機&トラベルバッグのチャームがポイント D

※全て税込価格

問い合わせ先

A	ピア1	(第1ターミナル)	03-5757-8131
	東京食賓館　時計台1番前	(第2ターミナル)	03-6428-8713
B	東京食賓館　Eゲート前	(第1ターミナル)	03-5757-8133
	東京食賓館　時計台3番前	(第2ターミナル)	03-6428-8716
C	特選和菓子館	(第1ターミナル)	03-5757-8125
	東京食賓館　時計台1番前	(第2ターミナル)	03-6428-8713
D	南青山Shosaikan	(第1ターミナル)	03-5757-6277

利用術②
待ち時間を快適に

旅の疲れを癒やすサロンやラウンジ、各種こだわりのレストランなど、待ち時間を快適に過ごすことのできるさまざまな施設が充実している。

旅の疲れを癒やす グランラフィネ

第1旅客ターミナル3階にあるアロマトリートメントサロン。フライトでの疲れをとってから東京観光へ繰り出そう。

電 03-5756-0040
営 9:00〜20:00（最終受付19:30）

飛行機ビューを満喫！ 展望デッキ

第1旅客ターミナルは6階と屋上に、第2旅客ターミナルは5階にある展望デッキ。飛び立っていく飛行機を眺めてみるのも○。

営 第1、第2共に6:30〜22:00
※天候等により変更になる場合あり

人気店が勢ぞろい 各種レストラン

国内線旅客ターミナルには、寿司、イタリアン、牛タン、カレー、中華、トルコ料理などバラエティ豊かなレストランがそろい、いずれも評判の名店ばかり！

早朝便で始発じゃ間に合わないときは…
ファーストキャビン羽田ターミナル1

第1旅客ターミナル1階のコンパクトホテル。大浴場やシャワーブース、ラウンジなどを備え、リフレッシュにぴったり。

電 03-5757-8755
料 1泊（ファーストクラス）6000円〜

客室内は飛行機のファーストクラスをイメージ。アメニティも充実している。

成田空港

LCC（格安航空会社）が発着する成田空港第３ターミナル。都心への格安バスもあり、費用を抑えたい旅行者にはうれしい限りだ。

空港からのアクセス

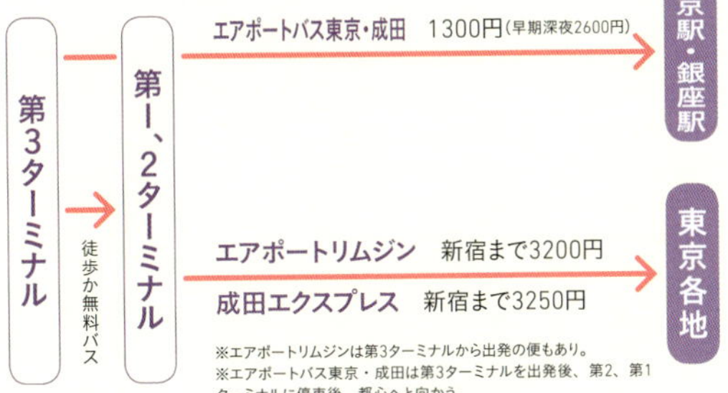

※エアポートリムジンは第3ターミナルから出発の便もあり。
※エアポートバス東京・成田は第3ターミナルを出発後、第2、第1ターミナルに停車後、都心へと向かう。

成田空港第３ターミナル

2015年、LCCが乗り入れる第３ターミナルが開業。2021年７月現在、国内線を運航するLCCで第３ターミナルに発着しているのは、ジェットスタージャパンとSpring Japan（ピーチは第１ターミナル）。第１、第２ターミナルとは無料のシャトルバスで結ばれており、第２ターミナルとは徒歩でも移動可能。都心へは、格安バスのエアポート東京・成田が運行している。

東京駅

新幹線や各鉄道のターミナルとなっている巨大な東京駅。大まかな構造を理解して、さまざまな施設を有効に活用しよう。

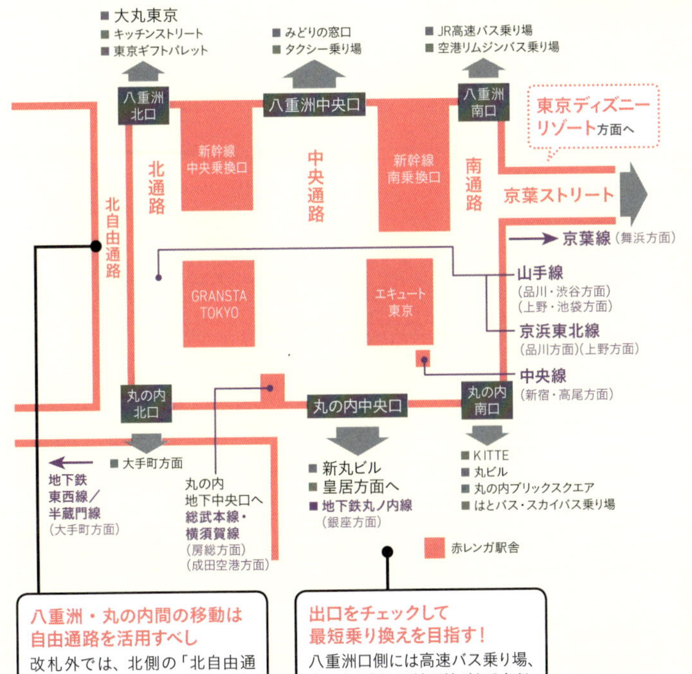

八重洲・丸の内間の移動は自由通路を活用すべし

改札外では、北側の「北自由通路」や地下の「北地下自由通路」で反対側へも自由に行き来できる。

出口をチェックして最短乗り換えを目指す！

八重洲口側には高速バス乗り場、丸の内口側には地下鉄があるなど、位置関係を覚えておくと◎。

便利な施設

迷子になってしまった！

八重洲案内タッチディスプレイ

複雑な東京駅構内や改札外の商業施設の情報を、タッチパネルで確認できる

スーツケースを預けたい

クロークサービス

グランスタと丸の内北口付近にあり、1個につき600円で預かってくれる

さまざまな交通機関を駆使して快適＆スムーズに東京観光！

都内の移動で一番お世話になるのは鉄道だろう。いくつもの路線が網の目のように張り巡らされている。主要な観光地を網羅する観光バスや、風が気持ちよい観光クルーズもおすすめ！

鉄道

都心の主要観光地はJR山手線と地下鉄の組み合わせでそのほとんどを網羅できる。地方で発行されている交通系のICカードが東京でも使えるので便利だ。また、ぜひ活用したいのがお得な切符の数々。目的地のリストを作って、最も適したお得切符を手に入れよう。

JRと地下鉄を組み合わせて

都心で便利なJRは山手線と中央線。地下鉄は東京メトロと都営地下鉄の2社あり、路線も複雑に入り組んでいる。インターネットやアプリの路線案内を利用して効率的に移動しよう。

都営地下鉄 ●4路線あり ●初乗り180円～ ※ICカードの場合178円

大江戸線は環状部と放射部からなる6の字型。他の3路線はそれぞれ他社線との相互直通運転あり。

A 浅草線　I 三田線　S 新宿線　E 大江戸線

東京メトロ ●9路線あり ●初乗り170円～ ※ICカードの場合168円

銀座線と丸ノ内線以外は他社線との相互直通運転を行っている。都営地下鉄との乗り継ぎには割引がある。

G 銀座線　M 丸ノ内線　H 日比谷線　T 東西線　C 千代田線
Y 有楽町線　Z 半蔵門線　N 南北線　F 副都心線

お得切符を活用しよう

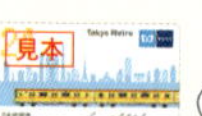

600円

東京メトロが乗り放題
東京メトロ24時間券
東京メトロ全線が1日乗り降り自由。利用率が高いのでお得感あり。

1600円

たくさん回るならこれ
東京フリーきっぷ
地下鉄・JR線（都区内に限る）・都営バスなどが1日乗り降り自由。

500円

上手に活用！
都営バス一日乗車券
23区内の都営バスが1日乗り放題。通常運賃だと210円なのでお得！

900円

地下鉄を網羅
東京メトロ・都営地下鉄共通一日乗車券
東京メトロ・都営地下鉄の全線が1日何度でも乗り降り自由。

※デザインは変更になる場合があります。

鉄道の注意点

✓乗り継ぎの注意点
切符で改札外乗り換えをする場合は乗り継ぎ専用改札を使う。そうしないと切符が改札で回収されてしまうことも。

✓直通でも行き先に注意
異なる路線が同一線路を走る直通運転。路線の切り替わる主要駅から行き先がふたてに分かれることもある。

✓地元のICカードは持参
交通系ICカードは「ICOCA」、「manaca」など地方の鉄道が発行している10種が東京でも利用可能。

✓乗り換え時、出口を確認
特に地下鉄は多数の出口が存在。全てが乗り換える電車のホームにつながっているとは限らないので注意。

一日乗車券利用で特典が！「CHIKA TOKU」とは？

東京メトロ、都営交通沿線の400以上のスポットで特典が受けられる。上記の4つの乗車券のほか、20種以上が対象に。美術館などの入館料割引やデザート一品サービスなど特典内容も充実。詳細は地下鉄各駅で配布するガイドブックやWEBサイトで！

☎03-3816-5700
（都営交通お客様センター）
☎0120-104106
（東京メトロお客様センター）

タクシー

鉄道が各地を網羅しているといっても、やはり柔軟さではタクシーが一番。鉄道やバスとうまく組み合わせて利用したい。また、大きな荷物がある場合にも何かと重宝するはずだ。近年はタクシーを呼ぶ便利なアプリも出てきているのでぜひ活用してみよう。

タクシー料金の目安

東京から
➡皇居 740円
➡築地 980円
➡上野 1460円
➡新宿 3140円
➡池袋 3300円
➡舞浜 5220円

東京のタクシー運賃表

	初乗り	加算
距離制	1.052kmまで420円	233mごとに80円
時間距離併用制	時速10km以下の走行時間について85秒までごとに80円	
時間制	1時間まで4700円	30分までごとに2150円
迎車回送	業者ごとに定額料金を設定	
時間指定予約料金	業者ごとに定額料金を設定	
深夜割増料金	22時から5時まで2割増し	

おすすめのアプリ

日本交通
日本交通のタクシー配車アプリ。GPS機能で日本交通関連会社4700台のタクシーからタクシーを手配してくれる。

観光バス

主要な人気観光スポットをまとめて訪れる観光バスはとても便利。目的に合わせ、多彩なルートから選ぶことができるのが魅力だ。ガイド付きで、思わず「へぇ」と言ってしまうような東京に関する豆知識も披露してくれる。

■はとバス

📞03-3761-1100（予約センター）

主要乗り場●東京駅丸の内南口、新宿駅東口・西口、上野駅浅草口、池袋駅東口、銀座キャピタルホテル茜前ほか

人気コース
TOKYOパノラマドライブ
2階建てオープンバスで巡るコース。東京のダイナミックな街並みを楽しめる。
料 1800～2000円
運行日：毎日　**所要**：約1時間

■スカイバス東京

2階建てバスで開放的！

📞03-3215-0008

人気コース
お台場夜景コース
皇居、東京タワーを経由しレインボーブリッジの夜景を眺める。
料 2100円
運行日：毎日（不定休）
所要：約2時間（季節により異なる。アクアシティお台場にて60分自由休憩あり）

観光船

観光と移動を併せて楽しむことのできる観光船は、意外に知られていない穴場的なアクティビティ＆交通手段。隅田川を浅草からお台場まで移動でき、風が気持ちよい船で隅田川からの景色をゆったりと楽しむことができる。船内では軽食や飲み物も売られている。

■水上バス

隅田川を巡りスカイツリーを一望！
浅草と日の出桟橋を結ぶ。13の橋と共に、下町やスカイツリーを同時に眺められる遊覧船。所要時間は約40分。

URL www.suijobus.co.jp
（東京都観光汽船株式会社）

ルート
浅草➡浜離宮➡日の出桟橋、浅草➡お台場海浜公園、日の出桟橋➡お台場海浜公園ほか

料 日の出桟橋→浅草　大人860円ほか

■観光船

宇宙船のような未来型水上バス
漫画家松本零士氏がデザインを手掛けた観光船ホタルナ。屋上に遊歩甲板があり、船の外に出て景観が楽しめる。

URL www.suijobus.co.jp
（東京都観光汽船株式会社）

ルート
浅草➡日の出桟橋➡お台場海浜公園

料 浅草→日の出　大人1200円、浅草→台場　大人1720円

コミュニティバス

各自治体が公共の交通手段を補うバスを運営している。いずれも無料～100円と低価格で利用できるので意外に重宝する。パンダバスやハチ公バスなど、小さいながらもかわいらしいペイントが施されているのが特徴。

■丸の内シャトル

東京の中心を結ぶ無料巡回バス

📞03-6903-3334（日の丸自動車興業）
10:00～20:00、15分間隔で運行

新丸ビル➡大手町タワー➡日経ビル➡日比谷➡新国際ビル➡三菱ビル

100円

■ハチ公バス

渋谷区内の恵比寿・代官山ルートなどを巡回

100円

■めぐりん

浅草や上野など台東区内を循環する

100円

■ちぃばす

六本木～麻布エリアの行き来に便利

使えるアプリ豊富！スマホで楽々情報収集

乗換案内のアプリや観光情報が詰まった役立つアプリは、旅行前にあらかじめダウンロードしておこう。

JR東日本アプリ
JRだけでなく私鉄の運行状況や駅の案内図、施設情報を閲覧できる。

東京ハンディガイド
都内の観光情報をエリアごとに紹介している。街歩きに便利な機能も満載だ。

東京クルーズは初日の出クルーズや花火大会クルーズなど、イベントに合わせて特別なクルーズを催している。詳しくはHPを参照。

INDEX

STAFF

編集制作
株式会社ゴーシュ
(菊地葉月、宮川あかね、小野寺淑美、斎 碧海、五島 洪)
株式会社エディトルーム・カノン
(飯野高之、田村成実)

取材・執筆
左近純子 二橋彩乃
鈴木八潮 土倉朋子 中島理 中嶋みどり

撮影
泉田真人 野中弥真人 古根可南子

写真協力
関係諸施設 朝日新聞社

本文デザイン
今井千恵子、大田幸奈(Róndine)
菅谷真理子(マルサンカク)

表紙デザイン 菅谷真理子(マルサンカク)

表紙イラスト 大川久志 深川優

地図・本文イラスト 竹本綾乃

地図制作 s-map

組版・印刷 大日本印刷株式会社

企画・編集 清永愛、白方美樹(朝日新聞出版)

ハレ旅(たび) 東京(とうきょう)

2021年8月30日 改訂2版第1刷発行

編 著 朝日新聞出版

発行者 橋田真琴

発行所 朝日新聞出版
〒104-8011 東京都中央区築地5-3-2
電話 (03) 5541-8996 (編集)
(03) 5540-7793 (販売)

印刷所 大日本印刷株式会社

Published in Japan by Asahi Shimbun Publications Inc.
ISBN 978-4-02-333983-5

購入者限定 FREE

\ スマホやPCで!/
ハレ旅 東京 電子版が無料!

① 「honto電子書籍リーダー」アプリをインストール

Android版 Playストア
iPhone/iPad版 AppStoreで
honto を検索

PCでの利用の場合はこちらから
https://honto.jp/ebook/dlinfo

右のQRコードからもアクセスできます

② 無料会員登録

インストールしたアプリのログイン画面から新規会員登録を行う

③ ブラウザからクーポンコード入力画面にアクセス

ブラウザを立ち上げ、下のURLを入力。電子書籍引き換えコード入力画面からクーポンコードを入力し、My本棚に登録

クーポンコード入力画面URL
https://honto.jp/sky

クーポンコード asa6375901780827
※2023年8月31日まで有効

右のQRコードからもクーポンコード入力画面にアクセスできます

④ アプリから電子書籍をダウンロード&閲覧

①でインストールしたアプリの「ライブラリ」画面から目的の本をタップして電子書籍をダウンロードし、閲覧してください
※ダウンロードの際には、各通信会社の通信料がかかります。ファイルサイズが大きいため、Wi-Fi環境でのダウンロードを推奨します。
※一部、電子版に掲載されていないコンテンツがあります。

ご不明な点、お問い合わせ先はこちら
honto お客様センター
✉shp@honto.jp
☎0120-29-1815
IP電話からは☎03-6386-1622
※お問い合わせに正確にお答えするため、通話を録音させていただいております。予めご了承ください。